WESTEND

베스텐트 2014

WESTEND

WEST
사회 비판과 대안 모색을 위한 잡지
END

2014
베스트엔트 한국판

연구모임 사회비판과대안 편저

사월의책

차례

한국판 서문

한때 우리는 한국의 민주화 과정을 설명하면서 급속한 경제성장의 역설에 대해 이야기하곤 했습니다. 권위주의 체제 하에서 진행되었던 급속한 경제성장이 오히려 그 체제를 붕괴시키는 결과를 낳게 되었다는 것이었습니다. 1960~70년대에 걸쳐 진행된 급속한 경제성장과 물질적 풍요는 이미 그 태내에서 권위주의 체제를 거부하는 자유의 아이들을 기르고 있었는지도 모릅니다. 그렇다면 지금 우리는 혹시 또 다른 형태의 역설, 즉 민주화의 역설에 직면해 있는 것은 아닐까요?

민주화 이후 우리 사회에서는 한편으로 민주주의에 대한 실망감과 회의가 급속도로 확산되고 있는 것처럼 보입니다. 아마도 이는 정치적 민주화의 성공에도 불구하고 시민들의 실질적인 삶의 조건이 개선되지 못한 상황과 깊이 관련되어 있을 것입니다. 그 이유가 가속화되고 있는 세계화 과정에 있든 정부의 무능에 있든 간에 양극화에 대한 많은 우려들에서 볼 수 있는 바와 같이 민주화 이후 한국 사회에서 사회적 불평등이 오히려 심화되었다는 사실만은 부정할 수 없을 것 같습니다.

물론 오늘날 우리는 산업화 이전이나 민주화 이전의 시절로 되돌아갈 수도 없고 되돌아가서도 안 될 것입니다. 이런 점에서 산업화와 민주화의 동시 성공이라는 성취는 오늘날 한국 사회의 불가피한 존립 조건이라고 생각합니다. 그러나 최근의 세월호 참사가 경고하는 바와 같이 이러한 성취의 이면에서 위험을 조장하는 왜곡된 사회적 풍토가 조성되고, 사회 내부의 다양한 갈등이 심화되고 있다는 사실 역시 부정할 수 없는 상황입니다. 이는 이제 외형적 성장을 넘어 우리의 삶의 방식과 사회갈등에 대한 보다 진지한 성찰들을 요구하고 있는 것으로 보입니다. 그리고 이를 위해서는 한편으로 그간의 성취에 대한 자부심을 가지는 동시에 그러한 성취의 이면에서 역설적으로 등장하고 있는 사회적 부정의와 위험들에 대한 더욱 진지한 비판과 숙고가 필요합니다.

이런 점에서 "현대의 규범적 역설"을 다루는 『베스텐트』 한국판 3호의 '쟁점'은 우리에게 많은 생각거리들을 던져주고 있습니다. 오늘 우리가 직면하고 있는 민주화의 역설을 어떻게 이해할 수 있을까? 한국 사회의 발전과 진보는 오늘날 어떤 역설적 결과들을 산출하고 있는가? 하는 질문들을 염두에 두면서 이 논문들을 읽어나가면 좋을 것 같습니다.

'쟁점' 논문의 저자들은 단지 이상적 규범과 불의한 현실 사이의 불일치를 넘어서 이상적 규범의 실현과정 자체에서 발생하는 역설적 효과들에 주목하고자 합니다. 이는 정의와 부정의 사이의 단순 대립에 의거한 사회비판이 아니라, 자유와 정의라는 규범적 목표의 실현과정에서 역설적으로 발생하는 불의한 결과들에 대해 보다 민감한 감수성을 가진 사회비판을 요구하고 있습니다. 예를 들어 오늘날 노동의 유연화는 한편으로 노동자들을 과거 관료화된 조직과 업무 형태에서 해방시켜주었지만, 다른 한편으로 개인의 자기 책임성이라는 미명 하에 불안정성을 가속화하고 있습니다. 또한 오늘날 한국의 대입제도는 오직 실력이란 잣대로 학생들을 선발함으로써 사회적 공정성을 유지하는 마지막 보루 같지만, 이미 사교육 시장이 확대됨에 따라 부모의 재산이 자녀의 대학을 결정하는 가장 불공정한 영역이 되고 말았습니다. 이는 자유와 자율, 정의와 공정성의 이념이 실현되는 과정에서 등장하는 역설들이라고 할 수 있을 것이며, 이러한 역설적 상황들 속에서 과연 무엇이 옳은 것인지는 혼란스러울 수밖에 없습니다.

첫 번째 논문인 호네트와 주터뤼티의 글은 그들이 말하는 규범적 역설이 무엇인지를 정의하면서 이러한 역설에 주목하는 연구 관점의 필요성과 전체적 윤곽을 제시하고 있습니다. 이어지는 마이발트, 포스빙켈, 주터뤼티의 글들은 이러한 포괄적 기획을 전제로 하여 각각 오늘날의 부부관계, 노동, 종족관계 영역에서 발생하는 규범적 역설들에 대해서 구체적인 논의를 전개합니다. 친밀성, 노동, 이주라는 오늘날의 핵심적 화두들에 대해서 이 논문들은 각각 풍부한 자료와 성찰 기회를 제공할 수 있을 것입니다. 그러나 무엇보다 중요한 것은 이러한 기획 전체가 진보와 퇴보의 경향이 경합하면서 다층적 사회갈등을 산출하고 있는 오늘날 우리 사회의 현실을 새롭게 성찰하는 기회를 제공하고 있다는 점이라고 생각합니다. 또한 이번 호의 '논단'에 실린 두 논문들은 각각 도시와 음악을 주제로 현대 문화에 대한 폭넓은 성찰의 기회도 제공하고 있습니다. 이에 대해서는 독자들의 관심 영역에 따라 자유로운 독서가 가능할 것으로 생각됩니다.

이번 호의 '한국판 특집'은 정신분석학적 사회비판을 다루고 있습니다. 우리는 이미 『베스텐트』 한국판 1호에서 사회철학적 사회비판을,

2호에서 문화적 사회비판을 특집으로 다룬 바 있습니다. 이번 호에서는 오늘날 정신분석학이 가지는 실천적이고 정치적인 함의를 모색해보고자 하는 목적에서 4편의 글들을 함께 묶었습니다. 이 글들은 라캉을 중심으로 오늘날 무의식이 가지는 정치적 함의들을 각각의 방식으로 고찰하고 있습니다. 먼저 맹정현은 "전이 하의 실천"으로서의 정신분석이 제시하는 정치성이 기존의 정치적인 담화들과 가지는 차별성을 보여주고 있습니다. 다음으로 박선영은 성적 정체성의 구성과 관련하여 라캉주의가 가지는 함의에 대한 해명을, 이만우는 라캉의 "환상"과 "향유"라는 개념을 중심으로 정치행위의 본질에 대한 정신분석학적 해명을, 마지막으로 홍준기는 "이웃사랑"이라는 정치신학적 가치에 대한 정신분석학적 독해를 각각 시도합니다. 이 글들은 오늘날 무의식의 정치학이 가지는 중요성을 보여주는 동시에 라캉주의에 대한 정확한 이해에도 큰 도움을 줄 수 있을 것으로 기대됩니다.

'포스트민주주의'나 '민주주의의 역설'과 같은 개념들이 보여주는 바와 같이 지구화 과정 속에서 민주화의 역설을 경험하고 있는 것은 비단 우리만이 아닐 것입니다. 모쪼록 진보와 퇴보의 흐름이 경합하고 상충하는 오늘의 복잡한 현실 속에서 우리 사회의 미래를 위한 대안을 고민하는 이들에게 이 책이 조그만 도움이라도 될 수 있기를 기원해봅니다.

김원식

『베스텐트』 한국판 편집자

쟁점

쟁점 / 현대의 규범적 역설

현대의 규범적 역설
하나의 연구 관점

악셀 호네트, 페르디난트 주터뤼티

자본주의 사회의 발전과정을 역사적 이행 도식에 따라 분석하는 것이 지난 150여 년간 관행화되었다. 그런데 이러한 이행 도식은 규범적 합리화 혹은 도덕적 진보라는 긍정적 과정과, 비록 정체되거나 장애를 겪으면서도 점차 자립화하는 자본주의 시장경제의 가치증식 법칙을 상호 대립관계에 빠뜨린다. 물론 시간이 흐르면서 이런 식의 합리화나 해방과정에 공통된 내용이 점차 규범적으로 풍부해지고, 따라서 더 넓은 차원에서의 도덕적 진보로 치장되었지만, 여기에는 항상 자본주의적 가치증식 체제를 통한 구조적 제한이라는 생각이 깔려 있기 때문이다. 하버마스에게서 볼 수 있듯이 생활세계의 의사소통적 합리성이 갖는 고유한 논리가 거론되는 곳에서조차 역사적 이행 도식은 자립화된 경제적 기능법칙 영역과 이를 점차 대립시키는 경향을 갖는다.

오늘날 서구 자본주의의 새로운 변동과정을 연구하려는 사람이라면 누구나 쉽게 이런 낡은 모델이 갖는 결함과 부딪치게 될 것이다. 왜냐하면 문화와 경제, 생활세계와 체계 사이에는 어떤 분명한 경계가 설정될 수 없을 뿐 아니라, 도덕적 진보가 어떤 의미를 가져야 하는지 역시 과거보다 훨씬 더 논란의 여지가 많아졌기 때문이다. 얼마 전까지만 해도 사회적 변동을 기술하는 데 있어서 자유민주주의 사회가 전체적으로 볼 때 개인의 권리를 확장시키고 권위적 관계를 해체시키고 민주주의적 소통방식을 관철시키는 방향으로 나아가고 있다는 점에는 의심의 여지가 없었다. 그러나 오늘날에는 이러한 변동과정을 기술하는 데 있어서 유보적이고 혼란스런 태도가 지배적이다. 분명 이러한 이론 내적인 태도 변화가 일어난 것은 점차 확대되는 사회 분야와 행위 영역들의 법제화에 대한 논란 때문이다. 물론 이러한 현상은 두말할 나위 없이 종래의 권위적 관계를 극복한 규범적 진보로 간주되었지만, 이후에는 사회학이나 법학 내에서조차 이런 식의 평가에 대한 회의가 일기 시작했다(Frankenberg 1978; Voigt 1980; Honneth 2011: 157 이하). 그리고 오늘날에는 이렇게 법제화가 확대됨으로써 이것이 주체들의 자기이해와 소통능력에 어떤 결과를 야기하는지 그 사회적 비용을 기술하는 연구들이 우세를 보이고 있다.

또한 무엇보다도 사회의 자유화와 민주화 과정을 평가할 수 있는 안정된 척도라고 할 수 있는 여타의 규범적 틀도 곧이어 점차 확대되는 회의의 소용돌이에 빠지고 말았으며, 이러한 회의는 결국 이러한 과정이 실제로 야기한 진보 효과에 관한 것으로 이어졌다. 최근에는 법적 권리로 보장된 사회부조 원칙이 대중적 문헌뿐 아니라 사회과학적 문헌에서조차 의혹의 베일에 둘러싸여버리고 말았다. 왜냐하면 이러한 원칙을 사회적으로 실현하면서 관료화와 사회적 통제가 강화되었기 때문이다. 이는 오늘날 아동 보육이나 노인 간병과 같은 특수한 "여성적" 활동 분야를 시장화한 양성 평등이라는 규범적 이념의 경우도 다를 바 없다. 여기에다 이른바 "포스트민주주의"에 대한 논쟁을 추가한다면, 사회과학 영역에서는 권리 평등, 자유화, 민주화와 같이 도덕적 진보로 기록되었던 현상들이 이제는 통제의 증가나 정치적 동질화의 강화로 변질될 위험에 놓여 있다는 생각이 상당히 광범위하게 확산된 것 같다.

이런 식의 규범적 불확실성, 다시 말해 사회적 변동과정이 규범적 진보의 방향에 있는 것인지, 아니면 퇴보를 가리키는지 정확하게 평가할 수 없게 만드는 당혹감은 사회이론상 중대한 문제를 야기한다. 왜냐하면 이런 불확실성은 사회적 변동과정에서 무엇이 참여자뿐 아니라 관찰자 시각에서도 제도화된 규범들의 정당한 실현과정으로 간주될 수 있는가를 식별해내는 것과 연관되어 있기 때문이다. 그리고 이 두 가지 관점이 통일될 때 비로소 사회이론은 단순한 "주관적" 가치판단을 넘어서 사회적 변동과정 전체가 개선, 해방, 혹은 진보로 기술될 수 있는지를 평가할 수 있다. 만약 이 두 가지 관점 사이에 간극이 발생하면, 참여자의 자기해석과 규범적 요구의 관찰 가능한 "효과"가 일치하기 어렵고, 따라서 진보와 퇴보에 대한 기본적이고 거의 불가피한 구분은 이론적으로 동요하게 된다.

이미 단순한 서술 차원에서는, 따라서 무엇보다도 사회적 상황을 서술적으로 파악하려는 곳에서는 이러한 이유 때문에 사회이론이 더 이상 사회 현실의 "문화적 의미"나 역사적 가치를 분명하게 규정하지 못하는 곤경에 빠져 있다. 그리고 이런 식의 불확실성은 대상 영역을 규정하는 데까지 확산되어 최근의 사회이론에서는 이미 주지의 사실이 되었다. 이것이 우리의 첫 번째 테제이다. 즉 오늘날 자유민주주의 사회에서 일어난 발전들을 역사적 변동에 대한 어떤 식의 이행 모델을 통해 기술해야 하는지에 대해서 점차 불확실성이 커지고 있다는 것이다. 따라서 비록 식별 가능함에도 구조적으로 봉쇄된 진보라는 도식이나, 눈에 띄지 않는 퇴보라는 도식 역시 어떤 다른 발전 모형이 사용되는지를 부각시키지 않는다면 오늘날 사회적 상황이 갖는 규범적 불투명성을 제대로 파악하기는 어려워 보인다.

어쨌든 이런 상황 하에서도 지난 수십 년간 두 가지 설명방식이 주를 이루었다. 그 하나는 울리히 벡(Beck 1993)이 발전시킨 것으로서 현재 모든 발전과정이 "이중성"을 갖는다는 이론적 주장이며, 다른 하나는 위르겐 하버마스가 『의사소통행위이론』(Habermas 1981)에서 제시한 식민화 테제이다. 그러나 이 두 가지 설명방식 모두, 우리의 두 번째 테제에 따르면, 경험적으로 유지되기 어렵다. 왜냐하면 이 두 설명방식은 오늘날 해방적 현상뿐 아니라 권위적이고 통제를 강화하는 현상 역시 종종 하나의 동일한 규범을 통해 정당화되고 있다는 점을 충분히 고려하고 있지 않기 때문이다. 물론 오늘날 발전과정이 단순히 이중성을 갖는다는 생각은 손쉽게 이런 곤란에서 벗어나게 하는 이점이 있다. 왜냐하면 이는 사회적 상황이나 이에 대한 지각에 따라 규범적 성과들의 의미가 달라진다는 점을 종종 보여주기도 하기 때문이다. 그리고 식민화 테제는 전적으로 자본주의적 가치증식 이해관계의 독자성에 주목함으로써 이를 규범적으로 혹은 법적으로 개혁하는 진보적 방향만을 고집하기도 한다.

그러나 오늘날 상황에서 혼란스럽고 당황스러운 것은 물론 지난 수십 년간 유지되었던 규범적 주도 이념들이 여전히 수행적 현실성을 갖고 있지만, 그 근저에서는 해방적 의미를 상실하거나 그 의미가 변질된 것처럼 보인다는 점이다. 왜냐하면 이러한 이념들은 많은 곳에서 새로운 단계의 자본주의 확장을 단순히 정당화하는 개념이 되어버렸기 때문이다. 우리는 이렇게 변질된, 그리고 파악해내기 어려운 규범적 발전 형태를 이번 호의 주제로 설정했으며, 이를 파라독스(Paradox)라는 틀을 통해 살펴볼 것이다. 여기서 파라독스란 지난 수십 년간 성공적으로 제도화된 원칙들이 사회적 상황 때문에 탈연대적이고 무기력한 통합의 규범적 수단이 됨으로써 오늘날 거의 정반대의 의미를 갖게 되었다는 독특한 사실을 말한다.

우리가 이렇게 다시 끄집어내서 사용하려는 파라독스라는 규범적 관념은 이전에 사회연구소(프랑크푸르트 소재 사회연구소—옮긴이)에서 추구했던 것으로서 단순하고 한정된 사회이론적 관점이다. 그렇지만 이는 무엇보다도 현재의 전형적 현상들을 경험적이고 재구성적으로 해명할 수 있는 방법론을 약속한다. 그러나 이것이 계속해서 얼마만큼이나 사회이론으로 발전할 수 있는가 하는 점은 열려 있는 문제이며, 이에 대한 대답은 연구 작업 자체의 성과에 달려 있을 수밖에 없다. 이하의 글에서 우리는 우선 파라독스 관념과 결합된 두 가지 이론적 정리(Theorem)를 다루면서 규범적 파라독스에 대한 이해를 좀 더 정확하게 만들 것이다. 이에 이어서 부분적으로는 역사적이고, 또한 부분적으로는 현재 일어나고 있는 몇 가지 현상들을 경험적으로 다루면서 우리가 주목하고 있는 네 가지 종류의 파라독스가 무엇인지를 밝힐 것이다. 그리고 끝으로 사회적 변동과정을 규범적 파라독스라는 이행 모델을 통해 개념화하려는 사회이론이 어떤 난점들을 갖는지 설명할 것이다.

이론적 연결점

규범적 파라독스가 토대를 두고 있는 첫 번째 이론적 정리(Theorem)는 **결과를 예견할 수 없는 사회적 행위**이다. 로버트 K. 머튼(Merton 1972 [1936])은 이러한 개념을 통해 사회적인 것의 근본적 속성을 지적했다. 이에 따르면 우리가 사회적 행위와 결부된 모든 상호작용과 연관들을 완벽하게 조망할 수 있는 경우는 극히 드물다. 따라서 행위들 간의 다양한 상호 간섭은 예견하지도 못했고, 의도적 목적에서도 벗어난, 더구나 이를 직접적으로 거스르는 결과들을 산출한다.

머튼은 행위 결과에 대한 예견이 제한적일 수밖에 없는 일련의 근거를 제시한다. 이는 행위 상황의 복잡성을 결코 완벽하게 인지해낼 수 없으며, 행위 결과를 통제하는 데 필요한 정보를 모두 제시하는 것은 불가능하다는 점에서부터 어떤 행위가 새로운 조건 하에서도 이전과 동일한 결과를 야기할 것이라고 생각하는 잘못된 기대와 습관에 대한 것이다. 그리고 이에 이어 머튼에 따르면 행위들은 곧잘 결코 의도하지도 않았고 행위자의 시각에서도 벗어나 있던 사회 영역들에 영향을 끼친다. 예를 들어 종교적 신념윤리에 따른 생활이 야기하는 경제적 결과 같은 것이 여기에 해당된다. 끝으로 머튼은 어떤 사회적 행위들의 결과가 다른 사람들이 자신의 행위를 정향시키는 조건이 되는 근본적인 상황들을 지적하기도 한다. 이런 점들이 행위의 부(副)작용이나 멀리 떨어진 작용을 예견하기 어렵게 만들며, 이는 "자기파괴"나 "자살 예측"과 같은 현상에서 특히 분명하게 드러난다(같은 책: 182 이하; Merton 1968: 182 이하).

우리의 파라독스 개념은 머튼의 이론적 정리인 의도되지 않은 행위 결과와 관련이 있지만, 이를 "사회적인 것의 탈지향성"이라는 원칙으로까지 확장하는 것은 아니며(Greshoff/Kneer/Schimank 2003), 따라서 사회적 변동과정의 조절가능성을 그 단초부터 부정하는 것도 아니다. 우리가 근접해 있는 것은 기능체계가 갖는 자기조절적 독자 논리에 대한 체계이론적 이념이나 조절불가능성이라는 비관적 이념이라기보다는 사회구조를 근본 개념상 행위자에 의해 산출된 구성물로 보는 구성이론적 패러다임이다(이런 이론적 입장을 정당화하는 것으로는 Giddens 1988 [1984]; Joas 1990; Streeck 2009). 이런 기본적 이해를 배경으로 한다면 파라독스 개념과 연계된 우리의 연구는 특정한 유형의 의도되지 않은 행위 결과에 대한 것이라 할 수 있다. 즉 모든 국민의 법적 평등이나 업적에 맞는 노동수입과 같이 동의 가능한 규범적 신념을 해당 사회 영역에서 제도화하기 위한 사회운동이나, 여타의 해방적 개혁을 통해 등장한 사회적 발전과정의 부정적 이면을 추적하는 것이 바로 그것이다.

따라서 일반적으로 공유된 신념에 따를 때 진보로 규정될 수 있는 사회 변혁이나 개혁 요구의 실현이 시간이 흐름에 따라 여기에 토대를 이루고 있는 규범적 내용에 반하는 결과를 야기할 때 지금 제시한 개념 정의에 따라 이를 파라독스적 발전이라고 부를 수 있다(아래 참조). 지금 우리와 사회연구소의 연구 프로그램에서 문제가 된 것은 규범적으로 조정된 프로젝트와 변화들로서 그 실현과정에서 단지 "예견되지 않은" 것이 아니라, 그 근원적 목적에 비추어볼 때 "기대되지 않은" 결과를 야기한 것들이다(Merton 1972 [1936]: 170). 머튼의 이론에 따를 때 이는 한편 사회연구소가 이론적이고 경험적으로 탐구했고, 또 계속해서 탐구하려고 하는 비지향적 행위 결과에 한정된다. 하지만 다른 한편 머튼의 이론은 규범적 요구들이 사회제도와 사회관계에 착근하면서 문제가 있을 뿐 아니라 비생산적 결과를 야기하는 제반 조건들에 대해 일차적으로 해명할 수 있는 분석 도구로 사용될 수 있다.

이렇게 규범적 약속이 반대로 왜곡되는 후자의 과정에 대한 사고는 막스 호르크하이머와 테오도르 W. 아도르노의 『계몽의 변증법』 때문에 우리에게는 이미 익숙한 것이다(Horkheimer/Adorno 1969 [1947]). 물론 계몽의 자기파괴에 대한 광대한 설명으로 유명한 이 역사철학적 분석과 지금 사회연구소의 연구 프로그램은 방법적으로뿐 아니라 구체적 내용에서도 차이를 보인다는 점에서 이와 직접적으로 연계된 것은 아니다. 그러나 우리가 목표로 삼은 연구의 특수한 성향은 『계몽의 변증법』이라는 외관을 통해 서술될 수 있다.

호르크하이머와 아도르노는 "이미 신화가 계몽이고, 계몽은 신화로 되돌아갔다"(같은 책: 6)는 공식 하에 서구 문명의 발전과정을 도구적 합리성의 숙명적 승리과정으로 묘사한다. 이들의 분석에 따르면 과거의 신화는 이미 계몽의 요소를 포함하고 있었다. 왜냐하면 신화는 자기보존을 위한 투쟁 속에서 자연의 힘을 이를 관장하는 신을 통해 해명함으로써 인간의 지배하에 놓이게 했기 때문이다. 신을 진정시키기 위해 실행되는 제물의식은 신화가 자연의 힘이 갖는 운명적 강제를 깨뜨린다는 이러한 그림에 적합하다. 그러나 자연의 힘에 대한 신화적 공포로부터 벗어난다는 것은 이제 주체들이 신이나 그 대변자들에게 복종한다는 뜻이며, 따라서 주체들은 피할 수 없는 강제와 지배관계에 점점 더 깊이 연루된다. 호르크하이머와 아도르노에 따르면 세계의 근대적 탈주술화는 이러한 경향을 더욱 가속화시킴으로써 마침내 목적합리성이 자연과의 관계와 사회생활 조직 전체에 등장하게 하였다.

근대 자연과학은 전적으로 자연 지배와 기술적 이용가능성이란 방패를 통해 보호되었으며, 이 때문에 인간은 자신이 권력을 행사하는 대상으로부터 소외되었고 이에 대한 자신만의 독특한 경험능력을 빼앗기고 말았다. 호르크하이머와 아도르노에 따르면 이는 단지 외적 자연만이 아니라 인간의 내적 자연에도 해당된다. 그리고 이런 과정이 사회적 활동을 통해 이루어짐으로써 이제 주체는 자기 존속을 위해 고유한 충동 및 욕구를 부정하고, 이를 통해 부과된 행복과 즐거움의 포기를 결국 자기 자신에 대한 것으로까지 확장시킨다. 이와 함께 『계몽의 변증법』에 따르면 도덕과 법은 부르주아 시대와 후기 부르주아 시대에는 더욱 더 냉소적 지배도구로 전락함으로써 경제적 이윤을 도덕적으로 보호하고, 지배적 사회세력의 권력 추구를 정당화하기에 이른다. 또한 오락산업물들과 대중문화는 기존하는 것에 대한 타협적 적응을 선전하고 주체들을 조작하여 이들이 항상 동일한 것을 재생산하는 데 몰개성적이고 무비판적으로 순응하게 한다. 호르크하이머와 아도르노가 반유대주의를 통해 설명하고 있듯이(같은 책: 177 이하), 결국 자신을 숭고하게 만들지 못하는 주체들은 가상을 통해서만 실현될 수 있는 모든 것들만을, 스스로 단념하면서도 은밀하게 소망했던 것들만을 추구하게 된다.

호르크하이머와 아도르노에 따르면, 도구적 합리성은 가장 깊이 숨겨진 인간의 욕망을 통제하고 인간이 만든 관계들을 더 이상 거부할 수 없는 사실이라는 신화적 베일로 가려버림으로써 모든 비판적 요구의 잠재력을 파괴하는 총체적 지배 및 기만적 관계를 만들어낸다. 그러나 다양한 지적처럼(특히 Habermas 1985 [1982]) 여기서 불분명한 것은 모든 규범적 척도가 근본적으로 부패하고, 모든 경우 이데올로기적 기능으로 검증되어 있는 곳에서 과연 『계몽의 변증법』 저자들의 비판은 어떤 토대에 기초하고 있는가 하는 점만이 아니다. 이들의 목이 타는 듯한 진단에서 문제가 되는 것은 단지 "연속적인 파멸과 억압이 갖는 불변성"이 아니라, "역사적 경향으로 확인될 수 있는 보다 진지한 관심이 사라지고" 있다는 점이다(Habermas 1986: 282). 이런 점에서 사회연구소의 프로그램이 주목하는 것은 사회적 현실 속에 이미 존재하면서도 도구적 동기로 환원되지 않는 규범적 내용을 재구성하고, 바로 이러한 배경 하에서 이것의 제도화로 인한 결과들이 특정한 상황에서 얼마만큼이나 부정적으로 변질될 수 있는지를 확실하게 보여주는 것이다. 이처럼 이제는 계몽의 과정을 부정신학을 통해 모든 것을 포괄하는 무자비한 과정으로 묘사하는 역사철학적 서술을 대신해서 사회 속에 이미 존재하는 규범적 척도를 체계적으로 파악하거나, 혹은 이것이 봉쇄된 곳에서 고통의 표현이나 심리적 반응 같은 것을 해독하려는 재구성 절차가 등장해야 한다. 물론 항상 복잡한 작업이지만 이러한 척도를 각각의 사회적 타당성 영역에서 재구성하는 작업이 없다면 비록 의도한 것은 아니지만 이러한 척도가 야기한 파괴적 결과에 대해 질문할 수 있는 전제들을 확보할 수 없다.

그러나 규범적 요구 자체가 문제시되고, 이미 이를 통해 병리적 사회 상태가 표현된 것이라면, 앞서 서술한 재구성 과정은 토대를 잃는다. 『계몽의 변증법』은 비록 일면적으로 과장된 것일 수 있지만 돌발적으로 사회에 대한 근본적으로 다른 시각을 제시함으로써 아마도 기존의 삶의 방식이 심층적 결함이 있음을 증명하고, 따라서 우리의 규범적 신념을 문제 삼는 서술 모델로 사용될 수 있다. 하지만 사회연구소 프로그램이 이런 "세계 개명적 비판"(erschließenden Kritik) 모델을 따르는 것은 아니다(Honneth 2000). 이는 문두에서 서술한 우리의 출발점에 적합한 것이 아니기 때문이다. 호르크하이머와 아도르노는 파시즘과 스탈린주의에 대한 인상 때문에 자유 획득과 같이 민주주의 사회가 가져온 성과를 제대로 파악할 수 없었으며, 이를 자신들이 말하는 타락의 역사로 포섭하고 말았다. 그러나 이들과 달리 우리는 사회이론과 경험적 사회연구가 사회 현실로부터 증류된 실질적인 규범적 척도에 의거해야 한다고 본다. 이것이 어떻게 가능한지에 대해서는 데이비드 밀러가 생활세계에 침전되어 있는 사회정의관을 통해 예시적으로 보여주고 있다(Miller 2008 [1999]: 특히 104 이하). 이렇게 사회적으로 정착된 규범적 척도가 재구성되지 않는다면 우리가 생각하는 사회적 근대화의 파라독스에 대한 언술은 성립될 수 없다.

무엇이 "규범적 파라독스"인가?

지금까지 사회연구소에서 수행되었던 최초의 연구(Honneth 2002a; Honneth/Hartmann 2004)와 연관해서 이제 좀 더 정확하게 규정되어야 할 것은, "파라독스"를 어떻게 이해해야 할 것인가 하는 점이다. 분명 파라독스 개념이 강조하는 것은, 제반 규범적 요구들이 논리적 의미에서 모순이고, 이런 요구들이 사회 현실에서 행동으로 이어질 경우 어쩔 수 없이 그 내적 모순들이 나타날 수밖에 없다는 것이 아니다. 이런 경우에 대한 예로는 아마도 자발적이 되라는 요구 같은 것이 있을 것이다. 여기서 자발성이란 "본질적 부산물"이자, 의도적인 행위 수행의 결과를 통해 봉쇄된 상태에서의 자발성을 말하기 때문이다(Elster 1987 [1983]). 그러나 근대 사회의 문화와 제도에서 중심적 의미를 갖는 규범적 주도이념들은 이와 같은 사례가 아니다. 예를 들어 이러한 주도 이념으로는 다양한 개인적 생활 영역에서의 개인의 자율성 이념, 법질서 내에서의 동등성 원칙, 직업 및 노동 세계에서의 업적 원칙 같은 것들이 있다. 물론 이런 이념들은 자주 논쟁적 해석의 대상이 되곤 하며, 이를 실천에 적용할 경우 정말 다양한 방식의 긴장과 모호성에 부딪히게 된다. 그러나 이런 점 때문에 이 주도 이념들이 의미론적 구조에서 이미 모순적이고 그 사회적 효과들이 서로 모순됨으로써 논리적 비일관성만을 재생산하고 있다고 말할 수는 없다(Hartmann 2002: 235 이하).

규범적 파라독스에 대한 우리의 모델에 따른 연구가 보여주어야 할 것은, 파라독스란 일반적으로 진보로 추앙된 개혁 프로젝트들이 그 사회적 실현과정에서 자기파괴적 동력을 얻게 되는 데 책임이 있는 사회경제적, 사회구조적, 혹은 문화적 병행 발전과 관련된 상황이라는 점이다. 오늘날 자유민주주의 사회에서 규범적 성과들이 이런 식으로 역설적으로 변질된 것을 진단하기 위해서는 아래와 같은 네 가지 조건이 충족되어야 한다.

첫째, 사회 집단이나 운동들이 도덕적 요구나 의무를 특정한 사회 영역에 관철시키고, 이를 제도화하기 위해 종종 투쟁적 시도를 감행할 때 이들을 이끌어가는 규범적 의도들을 재구성해야 한다. 둘째, 이러한 의도가 각각의 영역에서 사회구조와 사회관계 속에 실제로 실현되는 과정은 비록 항상 불완전한 것이지만, 이것이 사회적으로 광범위하게 공유된 이해에 따라 규범적 진보로 해석될 수 있어야 한다. 셋째, 그러나 파라독스로 규정될 수 있는 역사적 이행 모형에 대해 말할 수 있기 위해서는 하나의 동일한 발전과정이 정반대의 효과, 즉 변화하는 사회경제적, 사회구조적, 문화적 맥락이라는 조건이 야기한 의도치 않은 결과로 인해 본래의 규범적 목표와 양립할 수 없거나 이와 대립해 있어야 한다. 넷째, 끝으로 파라독스적 이행과정은 문자 그대로 우선적으로 향도적 역할을 하는 도덕적 요구와 이념들이 그 타당성을 상실하지 않을 때에만 존재한다. 즉 만약에 주체들이 이러한 요구나 이념들을 통해 더 이상 자신을 이해하지 않거나 적어도 이것들의 존속을 함축적으로나마 자신들의 경험 상황으로부터 구체화시킬 수 없다면, 사회변동의 파라독스적 형태에 대해 이야기할 수 없다는 것이다. 왜냐하면 이제 사회변동이란 더 이상 이전의 규범적 지평을 통해 해석되지 못하거나 단순히 외부에서 주입된 관점을 통해서만 해석될 수 있기 때문이다. 파라독스에 대한 진단을 위해서는 규범적 주도 이념들이 항상 그 역사적-구체적 실현에 대해 갖는 타당성 확장 경향이 행위자들의 규범적 언어를 통해 표현됨으로써 본질적으로 이러한 언어를 통해 등장했고 진행되었던 사회적 변동과정이 평가될 수 있어야 한다.

제도화된 규범의 파라독스적 왜곡의 변형태들

이제 제기되는 문제는 특정한 규범적 주도 입장을 통해 비로소 촉발된 사회적 발전과정이 어떻게 파라독스적 전도 현상, 즉 이러한 규범적 주도 입장이 갖는 해방적 잠재력을 모욕하는 결과에 도달할 수 있는가 하는 점이다. 지금까지의 논의를 통해 우리가 도달한 것은, 파라독스적 왜곡의 네 가지 특징에 대한 방법론적 구별이다. 이러한 구별은 규범적으로 조절된 개혁 및 변혁 과정 속에서 그 의도에 반하는 결과를 발생시키는 다양한 방식과 연관이 있다. 이에 대한 일종의 상승 논리에 따른 서술 체계는 규범적 원칙이 사회적 실현과정에서 단지 상반된 결과만을 가져다주는지, 아니면 결국 이러한 원칙이 단지 전적으로 왜곡된 형태로만 존속된다는 점에서 그 자체로 일면화된 것인지 하는 문제로 정향되어 있다. 이하의 글에서는 네 가지 변형태 각각에 해당하는 사례를 두 개씩 문헌적으로 소개한다. 그리고 종합적으로 이 사례들을 면밀히 검토하면서 우리가 "파라독스"와 "파라독스적 변형"에 대해 이야기할 때 염두에 두고 있는 사회적 변동의 현상들이 어떤 특성을 지니고 있는지를 보여줄 것이다.

파라독스적 발전의 첫 번째 변형태는 규범적 주도 이념의 사회적 제도화가 이와 동등하게 관련된 다양한 집단에 전적으로 상이한 영향을 끼치는 현상이다. 즉 한 집단에서의 규범적 진보가 다른 집단에는 부정적 영향의 토대가 된다는 것이다.

이런 식의 과정에 대해서는 조제프 모저(Mooser 1983; 1984)가 독일 노동자 집단에 대한 역사적 사회지학(Soziografie)에서 서술하고 있다. 이에 따르면 1960년대 이래로 노동자들의 생활조건이 전례 없이 개선되었다. 즉 핵심 산업 부문에서 임금상승의 결과로 생활수준의 현저한 향상이 이루어짐으로써 광범위한 노동자 집단이 단지 자기 재생산만을 위한 협소하고 검약한 생존 강제로부터 벗어나게 되었다. 개선된 주거조건과 지속적인 노동시간 단축은 노동자들에게 이전까지만 해도 제한적으로만 존재했던 사적 생활과 여가시간뿐 아니라 최초로 자율적 생활형성을 위한 더 큰 가능성을 안겨주었다. 또한 직업교육 기관과 교육체계의 형성을 통해 노동자들과 이들의 자녀들에게 신분상승의 가능성이 열림으로써 이제 이들은 자신의 생활배경이 되는 출신이라는 사슬로부터 벗어나 "기회평등에 대한 믿음"을 강화시켰다(Mooser 1983: 295). 이렇게 각기 규범적 성과로 칭송되었던 여러 발전들은 "탈노동자화"로 이어졌으며, 노동자들이 부르주아적 생활방식에 근접하도록 만들었다.

이로 인한 "집단적 존중가능성 상승"(Mooser 1984: 227)으로 자기존중과 자신의 생활방식을 인정받기 위한 노동자들의 오랜 투쟁이 그 목적을 달성하게 되었지만, 여기에는 그 반대의 측면도 있다. 이제 모든 노동자들이 자신을 스스로 행복을 개척하는 자로 보기 때문에 교육받지 못한, 혹은 교육받은 노동자 상이 극적으로 변화했다. 즉 고된 육체노동을 수행하는 사람들의 위신이 교육 확대로 인해 악화되었으며, 새로운 기회를 이용할 수 없는 노동자들은 점점 더 "개인적 실패자"로 존재하게 되었다(Mooser 1983: 276, 282; 1984: 216). 다시 말해 이들은 규범적으로 진보로 추앙되던 발전과정의 "희생자"인 것이다. 이를 통해 이득을 본 것은 다른 노동자, 특히 전문 노동자이기 때문이다. 이러한 모저의 진단은 비록 그가 파라독스란 말을 사용하지는 않았지만 이에 대한 선구적 연구로 독해될 수 있다.

뤽 볼탕스키(Luc Boltanski)와 에브 시아펠로(Ève Chiapello)는 네트워크형으로 조직된 노동관계에 관한 대규모 연구를 통해 이와 구조적으로 유사한 상황에 주목한 바 있다(Boltanski/Chiapello 2003 [1999]). 네트워크에 기반한 자본주의 세계에서 하나의 프로젝트에서 그다음 프로젝트로 이동하는 선구적 노동자들의 직업적 성공은 우선적으로 수많은 다양한 대인접촉을 유지하고 항상 사회적, 공간적으로뿐 아니라 정신적으로도 고도의 이동성을 입증할 수 있는 능력에 달려 있다. 볼탕스키와 시아펠로가 보여주듯이 이러한 발전은 다면적이고 부분적으로는 모순적인 결과를 낳고 있다. 그럼에도 불구하고 이들은 네트워크 자본주의가 최소한 부분적이나마 주체들을 직업적 영리활동이 갖는 타율성으로부터 해방시킴으로써 특히 1970년대 공언되었던 진정성 있는 자아실현과 자율적 삶에 정향된 이른바 "미적인 비판"을 따르고 있음에 침묵하지 않는다. 이러한 해방은 숙련된 네트워크 활동가의 유연한 정체성이 그 사후적 산물이란 점에서 규범적인 의미에서 수확으로 기록될 수 있다.

프로젝트의 세계에서는 네트워크 인근에서 활동하는 사람들이 이동성과 비용을 요구하는 대인접촉 관리를 유지하기 위해 볼탕스키와 시아펠로가 "대역자"로 묘사한 지역적 대리인을 필요로 한다(같은 책: 397 이하). 이런 지역적 대역자와 이동적인 네트워크 활동가 사이에는 문자 그대로 착취관계가 존재한다. 즉 "한 사람의 부동성은 다른 사람의 이동성을 위한 전제"라는 것이다(같은 책: 400). 물론 이동적인 관리인과 프로젝트 책임자는 자신들의 토착적 대리인에 의존한다. 그러나 이 대리인이 이들이 갖고 있는 사회적 자본과 영리활동 기회에 참여할 수 있는 것은 아니다. 더 나아가 이들은 자신들에 대한 인정과 가치부여를 확신할 수 있지만, 이에 반해 장기간 동일한 직업적 활동과 공간적으로 제한된 사회관계에 묶인다는 것은 점차 치욕적 오점이 되고 만다. 부동성은 경멸의 대상이 되며, 이에 해당되는 사람들은 "지속적으로 배제와 사회적 죽음"의 위협을 받게 된다(Boltanski/Chiapello 2001: 466; Bauman 2001). 이것이 노동 관련 네트워크의 중심부에 있는 사람들이 얻는 자율성 증가와 영리활동 기회에 대한 대가라면, 더 나아가 이들에게는 자율성 이상이 보편적인 것으로 이해되고, 공동으로 산출한 이윤에 모든 사람이 공정하게 참여한다는 원칙에 아무런 편협한 제한도 가해지지 않고 있다면, 수많은 지역적 대리인이 겪는 불안전한 상황은 노동조직이 네트워크형으로 현대화됨에 따른 파라독스적 결과라 할 수 있다.

파라독스적 변질의 두 번째 변형태는 규범적 이념이 그 의미론적 내용과 결코 합치할 수 없는 적용 조건 하에서 정당화되는 경우이다. 즉 특수한 사회적 맥락에서 일어나는 작용 연관과 이 속에서 행위를 유도하는 규범이 갈등하면서 규범적으로 볼 때 문제 있는 결과가 발생하는 경우가 그것이다. 이는 두 가지 사례로 구체화될 수 있다.

첫 번째 사례는 막스 베버의 유명한 프로테스탄트주의 연구에서 얻을 수 있다(Weber 1988 [1904/05]). 여기서 베버는 특히 17세기 칼뱅주의에서 나타난 프로테스탄트주의의 금욕적 경향 속에서 직업과 쉼 없는 노동에 관련된 윤리가 어떻게 발전하였는지를 서술한다. 베버에게는 이러한 윤리가 장기간의 영향을 통해 자본주의 등장에 결정적 역할을 한다. 오직 신의 영광을 높이기 위한 것이었던 직업노동이 이제는 개개인의 신앙을 보장하기 위한 방법적 삶의 연결점이 되기 때문이다. 물론 노동 자체는 세속적이고 종종 "불순한" 것으로 배척된 현존재의 모든 악덕과 유혹에 대항한 예방책이지만, 직업적 노력의 결실에 대한 무절제한 향유는 죄이다. 부 자체가 중대한 위험으로 간주된 것은 이것이 신앙인들을 일하지 않게 만들고, 재물과 사치의 유혹에 빠지게 하기 때문이다(같은 책: 165 이하, 189 이하). 그러나 종교적으로 해석된 현세에서의 금욕을 직업노동에 적용한 것은 그 생산적 결과와 반대되는 현상 역시 야기한다. 소비가 억제되고 금욕적 절약이 강제됨으로써 자본 형성의 고삐가 풀려버렸기 때문이다. 하지만 이것은 엄밀하게 말해서 종교개혁가들이나 이들의 후예들이 의도했던 것은 아니다.

칼뱅주의적 종파나 영국의 청교도들에게서 일어난 자본 축적은 베버가 "의지에 대한 결과의 파라독스"라 규정했던 것의 적용 사례가 된다(Weber 1988 [1915-1919]: 524). 베버는 다른 곳에서 "모든 합리적 금욕의 파라독스"가 "자신이 부정했던 부 자체를 창조했다"는 데 있음을 서술하고 있다(같은 책: 545; 또한 Weber 1988 [1904/05]: 29 각주, 82, 196 이하; Schluchter 2005). 이런 점에서 칼뱅주의적 직업윤리가 경제와 그것의 영향이라는 맥락에서 야기한 객관적 결과를 베버가 파라독스로 규정한 것은 전적으로 옳다. 베버에 따르면, 금욕적 프로테스탄트주의는 직접적 욕구 충족을 겨냥한 전통적 경제 형태를 탈정당화하고, 이것을 게으름이라는 악덕으로 규정했다는 점에서 경제적 진보의 역할을 수행했다. 그리고 베버는 다소 모호한 태도를 보이곤 있지만 이러한 세계관이 개인주의를 촉진시킴으로써 과거의 질서를 결정적으로 혁신했다고 본다. 물론 금욕적 프로테스탄트주의의 역사적 영향이 나중에는 그 반대로 변질되고 말 규범적 진보를 과연 야기했다고 할 수 있는지, 그렇다면 어떤 점에서 그렇게 볼 수 있는지는 오늘날의 시각에서 볼 때 정말 불분명한 것이지만, 당시 베버에게는 분명 그런 것이었다.

어떤 규범적 이념이 자신과 상충하는 맥락 조건 하에서 야기한 파라독스적 변질에 대한 두 번째 사례는 분명하다. 악셀 호네트는 「조직화된 자아실현」(Honneth 2002b)에서 개성화 경향이 최근까지 야기한 부정적 이면에 대해 탐구하고 있다. 호네트에 따르면, 1960년대, 70년대 서구에서 사회운동과 새로운 생활방식을 실험하는 집단들이 나타나면서 개인적 자아실현과 자율적 정체성 발견에 대한 다양한 요구를 수용하는 사회문화적 변동이 일어났다. 그리고 이런 요구들이 지속적으로 더 많은 사회 집단으로 확산되면서 전통적 역할 모형과 관습적 도덕관이 점차 붕괴되었다. 그 결과 개인적 자아발견과 삶의 형성을 위한 새로운 자유 공간이 열리게 되었다. 그러나 호네트의 테제에 따르면, 이러한 자율성 증가는 자아실현에 대한 요구가 외부로부터 주체들에게 이전되면서 그 반대로 변화하기 시작했다. 즉 개인적 자아실현에 대한 요구가

"제도화된 기대 모형"으로 확산되면서 주체들의 자율성을 해치게 되었다는 것이다(같은 책: 145 이하).

호네트가 설명하듯이 이러한 현상은 사람들이 다양한 사회적 영역에서 자신이 유연하고 변신할 태세를 갖추고 있음을 보여주고, 생활사적 독창성을 증명하도록 요구받고 있다는 점에서 볼 수 있다. 즉 개인적 자유의 확대로 시작했던 것이 이제는 탈규제라는 이데올로기 하에서 "자본주의 경제의 생산력"이 되었다는 것이다(같은 책: 154). 또한 이와 유사하게 슈테판 포스빙켈이 보여주고 있는 것은(Voswinkel 2002), 자아실현 이념이 특히 피고용자에게 현대적 노동세계라는 조건 하에서 타율적 요구로 등장하게 됨에 따라 이제 이것은 피고용자들의 심리적 과부하를 낳게 되고, 지배의 훈육 도구로 변형되었다는 점이다. 따라서 피고용자들에게 과거의 안정성에서 벗어나 지속적 자기 주도라는 짐을 부과한 새로운 기업 문화라는 제도적 조건 하에서는 행위가능성의 원천으로부터 억압적 장해가 발생한다. 즉 자아실현이라는 이상으로부터 외적 강제가 발생한다는 것이다(이에 추가하여 "자아실현 강제"에 대한 상세한 서술로는 Boltanski/Chiapello 2003 [1999]: 462 이하).

파라독스적 변형의 세 번째 유형은 어떤 규범적 이념의 사회적 실현이 이 이념 자체와 싸우거나 그 타당성을 문제 삼지 않으면서도 이에 대립하는 대항 흐름을 발생시키는 경우이다. 이런 경우 비록 형식적으로는 어떤 규범적 이념이 훼손되지 않았지만, 대안적 규범이나 대립된 관심에 정향된 행위방식 때문에 이 규범적 이념이 무력화된다. 이에 대한 첫 번째 사례는 『기회평등의 환상』이라는 독일어 제목으로 번역된 프랑스 교육제도에 대한 저명한 연구가 있다. 피에르 부르디외와 장-클로드 파스롱이 이를 통해 우선적으로 밝히고 있는 것은, 기회평등 원칙이 교육제도의 성공과 실패를 정당화하는 유일한 토대가 되었다는 점이다(Bourdieu/Passeron 1971 [1964]). 왜냐하면 이 원칙에 따를 때 유일하게 학생들의 학업성취만이 이들의 교육적 성공을 결정하기 때문이다(이에 대해서는 추가적으로 Heid 1988). 기회평등 이념은 항상 다양한 사회계급의 자녀들 사이에서 나타나는 교육성과의 현격한 차이를 극복하려는 목적과 결합되어 있지만, 부르디외와 파스롱에 따르면 이러한 이념은 교육제도, 특히 고등교육제도가 실행되는 과정에서 교육기회에 대한 계층적 불평등을 은폐하고 특권층의 우위를 고착화시키는 역할을 했다. 즉 기회평등 규범의 도입은 기득권층이 이러한 규범을 지속적으로 교육제도에 적용하는 것에 저항하려는 전략적 차원에서 미세한 방식으로 이용되었던 것이다.

또한 이들에 따르면 이러한 원칙은 여전히 논란 없이 유지됨에도 불구하고 허구적인 상을 만들어낸다. 즉 이는 교육제도가 전적으로 자율적이며, 학생들을 학업성취라는 기준에 따라서만 선발하는 것처럼 보이게 한다는 것이다. 그러나 실제로 학업성적 평가에 개입된 척도는 바로 사회계급 사이에 존재하는 관습적 차이가 반영된 것이다. 부르주아 문화가 내면화된 시각, 행동방식, 취향, 그리고 특히 역사적으로 볼 때 예수교적 전통으로 소급되는 언어 및 대화 방식이 학업성취를 위해 결정적 중요성을 갖게 됨으로써(Bourdieu/Passeron 1971 [1964]: 127 이하, 169), 출신과 무관한 기회평등 이념은 교육제도를 통해 이것이 구현되는 것을 막는 도구로 기능하게 된다(같은 책: 특히 209 이하). 왜냐하면 이러한 이념은 타고난 능력과 업적의 차이로 인해 지배계급이 갖는 특권적 출발 조건을 곡해함으로써 불평등한 기회구조가 관철되도록 한다는 점에서 형식적 정의라는 덮개로 문화적 자본 상속을 은폐하고 있기 때문이다. 부르디외와 파스롱에 따르면, 여기서 표현된 것은 이들이 종종 "파라독스"로 규정한 교육제도의 결과들로서 학업성취라는 기준이 은밀하게 계급 특수적 아비투스가 강조됨으로써 오염되고 마는 것이다. 결국 기회평등에 대한 신념은 그 실현을 위한 아무런 대책도 마련하지 못한 채 그 어느 때보다 더 강하게 "지배계급의 객관적 이해에 대한 종속"을 존속시킨다(같은 책: 214). 결과적으로 숨겨진 계급적 자만을 통해 조정된 이러한 발전과정은 기회평등 이념과 이것이 교육제도를 통해 실현되고 있다는 허구적 믿음에 기생하여 이득을 본 셈이다.

페르디난트 주터뤼티는 인종 집단 간의 관계라는 전혀 다른 영역에서 이와 구조적으로 유사한 현상을 발굴해내고 있다(Sutterlüty 2010). 그는 독일에서 사회적으로 차별받는 두 개의 도시 행정구역에 대한 민족지학적 연구에서 본토민들이 하필이면 경제적으로 성공한 이주민들과 지역 정치에 참여한 터키 출신의 출세한 사람들을 평가절하하는 현상을 추적한다. 주터뤼티에 따르면 이러한 현상이 보여주는 것은 "인종 평등의 파라독스"이다(같은 책: 259 이하). 주터뤼티의 서술에 따르면, 한편으로 토착민 대다수는 모든 사회 구성원이 인종적 소속과 관계없이 평등한 경제적 기회와 정치적 참여권을 가져야 한다는 규범적 이념을 따라야 한다고 생각한다. 이러한 이념은 식민지 시대나 광적인 인종주의 시대에 비추어볼 때 쉽게 도덕적 진보로 입증될 수 있으며, 결코 한 번도 명시적으로 의문시된 적이 없다. 그러나 다른 한편 터키 출신의 이민자들에 대한 사회통합 효과는 이들에 대한 부정적 인식의 직접적 계기가 되면서 독일 토착민들은 이들을 정당한 경제적 경쟁자, 그리고 정치적 의사형성 과정에 참여할 수 있는 정당한 권리 행위자 영역에서 상징적으로 배제시킨다.

이러한 반대의 현상들이 어떻게 발생하게 되었는지에 대한 주터뤼티의 분석이 보여주는 것은, 독일 토착민들이 터키 출신의 이민자들이 사회적으로 자신들을 앞지를 것을 두려워함으로써 자신의 인종적 집단에 대해서는 흡사 가족적 연대감을 갖고, 터키 출신의 이주민에 대해서는 자신의 가족 내 권력을 수호하려는 인종적 근원주의에 암묵적으로 의지하고 있다는 것이다. 이런 인종적 근원주의는 인종 집단적 교류의 심층적 구조를 형성하지만, 이것이 앞서 서술한 조건에서와 같이 토착민들의 행위를 주도할 수 있는 것은 단지 이것이 오해되고 암묵적인 상태에 머물러 있을 경우에 한한다. 주터뤼티가 분석한 것이 바로 이 경우에 해당된다. 인종 집단 사이의 친족성과 비친족성에 대한 해석 모형은 터키 출신의 출세자와 그의 인종 집단에 대한 부정적 분류의 숨겨진 원천이며, 이는 어떤 관찰 가능한 잘못에 대해 개개인에게 집단 책임을 묻게 한다. 따라서 독일인과 터키 이주민 사이에 더 많은 평등을 사회적으로 실현하는 것은 역설적이게도 이들에 대한 부정적 분류를 산출함으로써 평등 원칙이 말하는 것과는 반대의 현상을 야기한다. 터키 출신의 이주민들이 누리는 개선된 물질적 분배와 정치적 참여는 독일인들에게 자연적으로 타고났을 뿐 아니라 결코 부정될 수 없는 인종적 차이라는 관념을 작동시키고 있으며, 이는 결코 형식적 평등 원칙을 통해 사라질 수도 없고, 결국 인종 집단 간의 불평등한 사회적 질서로 나아간다(『베스텐트』 이번 호에 실린 주터뤼티의 글도 참고할 것: 75-98). 이런 파라독스적 현상과 다를 바 없는 것이 카이-올라프 마이발트가 관찰한 현상이다. 이에 따르면, 원칙적으로 평등지향적인 부부관계에서 동등한 노동 분업이라는 규범은 지금까지 남편들이 부부관계를 위해 자신들의 자유의 일부를 "희생"해야 한다는 관념 때문에 방해받아왔다. 하지만 이러한 자유를 보존하기 위해서는 부인들이 가사노동에서 더 많은 부분을 담당해야 한다(Maiwald 2007; 『베스텐트』 이번 호: 45-56).

지금까지 언급한 사례들과는 달리 파라독스적 변질의 네 번째 유형은 사회발전의 토대가 되는 규범적 이념 자체가 왜곡되는 경우이다. 즉 규범적 이념이 타당성 영역인 사회 현실과 마찰을 일으킴으로써 그 내용이 왜곡되거나 전도된다는 것이다. 이런 현상은 통상적으로 장기적인 역사적 과정이 진행될 때 발생하며, 이는 적어도 두 가지 사례를 통해 알 수 있다. 첫 번째 사례는 칼뱅주의적 구원예정설과 관련된 것으로서 이는 금욕적 프로테스탄트주의에 대한 막스 베버의 연구에 따를 때 자본주의 경제 질서를 확립시킨 발전 노선의 또 다른 측면을 밝혀준다(Weber 1988 [1904/05]: 88 이하). 칼뱅의 구원예정설이나 은총선택설에 따르면 모든 인간은 자신의 고유한 행위로부터 영향을 받지 않는 신의 숨겨진 결정을 통해 영원한 구원에 이르거나 영원한 처벌을 받게 된다. 베버가 인상적으로 보여주듯이 이는 신앙인들로 하여금 견딜 수 없는 심리적 문제에 직면하게 한다. 즉 이는 다음과 같은 결정적 질문으로부터 등장한다. "과연 나는 택함을 받을 수 있을까? 그리고 나는 이러한 택함을 확신할 수 있을까?"(같은 책: 103). 베버의 서술에 따르면 칼뱅의 후예들에게 이런 문제는 아주 중요한 것이었으며, 그 가장 큰 결과는 사제들로 하여금 다음과 같이 권면케 했다는 점이다. 즉 인간은 일관된 생활방식과 쉼 없는 직업노동을 통해 자신의 택함 받음에 대한 주관적 확신을 얻을 수 있다는 것이다. 따라서 경제적 성공과 물질적 안녕이 점차 "택함 받음의 징표"가 되었다. 베버에 따르면, 돈을 잘 버는 일은

"구원을 사는 것은 아니지만, 구원에 대한 두려움에서 벗어나는 기술적 수단"이 되었다(같은 책: 110).

베버에 따르면 결국 은총선택설은 신앙의 실천 속에서 이 이론이 본래 말하던 것과는 정반대 현상을 야기했다. 즉 칼뱅은 다른 종교개혁가들보다 더 근본적으로 구교가 신봉했던 "업적 정의", 즉 신앙인은 자신의 행위를 통해 구원을 얻을 수 있다는 신념을 부정했지만, 17세기 사제 활동에서 구원예정에 대한 믿음은 바로 이들이 이전부터 싸우고자 했던 것이었던, "업적 구원"에 대한 믿음으로 변질되었다. 따라서 종교적 이념과 이와 결합한 세속적 재물에 대한 윤리적 태도가 서로 식별할 수 없을 정도로 왜곡되었다. 신의 은총선택 이념이 인간이 직업적 성공을 통해 자신의 택함을 확신할 수 있다는 생각으로 변질된 것은, 베버가 칼뱅주의적 프로테스탄트주의와 이것이 근대 자본주의 발전에 끼친 영향에 대한 "문화적 해석"을 위해 도입한 결정적 논거 중의 하나이다(이에 대해서는 추가적으로 Merton 1972 [1936]: 181 이하; Symonds/Pudsey 2008; 224 이하, 229 이하). 이러한 역설의 다음 단계로는 이후 칼뱅주의적 세계질서의 세속화를 들 수 있다. 즉 이러한 세계질서는 행위자의 실천을 통해 실현되면서 이것을 부정하는 결과를 낳았다는 것이다. 왜냐하면 영리추구가 공리주의적으로 자립화되면서 종교적 동기의 금욕을 배경으로 한 윤리적 이념이 파괴되었기 때문이다. 베버가 그의 몇몇 유명한 문장을 통해 말하고 있듯이, 돈벌이에 대한 바리세인의 양심이 확산되고, "영혼이 없는 전문가, 마음이 없는 향락주의자"가 등장하면서, 자본주의의 승리는 개개인에게 강제와 예속의 "쇠우리"가 되었다(Weber 1988 [1904/05]: 197 이하).

이렇게 규범적 이념이 역사적으로 실현되면서 본래의 의미를 단계적으로 일면화시키고, 결국에 가서는 거의 정반대로 변질되는 파라독스적 변형에 대한 오늘날의 사례는 "진정성"이라는 주도 이념의 운명에 대한 찰스 테일러의 이념사적 연구에서 얻을 수 있다(Taylor 1995 [1991]). 그의 서술에 따르면, 개개인은 오직 각기 자신의 고유한 "내적 자연"에 대한 창조적 탐색을 통해 진정한 자유에 도달한다는 강력한 이념은 무엇보다도 개개인을 자신의 환경에 초탈한 이성주체로 환원시키는 계몽주의적 합리주의에 대한 대립 운동으로부터 발전되었다. 계몽주의적 합리주의와는 반대로 특히 헤르더는 루소에게서 자극을 받아 인간을 새롭게 이해하였다. 이에 따르면 인간이란 자기발견의 과정 속에서 자신의 본래적이고 오리지널한 충동력에 오직 자신에게만 적합한 표현 내용을 부여할 수 있다는 점에서 자기규정과 이에 따른 자유를 획득할 수 있는 존재이다(같은 책: 34 이하). 테일러에 따르면 헤르더, 그리고 이와 철학적으로 근접해 있는 동시대인들에게 분명했던 것은, 이러한 "진정한" 자아의 탐색과 실현 과정이 오직 개인적 자기표현 노력의 원천이자 필연적인 수정 차원인 "대화적" 틀 속에서만 성공적으로 수행될 수 있다는 점이다. 즉 개개인이 자신에게 생산적 자기탐색을 위해 요구되는 평가적 언어를 제공하는 문화적 공동체와의 교류에 의존해 있는 것과 마찬가지로, 또한 개개인은 자신의 개인성의 "진정한" 핵심에 대한 잘못된 평가와 기만에서 벗어나게 할 수 있는 구체적 타인들의 의사소통적 조언과도 관계되어 있다는 것이다(같은 책: 40 이하).

그러나 테일러에 따르면 "진정성" 이념이 갖는 대화적 특성과 근원적으로 볼 때 이러한 이념의 고유한 규범적 의미는 이것이 사회적으로 실현되고 문화적으로 확산되면서 점차 사라지고 말았다. 왜냐하면 선택적 해석이 일어나면서 점점 더 자기관계적이고, 단지 주관적인 실현

형태만이 강조되었기 때문이다(같은 책: 101). 결국 이렇게 근원적으로는 일면적으로 규정되지 않았던 것이 일면화되는 과정 끝에 남겨지는 것은 대화적으로 규정된 자기실현이라는 규범적 이념 중에서 단지 개인적 자기발견이라는 이념뿐이다. 물론 테일러의 설명에서 무엇보다도 이러한 사고의 일면화가 영향사나 대중적 확산과정에서 일어난 해석 잘못에 기인한 것인지는 분명하지 않다. 하지만 이제 개개인은 전적으로 타인과의 관계에서 벗어나 자기탐색 과정에서 단지 자기 자신에게만 관계하는 것으로 생각되었다. 규범적 파라독스를 말하기에 적합한 이러한 역사적 변질의 결과를, 테일러는 우리를 의사소통적 교류 없는 진정한 자아의 실현이라는 불가능할 뿐 아니라 자기파괴적인 과제에 머무르게 하는 규범적 해석틀이란 의미에서 "쇠철창"으로 규정하고 있다(같은 책: 105 이하).

전망

지금까지의 설명을 통해 우리는 규범적 파라독스라고 진단될 수 있는 다양한 변형태에 주목했다. 끝으로 우리는 이에 상응하는 사회분석의 틀 속에서 제기되는 몇 가지 문제를 거론하고자 한다. 왜냐하면 이제 앞서 논의된 몇 가지 사례들에서처럼 단순히 이념사적으로 논의를 진행하는 것이 아니라, 규범적 파라독스를 사회발전의 이행 모형이란 차원에서 고찰한다면 일련의 이론적 난점들이 등장하기 때문이다. 이에 대해서는 비록 전면적인 논의는 아니지만 적어도 그것이 무엇인지 정도는 지적될 수 있을 것이다. 즉 특정한 상황, 다시 말해 더 세부적으로 특수화된 상황 하에서 사회 영역별로 타당성이 인정되는 규범의 실현이 이 규범과 모순되거나 이에 대립하는 사회적 결과라는 의미에서 "파라독스"라는 결과를 낳을 수 있다는 주장은, 첫째, 사회 영역이나 행위 영역 전체를 규범적 원칙의 구체화로 이해하려는 결코 쉽게 해결될 수 없는 요구와 결부되어 있다(a). 둘째, 파라독스 분석에서 무엇보다도 불분명한 채로 남아 있는 문제는, 규범에 대립하는 사회적 결과라는 주장이 과연 단순히 관찰자 시각에 따른 서술만으로 충분한지, 아니면 이를 위해서 관련 행위자들의 의식이나 관점 역시 참조해야 하는지에 있다(b). 그리고 끝으로 아주 일반적으로 제기되는 문제는, 사회 영역별로 타당성을 갖는 아주 특정한 부류의 규범, 즉 참여나 포함의 경우에서처럼 모든 포함은 불가피하게 배제를 동반한다는 식으로 어쩔 수 없이 파라독스적 결과를 야기하는 경우가 아니라면, 결국 사회적으로 야기된 파라독스를 거론할 수 없는 것은 아닌가 하는 문제이다(c).

(a) 규범적 내용들이 항상 개인적 혹은 집단적 행위 의도의 구성성분이 되고 있다는 머튼의 개념을 지적하면서 제시한 바 있지만, 우리는 규범을 무엇보다도 사회적 행위 영역에서 제도화된 행위 구성적 규칙으로 이해하려고 한다. 즉 행위자들은 사회 개선을 위한 노력이나 투쟁에서 이미 사회 영역별로 제도화된 규범들에 의존하여 자신들의 고유한, 정당한 것으로 간주된 욕구나 이해를 다른 모든 참여자들의 시각에서 규범적으로 정당화하기 위해 이를 확장시키려고 한다. 물론 이러한 규범적 사회관은 다양한 사회 영역이나 사회적 하부 체계들이 실제로 각기 주도적 규범들을 통해 규율되는 것으로 볼 것을 요구한다. 우리의 관심인 파라독스적 의미 변질은 단지 사회세계의 행위자들이 갖는 의도가 아니라, 이미 사회 영역별로 일반화된 행위 규칙에 해당하는 규범적 이념들에서 일어나며, 이 때문에 사회적 논쟁과정에서 항상 새롭게

적용되고 해석됨으로써 적합한 제도적 형태를 가질 수 있다. 그러나 여기에 전제된 것은 우리 사회의 행위 영역이 참여자들이 상호적 요구와 배려를 위한 토대로 삼는 규범적 원칙이 어떤 것이냐에 따라 구별될 수 있다는 가정으로서 이는 사실 연구가 진행될 때 비로소 입증될 수 있다. 왜냐하면 사회적 행위자들이 특정한 영역에서 자신의 행위를 정당화하기 위해 하나의 동일한 규범적 어휘를 사용하고 있는지, 그리고 이들이 일치하여 이러한 규범의 실현을 위한 자신들의 기여를 실제로 진보의 방향으로 해석하고 있는지는 이런 연구 이후에 증명될 수밖에 없기 때문이다.

(b) 사회 영역별로 특수한 규범의 타당성 의미가 파라독스적으로 변질되었다는 주장에 대해 연구 전략상 제기되는 문제는, 규범적 파라독스를 단지 관찰자 관점에서 확인하는 것만으로 충분한가 하는 점이다. 만약 그런 것이 아니라면, 의미 변질로서의 파라독스에 대해 거론하기 위해서는 이런 규범의 본래 의미와 모순되는 작용방식이 어떤 식으로든 행위자의 의식 속에 침전된 것은 아닌지 질문해보는 것은 정당할 수 있다. 사실 여기서 단지 사회학적 관찰자의 관점에 따른 서술만을 시도한다는 것은 충분치 않을 것이다. 만약 의미 변질이 행위자들에게 이전부터 유효했던 규범들이 이제는 외부로부터 이러한 규범에 영향을 미치는, 더군다나 정당한 것처럼 보이는 도전과 요구에 직면하고 있다는 경험을 갖게 한다면, 이는 그것이 규범적 흥분이든 아니면 분산된 불만족감이든, 어떤 식으로든 이들의 의식 속에도 반영되어 있을 수밖에 없다. 또한 파라독스적 변질에 대한 이런 식의 주관적 재현이나 가공은 이에 대한 연구가 진행되어야 비로소 입증될 수 있다는 것 역시 옳다. 어떤 경우에서든 단지 외적 관점에 따른 서술은 항상 참여자들의 관점

속에 있는 지표들을 경험적으로 탐색하려는 시도로 대체되어야 하며, 이러한 지표들은 규범의 사회적 실현에서 일어나는 의미 변질을 참여자 관점에서 입증할 수 있다.

(c) 끝으로 아주 일반적인 차원에서 제기되는 문제는, 사회 영역별 규범들 중 아주 특정한 부류의 규범의 실현이 내재적으로 그 반대 결과를 산출한다면 사회적으로 야기된 파라독스라고 말할 수 없는 것은 아닌가 하는 점이다. 이것이 의미하는 것은 포함이나 참여의 규범적 원칙으로서, 이런 원칙의 성공적 적용은 거의 불가피하게, 아직도 배제된 것으로 이해될 수밖에 없는 집단들을 비로소 드러나게 하는 결과를 낳는다. 극단적으로 말하면, 포함 원칙의 실현 자체가 동시에 새로운 배제 집단을 산출하면서 비로소 이들로 하여금 포함 요구를 의식하게 하는 결과를 동반한다는 것이다. 사회적으로 제도화된 규범들이 실현되는 과정에서 나타나는 이런 형태의 내재적 파라독스는 당연히 우리가 염두에 두고 있는 사회적 파라독스와 엄격히 구별되어야 한다. 사회적 파라독스가 하나의 규범이 갖는 타당성 의미를 변질시키는 사회적 변형과정이라면, 내재적 파라독스에서는 규범 자체가 갖는 의미론적 내용에 이것이 적용될 때 규범적으로 통제 불가능한 효과를 야기할 수 있는 가능성이 결합되어 있다. 이 두 가지 경우를 분명하게 구별하는 것은 지금까지 자주 그랬듯이 니체, 베버, 토크빌 등과 논쟁하면서 제도화된 규범의 적용과 실현의 논리를 탐구하는 철학적 이론 형성의 과제일 것이다.

번역_문성훈

참고문헌

Bauman, Zygmunt 2001: The Great War of Recognition, in: Theory, Culture & Society 18. 2/3, 137–150.

Beck, Ulrich 1993: Die Erfindung des Politischen. Zu einer Theorie reflexiver Modernisierung. Frankfurt a. M.: Suhrkamp.

Boltanski, Luc und Ève Chiapello 2001: Die Rolle der Kritik in der Dynamik des Kapitalismus und der normative Wandel, in: Berliner Journal für Soziologie 11. 4, 459–477.

Boltanski, Luc und Ève Chiapello 2003 [1999]: Der neue Geist des Kapitalismus. Konstanz: UVK.

Bourdieu, Pierre und Jean-Claude Passeron 1971 [1964]: Die Illusion der Chancengleichheit. Untersuchungen zur Soziologie des Bildungswesens am Beispiel Frankreichs. Stuttgart: Klett.

Elster, Jon 1987 [1983]: Zustände, die wesentlich Nebenprodukt sind, in: ders.: Subversion der Rationalität. Frankfurt a. M. und New York: Campus, 141–209.

Frankenberg, Günter 1978: Verrechtlichung schulischer Bildung. Elemente einer Kritik und Theorie des Schulrechts. München: Technische Universität, Dissertation.

Giddens, Anthony 1988 [1984]: Die Konstitution der Gesellschaft. Grundzüge einer Theorie der Strukturierung. Frankfurt a. M. und New York: Campus.

Greshoff, Rainer, Georg Kneer und Uwe Schimank (Hg.) 2003: Die Transintentionalität des Sozialen. Eine vergleichende Betrachtung klassischer und moderner Sozialtheorien. Wiesbaden: Westdeutscher Verlag.

Habermas, Jürgen 1981: Theorie des kommunikativen Handelns. 2 Bände. Frankfurt a. M.: Suhrkamp.

Habermas, Jürgen 1985 [1982]: Die Verschlingung von Mythos und Aufklärung: Adorno und Horkheimer, in: ders.: Der philosophische Diskurs der Moderne. Zwölf Vorlesungen. Frankfurt a. M.: Suhrkamp, 130–157.

Habermas, Jürgen 1986: Nachwort, in: Max Horkheimer und Theodor W. Adorno: Dialektik der Aufklärung. Philosophische Fragmente. Frankfurt a. M.: Fischer, 277–294.

Hartmann, Martin 2002: Widersprüche, Ambivalenzen, Paradoxien – Begriffliche Wandlungen in der neueren Gesellschaftstheorie, in: Axel Honneth (Hg.): Befreiung aus der Mündigkeit. Paradoxien des gegenwärtigen Kapitalismus. Frankfurt a. M. und New York: Campus, 221–251.

Heid, Helmut 1988: Zur Paradoxie der bildungspolitischen Forderung nach Chancen-

gleichheit, in: Zeitschrift für Pädagogik 34. 1, 1–17.
Honneth, Axel 2000: Über die Möglichkeit einer erschließenden Kritik. Die »Dialektik der Aufklärung« im Horizont gegenwärtiger Debatten über Sozialkritik, in: ders.: Das Andere der Gerechtigkeit. Aufsätze zur praktischen Philosophie. Frankfurt a. M.: Suhrkamp, 70–87.
Honneth, Axel (Hg.) 2002a: Befreiung aus der Mündigkeit. Paradoxien des gegenwärtigen Kapitalismus. Frankfurt a. M. und New York: Campus.
Honneth, Axel 2002b: Organisierte Selbstverwirklichung. Paradoxien der Individualisierung, in: ders. (Hg.): Befreiung aus der Mündigkeit. Paradoxien des gegenwärtigen Kapitalismus. Frankfurt a. M. und New York: Campus, 141–158.
Honneth, Axel 2011: Das Recht der Freiheit. Grundriß einer demokratischen Sittlichkeit. Berlin: Suhrkamp.
Honneth, Axel und Martin Hartmann 2004: Paradoxien des Kapitalismus. Ein Untersuchungsprogramm, in: Berliner Debatte Initial 15. 1, 4–17.
Horkheimer, Max und Theodor W. Adorno 1969 [1947]: Dialektik der Aufklärung. Philosophische Fragmente. Frankfurt a. M.: Fischer.
Joas, Hans 1990: Die Demokratisierung der Differenzierungsfrage, in: Soziale Welt 41. 1, 8–27.
Maiwald, Kai-Olaf 2007: Freiheit gegen Hausarbeit. Ungleichheitsstrukturen in modernen Paarbeziehungen, in: WestEnd. Neue Zeitschrift für Sozialforschung 4. 2, 35–55.
Merton, Robert K. 1968: Social Theory and Social Structure. Enlarged Edition. New York: Free Press.
Merton, Robert K. 1972 [1936]: Die unvorhergesehenen Folgen zielgerichteter sozialer Handlung, in: Hans Peter Dreitzel (Hg.): Sozialer Wandel. Zivilisation und Fortschritt als Kategorien der soziologischen Theorie. Neuwied und Berlin: Luchterhand, 169–183.
Miller, David 2008 [1999]: Grundsätze sozialer Gerechtigkeit. Frankfurt a. M. und New York: Campus.
Mooser, Josef 1983: Auflösung der proletarischen Milieus. Klassenbindung und Individualisierung in der Arbeiterschaft vom Kaiserreich bis in die Bundesrepublik Deutschland, in: Soziale Welt 34. 3, 270–306.
Mooser, Josef 1984: Arbeiterleben in Deutschland 1900–1970. Klassenlagen, Kultur und Politik. Frankfurt a. M.: Suhrkamp.
Schluchter, Wolfgang 2005: »Wie Ideen in der Geschichte wirken«: Exemplarisches in der Studie über den asketischen Protestantismus, in: ders. und Friedrich Wilhelm

Graf (Hg.): Asketischer Protestantismus und der »Geist« des modernen Kapitalismus. Max Weber und Ernst Troeltsch. Tübingen: Mohr Siebeck, 49–73.

Streeck, Wolfgang 2009: Von der gesteuerten Demokratie zum selbststeuernden Kapitalismus. Die Sozialwissenschaften in der Liberalisierung, in: WestEnd. Neue Zeitschrift für Sozialforschung 6. 1, 13–33.

Sutterlüty, Ferdinand 2010: In Sippenhaft. Negative Klassifikationen in ethnischen Konflikten. Frankfurt a. M. und New York: Campus.

Symonds, Michael und Jason Pudsey 2008: The Concept of »Paradox« in the Work of Max Weber, in: Sociology 42. 2, 223–241.

Taylor, Charles 1995 [1991]: Das Unbehagen an der Moderne. Frankfurt a. M.: Suhrkamp.

Voigt, Rüdiger (Hg.) 1980: Verrechtlichung. Analysen zu Funktion und Wirkung von Parlamentarisierung, Bürokratisierung und Justizialisierung sozialer, politischer und ökonomischer Prozesse. Königstein/Ts.: Athenäum.

Voswinkel, Stephan 2002: Bewunderung ohne Würdigung? Paradoxien der Anerkennung doppelt subjektivierter Arbeit, in: Axel Honneth (Hg): Befreiung aus der Mündigkeit. Paradoxien des gegenwärtigen Kapitalismus. Frankfurt a. M. und New York: Campus, 65–92.

Weber, Max 1988 [1904/05]: Die protestantische Ethik und der Geist des Kapitalismus, in: ders.: Gesammelte Aufsätze zur Religionssoziologie. Band I. Tübingen: Mohr, 17–206.

Weber, Max 1988 [1915–1919]: Die Wirtschaftsethik der Weltreligionen. Vergleichende religionssoziologische Versuche, in: ders.: Gesammelte Aufsätze zur Religionssoziologie. Band I. Tübingen: Mohr, 237–573.

현대적 혹은 여전히 전통적?
오늘날 부부관계의 역설들

카이-올라프 마이발트

노동의 분담과 불평등

"가족과 직업의 결합가능성" 혹은 "일과 일상의 균형"이라는 주제로 지난 수년간 부부 사이의 노동의 분담에 관한 문제가 사회과학과 정치적 공론장에서 폭넓게 논의되었다. DFG에서 지원하고 사회연구소에서 수행하는 연구 프로젝트의 일환인 가사, 직업활동 그리고 육아에서의 부부의 공조 구조와 전개 양상에 대한 연구(Maiwald 2009a 참조)에서 우리는 파라독스라는 이론적 형상을 통해 분석될 수 있는 현상들과 마주치게 되었고, 이에 이어 여기에 수반되는 질문들을 제기하였다.

단지 주제어를 제시하기만 해도 충분할 정도로 가정에서 노동의 분담에 관한 모든 논의의 핵심이 되는 사회학적 실태들은 잘 알려져 있다. 이는 성차에 따른 불평등 구조가 상당히 견고함을 증명한다. 즉 여성들이 계속 가사노동의 많은 부분을 수행하는 것으로 재차 확인되고 있으며, 이는 부부가 모두 전일제로 직업에 종사할 때에도 그렇다. 그에 상응하여 대개 여성들이 직업활동에 참여하는 폭은 좁은 편이다. 때때로 아버지들이 육아에 더 많이 관여하는 경우들도 있지만, 이는 주로 놀이활동이나 그와 유사한 일에 집중되는 경향이 있다. 반면 어머니들은 일상적인 보육을 떠맡고 있다. 또한 가사노동의 무게중심도 여전히 예전의 성 유형에 상응한다. 말하자면 여성들은 전형적으로 세탁과 부엌일을 맡고, 남성들은 기술과 관련된 것을 정비하거나 더 많은 힘을 요하는 일을 주로 한다.

이러한 실태에 대한 표준적인 해석에서는 어떤 파라독스도 인식되지 않는다. 무엇보다 외적인 조건들(가령 직업기관과 불충분한 지원시설)이 불평등 요인으로 간주될 때 특히 그렇다. 그러나 "내적인" 조건들이 주제화될 때에도(나는 여기에 집중해서 숙고할 텐데), 대개 그러한 역설들은 나타나지 않는다. 위 실태에 따르면 성 사이의 평등 규범은 아직 실현되지 않았고, 이는 본질적으로 이상과 실제 사이의 분열에 원인이 있으며, 특히 남자들에게서 그런 양상이 보이는 것으로 나타난다. 몇몇 경우에서 평등성에 대한 고백은 단지 입으로만 떠드는 겉치레에 불과하며, 다른 경우에 평등 지향성은 피상적일 뿐이다. 실제로는 사람들은 여전히 부부간 노동 분담에 대한 옛 범례들을 따르고 있다고 한다.[1] 평등 규범은 여기서 다소 내적으로 추구할 가치가 있는 것으로 "설정"되거나, 주로 교양 있는 사회 환경의 이상으로서 치부된다. 결국 두 경우 모두에서 그 규범은 아직 실천적으로 유효하지 않은 것으로 나타난다. 여기에

1 이에 대한 논의는 Maiwald 2009b 참조.

파라독스는 존재하지 않는다.

역설들

그러나 규범의 유효성을 사실적 실제로부터 분리하여 독자적인 현실 영역으로 설정하고 실제로 어떤 중대한 규범적 변화가 일어났다는 점을 인정하게 되면 사정은 달라진다. 탈전통화 과정의 결과 성별에 따른 노동 분담의 부르주아적 모델은 계속해서 그 구속력을 상실해왔다. 더 이상 남성들이 도구적이며 외부에 관계되는 기능들(직업노동)을 자명하고도 배타적으로 갖지는 않는다. 마찬가지로 여성들이 더 이상 가사와 육아의 통합적이고 내부에 연관된 기능들을 갖는 것도 아니다. 이로써 오늘날 부부는 가계와 가족을 형성한다고 해도 더 이상 사회적으로 미리 부여된 위치에 머무르지 않을 수 있게 되었다. 더욱이 부부는 자신들에게 통용될 수 있는 노동 분담의 형식을 찾아야만 한다. 여기서 새로운 규범들이 나타난다. 즉 여성의 직업활동 규범이 사회적으로 정립되어 있으며, 가사 노동분담은 더욱 성과 무관해야 한다는 것이다. 그리고 남성의 참여는 적어도 하나의 분명한 규범적 지침으로 통한다. 요컨대 무엇보다도 가사노동, 취업노동 그리고 육아는 이제 사회적으로 부부 공동의 행위문제가 되는 것이다.

그러므로 중요한 것은 사람들이 갖고 있을 수도, 그렇지 않을 수도 있는 이상들이 아니라 전적으로 뒤르켐적인 의미에서의 "사회적 사실"이다. 따라서 개인적인 호불호와 무관하게 실제로 이를 실행할 의지가 있는지 없는지를 논해야만 한다. 그러나 여기서 벗어나는 상황에 대해서는 이유가 제시되어야 한다. 말하자면 몇 십 년 전과 달리 오늘날 직업활동을 하지 않는 (기혼) 여성은 이를 정당화해야 하는 압박을 받고 있다. 그리고 자녀들을 주말에만 보는 아버지는 이에 대해 이유가 있어야만 한다. 그리고 전통적인 노동 분담을 지속하는 부부는 이를 설명할 필요가 있다. 만일 가사노동이 부부 공동의 문제라면 요리와 다림질과 같은 일은 더 이상 "여성적인" 것으로 통하지 않을 것이며, 자동차의 사용과 손질은 더 이상 "남성적인" 것으로 인정되지 않을 것이다. 설사 그것을 더 많은 여성들과 남성들이 주관적으로 선호한다고 할지라도 말이다. 따라서 예전의 성차에 따른 전형적인 유형과 사실적으로 상응하는 것은 이제 개인적인 선호의 표현으로 정당화되어야 한다.

이러한 배경을 고려할 때 성 유형적 불평등 구조가 지속되는 것은 역설적이다. 특히 성 평등이라는 이름하에 이루어지는 전통적 성 규범의 해체가 불평등 구조의 재생산을 동반하는 것이 어떻게 가능한가? 게다가 그러한 규범이 외적일 뿐 아니라 행위자의 행위 지향성 속에서도 발견된다는 사실을 고려하면 그 잠재적 파라독스는 더욱 커진다. 즉 현대인이 "전통적" 구조를 재생시키는 일이 어떻게 가능한가? 이런 유의 파라독스를 파악하기 위해서는 어떤 특수한 유형들에 대한 설명이 필요하다. 우리는 그것을 규범적으로 확보된 것이 행위자 자신의 행위 속에 근거지워져 있지만 그 의식적 지향성에는 모순되는 어떤 것을 통해 방해받기 때문에 파라독스라고 칭해질 수 있는 것들과 연관지어야만 한다. 따라서 우리는 이러한 연관성 속에서 행위자의 지각의 경계 아래에서 작동하고 있는 어떤 잠재된 구조들을 탐구할 것이다.

잠재적 구조들

우리는 연구의 테두리 내에서 세 가지 종류의 잠재적 구조와 마주하게 되었다. 그 가운데 두 가지는 현재 연구 문헌을 통해서 알려져 있다. 그것은 전통적인 성 질서에 접합되어 있는 "잔여"로 이해할 수 있다. 여기서는 한편 가사노동과 관련하여 성별 사이의 관습적 차이들이 관건이며(Kaufmann 1994; Huinink/Röhler 2005), 다른 한편 부부관계에서 나타나는 소위 잠재된 성의 차별화가 문제이다(Koppetsch/Rurkart 1999).

첫 번째의 경우 평등과 공통성에 대한 지향이 가사노동을 수행하려는 경향이 성에 따라 전형적으로 상이하게 나타남으로 인해 방해받게 된다. 성별 사이의 고전적인 일 분담의 조건하에 사회화되는 과정에서 남아보다는 여아에게 가사노동이 보다 더 큰 역할을 해왔다. 그에 상응하여 가사노동에 대한 경향과 그 준비를 위한 기준은 상대적으로 여성들에게 강하게 나타난다는 사실을 전제할 수 있다. 이는 부부 형성의 과정에서 무의식적으로 작용하는데, 특히 고유한 노동의 분담을 전개해야만 하는 공동생활의 시작 시점에서 그런 양상이 나타난다. 만일 여성들이 가사 일을 남성들에 우선해서 수행한다면, 그것은 손쉽게 남/녀가 전혀 원하지 않았다고 하더라도 시간의 경과와 함께 성에 전형적인 직무로 응축되는 일상이 된다. 물론 습관적인 차이가 언제나 과거의 모델에 상응하게 성 유형적으로 나타나는 것은 아니라는 사실을 강조해야 한다. 그것은 각각의 구체적인 형성과정에 달려 있다.

전통적인 성 질서의 "잔여"를 보여주는 두 번째 경우는 습관적이고 육체적인 구조가 아니라 인식적인 구조로서 여기서는 동일한 행위자에게 나타나는 평등과 공통성에 모순되는 무의식적 행위 지향이 문제다. 왜냐하면 이 지향성은 성이 갖는 근본적인 사회적 차이를 미리 전제하기 때문이다. 물론 이러한 전제는 논증적인 것이 아니라, 행위 자체 속에 차이의 내재적 "정립"이라는 의미에서 이해될 수 있다. 그러한 예로 우리가 조사한 부부 가운데 한 여성은 그녀가 두드러진 직업지향성을 가졌음에도 불구하고 가정을 이루면서 직장을 그만두는 결정을 했다. 그녀는 특히 경력 혹은 자기실현 동기를 가진 사람이었다. 직업노동은 그녀에게 자명한 것이자 지위유지의 수단이기도 했다. 게다가 직업노동은 그녀에게 즐거움을 가져다주는 것이기도 했다. 따라서 임신은 마음에 들지 않는 직업을 그만둘 환영할 만한 동기라고 할 수는 없었다. 또한 그녀는 분명히 출산 후 첫 몇 해 동안 어머니가 전적으로 아이를 위해 함께 있어야 한다고 생각하고 있지도 않았다. 그럼에도 불구하고 이는 바로 그녀의 판단에서 결정적이었던 무의식적 동기였다는 점이 드러난다. 직업과 가족은 여성에게 지극히 분명하게도 서로를 배제하는 두 가지 일로 나타나는 것이다. 그녀가 직업을 그만둔 근거를 어떻게 구성하는가 하는 것은 주목할 만했다. 그 근거는 그녀에게 동시에 어느 정도 자신의 직업적 지향성과 화해하는 것을 가능하게 하기도 했다. 요컨대 그녀는 "전부 아니면 전무"라는 방식으로 임해야 하는 직업이란 이름하에 직업의 포기를 선택했던 것이다.

마찬가지로 그녀의 남편은 직업노동과 가사노동의 구분에 있어 "독특한" 편이었다. 그럼에도 불구하고 그는 부부 공동생활의 처음 얼마 동안 가사 일에 상당히 소극적이었다. 그러나 이는 그가 가사노동을 전혀 하려 하지 않는 경향을 지녔거나, 그녀의 아내보다 지저분한 것에 대해 더 관용적인 성향이었기 때문은 아니었다. 가사노동은 그에게 다른 이유로 인해 "낯설"었는데, 다만 그는 남자로서 그것과 동일시되기를 원하지 않았던 것이다. 사실상 그는 집안의 유일한 수입원이었지만 몇 가지 가사 일을 수행했다. 욕조를 청소했고, 바닥을 닦았으며, 장보기를 하기도 했고, 식사를 준비하고 그것을 치우기도 했다. 이와 같은 것은 그에게 가사 일이 아니라 범주적으로 뭔가 다른 일이었다. 한편 그의 표현으로 그것은 "돌봄과 가치유지"였으며, 다른 한편 그저 당연한 일이었다. 여기서도 또한 모순적인 지향성을 통합하는 해석적 구성이 나타난다.[2]

평등의 사고가 규범적으로 유효한 조건들 하에서 불평등을 산출하는 두 가지 구조 유형은 부부관계와는 무관하게 개인들에게 해당된다. 습관과 잠재적인 성차는 남녀 사이의 관계의 실제에 수반되는 속성들이기 때문이다. 그러나 남녀관계와 그 역동적 성격 자체가 불평등 구조를 산출하기도 한다. 특이하지만 흔히 일어나는, 소위 "가사 일을 자유와 교환"(Maiwald 2007)하는 사례로 특징지을 수 있는 그러한 사례를 우리는 다른 경우의 분석에서 발견하게 되었다. 여기서 남성은 공동의 가계 구조 속에서 함께 사는 일에 유보적 성향을 보인다. 그는 자신의 개인적 자유를 상실할 것을 두려워하는 것이다. 그럼에도 불구하고 그가 아내와 함께 살기로 했던 것은, 그녀가 그를 처음부터 가사노동 분담의 문제로 염려하지 않도록 해주었고, 활동의 많은 부분을 스스로 떠맡는 것으로—이는 결국 암묵적인 가사 분담으로 이어지는데—"보상"해주었기 때문이다. 이와 같이 명백히 평등 지향성을 가진 부부의 경우에서조차 관계 영역에서의 비대칭성이 가사 분담의 불균형으로 전이된다. 유의할 것은 여기서 명시적인 두려움과 합의가 중요한 것이 아니라, 인터

2 이 사례구성에 대한 상세한 설명은 Maiwald 2009b 참조.

뷰의 자세한 분석을 통해 비로소 재구성할 수 있는 내재적 과정이 문제라는 사실이다.

집합적 단위로서 부부 – 추가적 역설들

마지막 예와 같은 경우는 일반적으로 파라독스 분석에서 부부를 주요한 연구 단위로 고려해야 한다는 점을 보여준다. 문제는 일상생활의 실천적 문제의 극복이 부부관계에서 무엇을 의미하는가 하는 것이다. 분명 이는 부차적인 문제가 아니다. 가령 공동의 가계를 꾸려가는 것은 대개 관계의 실험으로 이해된다. 물론—역시 사회학적으로—그것의 성공 기준이 어디에 있는가 하는 것은 불분명하다.

대개 "개인주의적" 구상들은 근시안적이다. 부부관계는 단지 개인들 사이의 권력관계와 시장관계라는 개념만으로는 주제화할 수 없다. 여기서는 논의, 타협 형성, 이익 극대화 혹은 경우에 따라 유용성의 극대화나 유사 계약적 합의가 문제시되지 않는다. 부부의 형성과정에서 오늘날에는 더욱이 최소한의 공통성에 대한 척도가 마련되어야만 한다. 그리고 이 공통성은 개인들이 부부관계를 형성하는 과정에 들어서게 하는 일군의 유사성들과는 종류가 다르다. 그러므로 우리는 부부를 보다 분명히 집합적인 단위로 간주하는 구상을 전개시켰다. 그에 대해 나는 이제 마지막으로 짧게 논하고자 한다. 왜냐하면 여기에 더 진척된 그리고 다른 방식의 파라독스가 나타나기 때문인데, 그것은 사회과학에 내장되어 있는 역설이기도 하다.

우리의 구상에서 부부 형성은 통합의 과정으로 이해되는데, 여기서 함께 사는 일의 실제적 문제가 중요하다. 부부간 통합이 성공적인 경우

계약이라기보다는 부부간의 불문율로 특징지을 수 있는 것이 나타난다. 그것은 공유되는 규범적 표준을 담고 있는데, 그에 따라 부부는 "누가 무엇을 언제 그리고 어떻게 할 것인가"라는 문제에 응답한다. 이와 상호연대의 독특한 형식이 결합되어 있고, 그것은 서로 간의 지원 속에서 소진되지 않는다—그것은 한 사람의 행위 문제는 늘 또한 다른 사람의 행위 문제이며, 그 역도 참이라는 정식으로 표현될 수 있다.[3]

이렇게 공동으로 발전시킨 표준에 따른 공조의 양상이 본질적으로 개별적 부부관계의 특징을 형성한다. 이 때문에 앞서 언급한 탈전통화 과정의 결과로서 부부간의 노동분담과 관계된 주제들의 폭이 현저히 확장된다. 부르주아 가족, 그들의 명료한 노동분담의 모델 그리고 신분적 삶이 갖는 상대적으로 명료한 기준들과 비교하면, 오늘날에는 부부로서 관여해야 할 일들이 훨씬 더 많이 존재한다. 그리고 이런 일들은 삶을 더 소모적이게 하는 많은 협의를 필요로 한다. 가사와 육아에서의 일 분담뿐 아니라 수많은 세부적 문제들도 고려되어야 하는 것이다. "우리 어떻게 요리할까?" "우리 어떻게 아이들을 양육할까?" "우리 어떻게 자유 시간을 보낼까?" 등등. 이 모든 질문에 부부는 "우리는 이렇게 한다."와 같은 양식의 답변을 찾도록 요구받는다. 요컨대 부부관계에서 개별화의 압박이 커지고(Burkart/Kohli 1992) 그에 상응하여 통합 요구 역시 높아지는 것이다.

내 생각에 여기서 가장 큰 문제는 직업과 가족의 결합이다. 결정적인 것은 전통적인 부르주아 가족과 달리 오늘날 부부 모두 일을 하므로 하

3 논리적-의미론적으로 과도한 이 사족의 의미를 강조할 필요가 있겠다. 여기서는 "그의 편의 여자"라는 모델에서처럼 다른 이의 관점을 일면적으로 통합하는 것이 관건은 아니라는 것이다.

나가 아니라 두 개의 직업 경력이 한 가정 안에 있다는 사실이다. 우리는 이 때문에 생기는 논리적인 문제만이 아니라, 장차 계획과 절충에 드는 수고 역시 증가한다는 점을 고려해야 한다. 더욱이 두 경력과 직업지향성을 하나의 공조 형태로 통합해야 한다. 이미 보았듯이 이 행위 영역을 "연대의 형식"에 포함시키기는 어렵다. 그렇게 한다면 한 사람의 경력은 언제나 다른 한 사람의 경력이기도 하며 그 역도 참이 된다. 하지만 어떻게 각각의 고유한 경력에서 공통의 문제를 만들어낼 수 있는가? 결국 직업에 대한 사고와 직업노동의 조직은 경력을 극히 개인적인 것으로 보이게 한다. 이러한 양상은 현재 분명 증대되고 있다. 여기서 나는 단지 "노동의 주관화"와 "탈경계화"라는 표제어 하에서 토론되었던(Kocyba 2000; Voswinkel 2002; Jurczyk et al. 2009) 현상들을 지적하는 것일 따름이다.

그러나 궁극적으로는 그것이 불가능하지만도 않다. "탈경계화"로 묘사된 것은 내 관점에서 볼 때 이미 부르주아 가족과 함께 등장했을 뿐 아니라, 이와 관계된 두 가지 상이한 사회 영역들 사이의 구조적 긴장이 극대화된 결과이다. 개인적으로 직업노동을 통해 벌어들인 수입은 가족의 집단적 재산이 되며, 헤겔이 지적하고 있듯이, "가족 누구도 자신만의 특수한 재산을 갖지 않으며, 모든 가족 구성원은 공동 소유의 권리를 갖는다."(Hegel 1970 [1821]: 324) 즉 고용자나 고객과의 관계에서 "나의" 수입으로 통하는 것은 다른 가족 성원들과의 관계에서는 상대적으로 문제없이 "우리의" 수입으로 이해된다는 것이다.[4] 오늘날 부부간의 통합적 활동을 어렵게 하는 것은 직업에 대한 사고와 노동의 조직

4 주지하다시피 이러한 평가는 이혼의 경우 종종 바뀐다.

만이 아니라, 부부관계에 대한 사회적 해석 모델에서 나타나는 개인주의적 요소이다. 여기에는 바로 이런 유형의 사회적 관계에 특징적인 공유화의 구조가 존재하지 않으며, 부부와 가족 관계가 마치 자명한 것처럼—협상관계 그리고/혹은 권력관계로서—자율성과 개인의 자기실현 요구의 제한을 의미한다는 생각들이 지배한다. 여기서 또 한 걸음 더 나아간 파라독스에 관해 말할 수 있겠다. 요컨대 한편으로 우리는 평등 이념의 실질적 통용에 대한 요구가 확장되는 환영할 만한 과정을 보게 된다. 이것이 환영할 만한 이유는 성별 사이의 불균형의 규범적 토대가 제거됨으로써 부부관계의 고유 논리가 강화되기 때문이다. 부부들은 이제 각자 성 역할의 수행자로서보다는 그 개인성 속에서 스스로를 마주하게 된다. 다른 한편 이 고유 논리는 동일한 과정 속에서 다른 사회 영역들, 가령 시장관계의 영역과 정치적 공공 영역에 내맡겨지는 정도만큼 파괴되기도 한다. 사회과학은 "개인주의적" 부부관계 개념에 집중함으로써 이러한 전개에 일조해왔고, 지금도 역시 그렇게 하고 있다.

번역_이창남

참고문헌

Burkart, Günter und Martin Kohli 1992: Liebe, Ehe, Elternschaft. Die Zukunft der Familie. München: Piper.

Hegel, Georg Wilhelm Friedrich 1970 [1821]: Grundlinien der Philosophie des Rechts, in: Werke in 20 Bänden. Theorie-Werkausgabe, hg. von Eva Moldenhauer und Karl Markus Michel. Band 7. Frankfurt a. M.: Suhrkamp.

Huinink, Johannes J. und H. Karl Alexander Röhler 2005: Liebe und Arbeit in Paarbeziehungen. Zur Erklärung geschlechtstypischer Arbeitsteilung in nichtehelichen und ehelichen Lebensgemeinschaften. Würzburg: Ergon.

Jurczyk, Karin et al. 2009: Entgrenzte Arbeit – entgrenzte Familie. Grenzmanagement im Alltag als neue Herausforderung. Berlin: edition sigma.

Kaufmann, Jean-Claude 1994: Schmutzige Wäsche. Zur ehelichen Konstruktion von Alltag. Konstanz: UVK.

Kocyba, Hermann 2000: Die falsche Aufhebung der Entfremdung. Über die normative Subjektivierung der Arbeit im Postfordismus, in: Mathias Hirsch (Hg.): Psychoanalyse und Arbeit: Kreativität, Leistung, Arbeitsstörungen, Arbeitslosigkeit. Göttingen: Vandenhoeck & Ruprecht, 13–26.

Koppetsch, Cornelia und Günter Burkart 1999: Die Illusion der Emanzipation. Zur Wirksamkeit latenter Geschlechtsnormen im Milieuvergleich. Konstanz: UVK.

Maiwald, Kai-Olaf 2007: Freiheit gegen Hausarbeit. Ungleichheitsstrukturen in modernen Paarbeziehungen, in: WestEnd. Neue Zeitschrift für Sozialforschung 4. 2, 35–55.

Maiwald, Kai-Olaf 2009a: Die Herstellung von Gemeinsamkeit. Alltagspraktische Kooperation in Paarbeziehungen, in: WestEnd. Neue Zeitschrift für Sozialforschung, 6. 1, 155–165.

Maiwald, Kai-Olaf 2009b: Paarbildung als Selbst-Institutionalisierung. Eine exemplarische Fallanalyse, in: Sozialer Sinn – Zeitschrift für hermeneutische Sozialforschung 10. 2, 283–315.

Voswinkel, Stephan 2002: Bewunderung ohne Würdigung? Paradoxien der Anerkennung doppelt subjektivierter Arbeit, in: Axel Honneth (Hg.): Befreiung aus der Mündigkeit. Paradoxien des gegenwärtigen Kapitalismus. Frankfurt a. M. und New York: Campus, 65–92.

탈경계화된 노동의 역설들

슈테판 포스빙켈

자본주의 경제와 현대의 규범성이 어느 정도나 서로를 전제하는지에 대해 논란이 있다. 어떤 사람들은 경제가 규범적 상부구조의 토대라고 하는 입장을 대변한다. 이 입장을 지지하는 사람들은 자본주의적 관계가 발전해가고 시장이 해방될수록—역사적으로 유럽과 미국에서 그랬던 것처럼—중국과 같은 나라들에서도 현대적-민주적 규범성이 압도하게 될 것이라고 한다. 또 다른 사람들은 이와 달리 경제와 규범성은 서로 구별하여 생각해야 한다고 한다. 즉 자본주의 경제는 덜 민주적인 환경에서도, 그리고 전통 서구적 의미에서 보면 비현대적 규범을 가진 곳에서도 번성할 수 있다는 것이다. 이 글은 제3의 입장을 지지한다. 이 글은 자본주의와 현대의 규범성이 서로 보충적일 뿐 아니라 긴장관계에 있기도 하다는 입장을 취한다.

이런 구상에서 볼 때 자본주의와 ('자유'와 '자율', '평등'과 '연대', '참여'와

Stephan Voswinkel

'민주' 등의 개념으로 묶일 수 있는) 현대의 근본적인 규범적 원리들은 지속적으로 서로 투쟁하면서 동시에 서로를 지지하는 하나의 쌍이라 할 수 있다. 예를 들어 '자유'는, 마르크스주의적 전통에서 강조하듯이, 임노동과 자본 관계의 착취적, 적대적 성격을 희석시키는, 자율적 상품소유자들의 관계를 표피적으로 지칭하는 용어로, 혹은 그런 관계를 감추는 술어로 고찰될 수 있다. 다른 규범적 원리들도 이와 비슷하게 말할 수 있다. 그러나 동시에 이 규범적 원리들은 자본주의 비판을 정당화하며, 또한 사람들이 이 원리에 따라 자신의 삶을 이끌 수 있어야 하고 또 사회 역시 이 원리들에 따라 설립되어야 한다고 주장할 수 있게 한다. 이런 규범적 원리들은 (그리고 이 원리들과 연결되어 있는 주체들의 인정 요청은) 언제나—그리고 종종 동시에—비판을 조직하는 인자로서뿐 아니라 자본주의의 정당성의 원천으로서도 작용할 수 있는 타당성 확장 경향(Honneth 2003)을 지닌다.

우베 쉬망크가 보여준 것처럼(Schimank 2009), 자본주의 사회에서 경제체계는 사회의 다른 부분체계들을 압도한다. 왜냐하면 경제체계의 매개체인 화폐는 다른 부분체계들이 작동할 수 있도록 보증기능을 하기 때문이다. 따라서 자본주의라는 경제조건 아래서 규범적 추구와 발전은 점진적으로 깨지고 만다. 이와 더불어 일반적인 혹은 특수한 영역에 적용되는 규범성들은 경제체계의 논리와 비대칭적으로 해석될 수 있는데, 바로 이런 비대칭적 해석에서 역설적 전도의 본질적 원인을 볼 수 있다.

현대 자본주의에서 규범적 전개의 이중적 성격은 현대의 역설들이라는 개념으로 묶일 수 있다. 여기에서 요점은 역사적으로 규범적 진보로 평가될 수 있는 요청과 의도들이 사회적으로 현실화되는 가운데 변화되었으며, 따라서 그 의미가 근본적으로 왜곡되거나 그 반대의 것으로 격변했다는 것이다. 그러나 역설이라는 말을 할 수 있으려면 방향지시적인 도덕적 요청과 이상들이 자신의 타당성을 상실해서는 안 된다. 그렇지 않다면 사회적 변동은 더 이상 그 이전의 규범들의 지평에서 해명될 수 없을 것이다. 이러한 사실은 '통시적' 관점이 '공시적' 관점에 의해 보충되어야 한다는 것을 함축한다. 역설에 대한 통시적 관점이란 정립된 하나의 규범적 가치가 시간적 진행과정에서 급변한다는 것을 의미한다. 공시적 관점이란 이런 급변이 모순적 의미구조나 역설적인 규범적 기대구조를 산출할 수도 있다는 것, 혹은 이런 급변이 행위자들에 의해 딜레마나 이중구속의 구조 혹은 모순으로 경험되는 상황조건들을 산출할 수 있다는 것을 의미한다.

현대의 규범적 역설들이라는 말은 자본주의의 갈등을 더 이상 적대적 모순들로, 혹은 적대적 모순들로만 표현해서는 안 된다는 것을 의미한다. 즉 그런 갈등은 한편에 진보적 관점이, 다른 한편에 반동적 힘들이 위협하는 그런 대립들로, 혹은 그런 대립들로만 표현할 수 없다. 역설이라는 개념을 도입함으로써 고려해야 할 사항은 규범적 전망들이 갈등을 일으킨다는 것, 그리고 규범적 원리들과 그 현실화 사이에 긴장관계가 있다는 사실이다. 이때 중요한 점은 개인화의 시대에 그런 갈등과 긴장관계가 행위자 수준에서 볼 때 상이한 사회적 계급에 할당되는 것이 아니라 개인들에 의해 자신의 내적 모순으로 경험된다는 점이다. 따라서 역설적 모순들을 산출하는 형식들 중 **하나는** 주체성이고, 이것이 발생하는 영역들 중 **하나는** 주체이다. 역설적 의미구조와 행위 상황들이 어떤 규칙성을 가지고 등장할 경우 사회들은 그것들을 다루는 어떤 규칙적 형식을 발전시킨다고 말할 수 있다. 따라서 행위자들이 역설

가운데서도 처신을 쉽게 하고 계획을 용이하게 세울 수 있도록 그런 역설을 다루는 **제도적** 형식들도 있다.

이 글은 이러한 유의 역설적 과정들을 노동력과 인격체(Person) 간의 관계와 관련이 있는 여러 현상들, 그리고 노동사회학에서 "노동의 탈경계"(Kratzer 2003; Gottschall/Voß 2003; Voswinkel/Kocyba 2005)로 알려진 여러 현상들에서 살피고 있다. 이 말은 포디즘[1]과 비교해볼 때 노동과 가족, 혹은 노동과 인격체 사이의 경계 문제가 유연해졌음을 의미한다. 많은 수의 종사자들은 가족과 관련된, 그리고 노동 외적인 요청과 책무 그리고 삶의 소망 등을 가지고 있는데, 이러한 것들은 오늘날 이전의 이윤지향적 인사 정책에서보다 훨씬 더 중요하게 고려되어야 한다. 다른 한편 유연해진 노동의 책무와 경력의 청구는 가족 내적 협상과정의 본질적 구성요소가 되며, 가족의 삶과 자유시간의 형성가능성은 점증적으로 노동세계에 의해 규정된다. 그 외에 노동과 인격체의 관계가 변화된 상황에서 노동 개념은 더 확장된 의미를 얻는다. 행위는 점점 더 많은 영역에서 노동의 형식을 취한다. 노동과 가족, 그리고 노동과 자유시간 등을 조율하는 것은 조직함이라는 노동이 된다. 경력과 업무위탁은 접촉하는 일에 기초한다. 따라서 구직 조언자들이 강조하듯이 일을 찾고 있는 사람도 일하고 있는 것이다. 자신에 대해 일하는 것도 **고용가능성**의 일부이다. 노동은 또한—"자기 경영"으로서—인간의 사회적 본

1 [옮긴이 주] 포디즘(Fordism): 포디즘의 주창자 헨리 포드는 생산성 향상이라는 테일러의 정신에 입각하여 자동차 생산현장에 이를 적용하였다. 조립라인 및 연속공정 기술을 이용하여 표준화된 제품을 대량생산할 수 있었고, 이를 통해 대량소비를 유도하였다. 노동자들은 조립라인의 한 부분에 위치하여 지나가는 제품에 기계적으로 반응하는 일만을 한다. 포디즘이 주창한 대량생산과 대량소비는 현대의 생태위기와 노동소외의 주범으로 비판받는다.

성과 내적 본성을 지배하는 것이다.

노동의 탈경계가 갖는 역설적 함의를 서술하는 이 연구는 내가 사회연구소에서 지난 몇 년간 수행했던 3개의 연구 프로젝트와 깊은 관련이 있다. 첫 번째 프로젝트는 기업들의 인정 정책을 다루고 있으며,[2] 두 번째 프로젝트는 "질병의 은폐" 현상, 소위 일터사수 현상(Präsentismus)을 다룬다.[3] 세 번째 연구는 기업체에서의 채용절차와 구직자들의 태도를 분석하고 있는 "구직 신청에서 인격성"의 문제를 다루고 있다.[4]

기업체들의 인정 정책

조직체에서 관찰한 바에 따르면, 오늘날 조직의 구성원들은 과거보다 훨씬 더 자신의 주체적 잠재력을 노동에 투입할 수 있기를 기대하며, 또 그것에 대해 가치평가를 받고 싶어 한다. 그들은 개별 인격체로서 인정받고자 한다. 조직에서 구성원의 소속, 신분 그리고 인정 등을 전통적인 방식으로 처리함으로써 전통적인 업무 안정성, 서열의 원리, 이력관리 등의 모델이 생겼었는데, 오늘날 그런 관례들은 여러 가지 모양으

2 이 연구는 폭스바겐 재단에서 후원한 "21세기 인정(Anerkennung)의 구조변동"이라는 프로젝트 중 사회학적 탐구의 한 영역을 이룬다. 이 연구는 2008년과 2009년에 걸쳐 바그너(Gabrielle Wagner)와 함께 수행되었다.

3 이 연구는 2006년과 2007년에 코치바(Hermann Kocyba)와 함께 수행되었다. Kocyba/Voswinkel 2007; Voswinkel 2009 참조.
[옮긴이 주] 일터사수 현상으로 번역한 'Präsentismus'는 노동자들이 특히 실업률이 높은 시기에 병이 났음에도 불구하고 작업장에 나타나 일을 하는 현상을 지칭한다. 저자는 이 현상이 단순히 일자리를 잃을 것이라는 두려움에서만 오는 것이 아니라 새로운 노동형식에서도 온다고 말하고 있다. 반대말은 'Absentimus'(일터이탈 현상)로, 병을 핑계로 일터에 나타나지 않은 현상을 의미하며, 일상어로 "병 휴가"(Krankfeiern)라 한다.

4 이 프로젝트는 2005년에서 2007년까지 수행되었다. Voswinkel 2008a, 2008b 참조.

로 침식되고 있다. 비록 업무들 간의 유동성이 리처드 세넷이 시대진단을 하는 가운데 추측했던 방식으로(Sennett 1998) 증가하지는 않았지만, 습득된 지위와 인정된 업적들은 기업들의 급속한 재조직 과정에서 언제나 새롭게 의문에 부쳐진다. 따라서 경력과 여정도 계획할 수 없게 되고, 무엇보다 그러한 기준에 따라 읽을 수 없게 된다.

그 자리에 인격체, 의사소통이 들어선다고 한다. 구성원들과의 대화는 개인적 목표에 대해서도 이야기하는 그런 대화로서 인정 정책의 수단이라고 한다. 물론 형식적 조직체들에서 자리와 노동업무의 체계는 원리상 인격체들의 특수성을 고려하지 않고 기능한다고 한다. 그런 한에서 조직체는 인격체와 노동력을, 다른 말로 하면 주체성과 구성원 역할을 분리한다. 어쨌거나 문제는 주체성이 조직체에 들어온다는 점이다. 한편으로 구성원들은 주체성을 가지고 들어온다. 왜냐하면 그들은 이 주체성을 수위실에 반납할 수도 없고, 또 그러고자 하지도 않기 때문이다. 여기에서 자율성과 자기실현에 대한 점증하는 규범적 요청의 역사가 작용한다—베트게(Baethge 1991)는 언젠가 이에 대해 소위 "노동의 규범적 주체화"라는 개념으로 말한 바 있다. 다른 한편 조직체들은 환경조건과 노동상황의 요청들이 유연해질 경우 주체성의 수요가 상승함을 본다(Moldaschl/Voß 2002; Holtgrewe 2005). 이러한 주체성에 마주하여 조직체들은 다시 안전장치를 해야 한다. 조직체들은 이를 위해 형식적 절차를 [안전장치로—옮긴이] 다시 끄집어낸다.

이러한 사실은 조직체의 인정 정책에 어떤 의미를 갖는가? 한편으로 조직체는 구성원들의 주체성을 방기해서는 안 되며, 그들의 인정 욕구를 계산에 넣어야 한다. 다른 한편 조직체는 인정의 의사소통을 형식화(공식화)하고 표준화한다. 에너지 공급업체의 인사 담당자와 나눈 인터뷰에서 다음의 함축적인 말은 이러한 사실을 분명하게 한다. "우리는 인사과 직원으로서, 노동 제공자로서 모든 구성원이 칭찬과 인정과 비판을 동일한 형식으로 받게 되기를 확실히 하고자 했습니다. 그래서 우리는 형식적인 길을 가고자 결정했으며, 하나의 체계, 즉 아주 구체적으로 대화에 맞춰진 업무체계와 평가체계를 도입하기로 결정했습니다. 일 년에 세 번의 대화가 개최되는데, 여기에서 지도그룹은 형식적 기준에 따라 (…) 이미 제시된 기준에 따라 업무수행자들을 평가합니다. 이를 위해 우리는 수행능력 모델을 개발했습니다. (…) 우리는 무엇을 어떻게 평가할 것인지, 대화는 어떻게 수행되는지, 그리고 이와 더불어 칭찬과 인정은 형식적으로 어떤 방식으로 다뤄지는지 등에 대해 사전에 규정을 만들어 놓았습니다."

기업체들은 인정의 의사소통을 형식화(공식화)한 다음에야 비로소 자신들이 제공해야 하는 업무들, 예를 들어 보수, 경력, 발전가능성 등에 초점을 맞추게 된다는 사실이 여기서 분명해진다. 보수 문제와 경력 문제들에 대한 구성원들과의 대화의 끈이 연결되어 있을 경우 다시 형식화의 필연성이 강화된다. 따라서—간단히 요점만 말하자면—구성원들과의 대화는 평가를 위한 대화이다. 그리고 인정은 평가이다. 따라서 방금 인격체를 고려한다고 하는 그런 조직체에서 인정은 판단과 평가로, **업무수행자**로서의 인격체로 좁혀지지만, 여기서 이들의 업적은 스스로 조직하고, 자율적으로 수행했으며, 기업의 정신에 맞게(기업가적으로) 이뤄졌다는 데 그 본질이 있다. 여기서 다음과 같은 인상(과 요청)이 생겨난다. 즉 인격체의 활동(자기전개)은 구성원들과의 대화의 **주제**이지만, 또한 반대로 업무능력의 최적화를 위한 **수단으로서** 대상이기도 하다. 그러한 전도는 역설적 행위를 요청할 수 있다. 이것이 문제인가?

한 가지 문제는 인격체와 노동력이 결합함으로써 역할 간격이 없어질 위험이 상존한다는 점이다. 즉 노동과 과도하게 일체화되는 현상과 [개별 인격체로서의 삶과 노동 구성원으로서의 삶의—옮긴이] 경계를 정할 수 없게 된다는 것이 그것이다. 인격체의 인정 요청은 일깨워지면서 동시에 실망스럽게 된다. 어디에 역설이 놓여 있는가?

우리는 역설을 두 가지 방식으로 명명하고자 한다. 우선 통시적-역사적으로 보자. 테일러리즘[5]에 대한 비판에서 생겨난 노동의 자율성과 주체화의 요청은 조직체에서 평가의 한 측면이 된다. 즉 주체성은 객체화된다. 주체성 **요청**은 주체성 **청구**가 된다(일하는 자들뿐 아니라 일을 시키는 자들 역시 일하는 자의 주체성을 요구한다는 의미—옮긴이). 그러나 이러한 급변에서도 주체성 요청은 사라지지 않는다. 주체성의 객체화 역시 테일러리즘과 비교해서 진보로 간주될 수 있다. 그리고 관련 당사자들도 자주 그렇게 생각한다. 그러나 동시에 주체성은 조정과 통제의 수단이 되며, 따라서 양자(사용자와 노동자)에게, 구성원들과의 대화에도 특징적으로 나타났듯이, 전략적 성격을 획득한다. 역설에 대한 공시적-상황적 관점에서 목표의 합치는 역설의 제도화로 고찰될 수 있다. 역설의 제도화는 "자립적으로 일하라, 하지만 우리의 사전 규정을 준수하라!"와 같이 이중구속 상황이 만들어내는 기대를 더욱 구체화한다.

5 [옮긴이 주] 테일러리즘(Taylorism): 19세기 말, 20세기 초 미국의 경제학자 테일러에 의해 주창된 혁신적 인력관리 시스템을 말한다. 노동자의 움직임 등을 파악하여 생산에 가장 효율적인 동선을 만들어내고, 특정한 업무를 반복케 함으로써 그 분야의 숙련공이 되게 하는 시스템을 말한다. 이 시스템은 20세기에 산업 현장에만 국한되지 않고 인력을 관리하는 모든 조직으로 확대되었다. 그러나 테일러리즘은 노동자를 언제나 대체가능한 기계로 본다는 점, 노동 현장에서 어떤 창의성이나 주체성도 허용하지 않는다는 비판을 받아왔다.

질병의 은폐

독일 기업들의 환자의 상황은 1970년대 이래, 주기적 편향이 보이긴 하지만, 장기적으로 가장 낮은 단계에 도달했다. 환자의 비율은 2007년에서 2010년까지 3.2퍼센트에서 3.7퍼센트 사이에 놓여 있다(Bundesministerium für Gesundheit[보건부] 2011: 2). 통계에서 드러나듯이 그리고 기업의 전문가들이 관찰하듯이—건강상의 어려움에도 불구하고 직업인들이 직장에 출근하는—일터사수 현상(Präsentismus)은 폭넓은 문제를 낳았다. 미국의 조사(Hemp 2004; Lofland/Pizzi/Frick 2004)에 따르면 여기에서 엄청난 생산성 손실이 나타난다. 경기상황에 따라 다른 방식으로 나타나는, 일터를 잃을 수도 있다는 두려움 외에도 노동과의 변화된 관계 역시 이런 현상을 만들어내는 데 역할을 한다. 이런 변화된 관계는 새로운 노동형식들과의 연관에서 드러난다. 기획 노동, 기간이 정해진 노동, 팀 노동 그리고 성과와 연관된 평가형식 등은 환자 노릇을 하기 어렵게 만든다. 가용인력이 아주 작을 때 이런 현상은 특히 더 두드러진다. 이 외에 자신의 일에서 자기 정체성을 찾고, 자신의 정체성과 자아존중감을 자신의 업무능력에서 찾는 종사자들은 감소한 자신의 업무능력을 잘 받아들일 수 없다.

오늘날 조직체에서는 환자의 비율을 낮추기 위해 상당히 높은 관심을 보인다. 구성원을 통제하고 비용을 감소하고자 한 데서 그런 현상이 나타났지만, 다른 한편 손실을 감수하고라도 구성원의 건강에 기여하고자 하는 기업들이 많아졌고, 업무 중의 건강관리 방식도 많이 발전했다는 데서 그 원인을 찾을 수 있다. 질병을 야기하는 요인들에 주목했던 병인적(pathogenes) 지향점 대신 인간이 건강하게 사는 데 기여하는 요인들에 중점을 두는 건강인적(salutogenes) 건강관이 등장했다(Antonovsky 1997 [1988]).[6] 이것은 질병이나 건강의 원인을 개별화한다는 것을 의미한다. 그뿐 아니라 더 나아가 건강인적 건강관에는 예방을 강화하려는 노력, 그리고 개별자를 외적 관계와 건강체계의 희생자로 다루기보다는 그를 건강의 주체로 만들려는 노력도 포함되어 있다. 우리는 여기서도 자율성과 참여에 방향을 맞춘 규범적 의도들이 발현되고 있음을 어렵지 않게 인식할 수 있다.

그런데 병이라는 존재와 환자 역할이 그에 합당한 대우를 받지 못하게 된 데는 바로 이런 규범적 진보가 결부되어 있다. 예방가능성이 제시되었고, 건강한 삶의 영위를 위한 지식이 제공되었으며, 기업에서 건강관리 프로그램이 이미 도입되었을 경우 이제 병은 거의가 자기에게 책임 있는 것으로 간주된다. 따라서 인간의 "질병을 호소할 능력"(Overbeck 1984)은 작아지며, 병을 극복하기 위해 병을 받아들일 인간의 능력 역시 희미해진다. 건강인적 건강관의 배경에는 자율의 가치와 인간은 자신의 삶을 적극적으로 형성해야 한다는 가치가 놓여 있는데, 이런 관점은 이와 더불어 건강을 위협하는 건강압박으로 급변한다. 종사자들은 건강의식이 있는 자처럼, 그리고 업무에 강하고 업무의식이 투철한 자처럼 행동해야 하고 행동하고자 하지만, 바로 그 때문에 그들은 업무가 감소된 지위에서는 자신의 정체성을 발견하지 못하며, 환자 역할과 연결되어 있는 객체 역할에서 자신의 정체성을 발견하지 못한다. 이것

6 [옮긴이 주] 병인적(pathogene) 관점과 건강인적(salutogene) 관점: 안토노프스키는 건강에 대한 병인적 관점을 비판하고 건강인적 관점을 제창한다. 건강을 위해 병을 일으키는 원인의 제거에 관심을 집중한 것이 이전의 병인적 관점이라면, 건강인적 관점은 건강을 위해 필요한 원인과 방법을 찾는 것이다. 병인적 관점이 질병과 건강이라는 이원론에 머물러 있다면, 건강인적 관점은 그 연속성을 강조한다.

이 문제인가?

문제가 된다. 왜냐하면 종사자들은 지속적으로 최적의 몸 상태를 유지해야 한다는 자기강제에 빠지기 때문이다. 만약 이들이 이를 통해 병에 적절하게 반응할 수 없게 될 경우 그들은 소진의 위험과 "자기 탈진"의 위험에 그만큼 더 노출된다. 어디에 역설이 놓여 있는가?

통시적-역사적으로 볼 때 건강을 가지고자 한 것이 오히려 건강을 위협하는 태도를 권유하는 상황으로 나아가는데, 이런 상황과 행위권고들이 출현하는 곳에서 역설이 드러난다.

구직에서 인격성의 문제

사람들은 점점 더 자신에게 어울리는 일, 자신을 실현할 수 있는 일을 원한다. 사람들은 자신의 인격성을 자기 일 속에서 표현하고자 한다. "자기 분야만 아는 얼간이"에 대한 비판은 "결정적 자격요건", 즉 "사회적, 의사소통적 경쟁력"으로 표시되는 그런 경쟁력에 대한 커다란 관심을 환기시켰다(Wellhöfer 2004). 이에 맞춰 구직 조언자들은 자기만의 소원과 좋은 일에 대한 자신의 비전이 어떠한지 스스로 질문해보고, 또 자신의 강점과 약점을 분석해보라고 조언한다. 인사권자들은 인사권자대로 전문 분야에 자격을 갖추고 있을 뿐 아니라 사회적 경쟁력이 있고, 자신을 자기 일과 일치시키는 구직자를 찾고자 한다. 우리는 인터뷰에서 인사권자들로부터 다음과 같은 한 가지 특별한 사실을 들었다. 훌륭한 구직자는 "고유성"(Authentizität)이 있어야 한다.

"고유성"이라는 이러한 가치 역시 노동의 주체화, 자기실현, 자율성 등으로 표시되는 현대의 규범적 의도들에 상응한다. 찰스 테일러는(Taylor 1995 [1991]) "고유성"을 현대적 개인의 중심 가치로 설명했다. 그것은 개인의 구직과정에서 구직자에게 청구되는 요소이다. "저는 어떤 일이라도 괜찮습니다!"와 같은 태도는 금물이다.[7] 왜냐하면 이것은 구체적인 일에 대해 무신경하다는 것을 말하고 있기 때문이다. 따라서 구직자에게 주는 훌륭한 조언은 '일이 필요해서 일이 필요하다'는 사실을 드러내지 않게 하는 것이다. 왜냐하면 그것은 고유성이 있는지를 의문에 부치기 때문이다.

다른 한편 인사권자들은 고유성을 가진 구직자를 그저 채용하지는 않는다. 그들은 자리에 적합한 정도만큼의 고유성을 가진 구직자를 원한다. 여기서 구직자에게 하나의 역설적 상황, 딜레마적 행위 상황이 발생한다. '사람들이 당신에 대해 기대하는 만큼의 고유성을 가져라.' 여기서 문제는 구직상황에서는 구직자가 그런 기대를 정확하게 인식하지 못한다는 사실이다. 나는 이런 상황을 '당신이 있어야 한다고 추측하는 만큼의 자신만의 고유성을 가져라'고 좀 더 분명하게 표현하고 싶다. 따라서 조언자들이 해야 하는 조언은 자신이 지원한 기업에 대해 포괄적인 정보를 가지라는 것이다. 여기서 우리는 시장지향과 고유성이 어떻게 서로 합치하는지를 볼 수 있다. 즉 개인들은 시장의 수요에 맞게 스스로 그렇게 되고자 열망한다. 구직상황에서 요구되는 것은—이에 대해서는 역설적으로 표현할 수밖에 없다—"기능적 고유성"이다.

7 이에 대해 요한 베렌스(Behrens 1984)가 이미 1980년대에 시사했었다.

규범적 역설, 그리고 자본주의와 규범적 현대의 관계

경험적 연구 프로젝트에서 가져온 위의 세 현상은 진보로 이해될 수 있는 규범적 원리들과 의도들이 그 실현과정에서 그 사회적 의미가 전도되거나 왜곡될 수 있고, 또 역설적 의미구조와 딜레마적 행위 상황에 빠질 수도 있다는 사실을 예증적으로 보여준다. 그렇다면 내가 서두에 제안했던 것처럼 자본주의와 현대의 규범성 사이에 상호 보충적 관계와 긴장관계가 동시에 있다고 생각한다면 역설적 발전은 현대의 규범적 원리들에 대한 문제 있는 결과들로 나아갈 수 있을 것이다.

이제 주체들은 자신의 고통과 행위 딜레마를 야기하는 원인이 규범적 원리 자체에 있다는 사실을 간파할 수 있게 된다. 이러한 사실은 자율성의 여지가 부담으로, 자기실현 요청이 억압으로, 평등 요청이 착취로 느껴진다는 데서 나타난다(Ehrenberg 2004 [1998]). 그렇다면 업무의 목표에 도달할 방법을 스스로 결정해야 하는 구성원은 자기에게 일을 지시해주던 과거의 위계를 그리워할 것이며, 일을 받은 자의 역할에 머물고자 할 것이다. 그렇다면 삶의 여러 영역들을 스스로의 책임 아래 조율하고 조직해야 한다는 압박은 결국에는 사람들이 주관적 욕구를 조직에 끌어들여서는 안 된다고 말하는 것으로, 여성들이 여성 해방이 지나친 요구이며 과부하를 낳는다고 하소연하는 것으로 귀결된다. 다른 말로 하면 규범의 전도는 규범 그 자체에 대립할 수도 있다는 것이다. 현대의 핵심적 사회문제가 처음부터 계몽의 가치들의 과도한 타당성 요청 내지 규범적 요청의 홍수에서 왔다는 견해를 가진 사람들은 여기에서 자신이 옳았음을 보며, 규범적 해방의 과정과 담지자들을 고발한다.

따라서 현대의 규범성의 과도한 타당성 요청은 해방적 사회변동의 촉발자가 될 수 있을 뿐 아니라 또한 역설적 왜곡과정을 통해 규범적 원리들의 정당성을 추락시키는 데도 기여할 수 있다. 그런 한에서 자본주의와 현대의 규범성 간의 관계는 언제나 규범들이 현실화되는 과정에서 왜곡될 수 있고, 이를 통해 그 규범의 정당성이 추락할 수도 있는 하나의 역동적 관계로 파악될 수 있다. 이러한 사실은, 지난 20년간 신자유주의의 압도적 우세 속에서 드러난 것처럼, 현대의 과도한 타당성 요청의 족쇄에서 '풀려난' 자본주의를 새롭게 정당화하는 데 기여할 수 있으며, 현대의 보수적 비판가들에 의해 여전히 확인될 수 있고 또 급진화될 수 있는 과정에 기여할 수 있다.

비판의 의미

그렇다면 이제 역설적 급변의 의미는 사회비판이론에 어떤 결과를 가져오는가?

우선 사회비판이론은 규범적 진보의 역설적 결과들을 비판하는 가운데 이 진보 자체를 의문에 부치려는 유혹에 저항해야 한다. 노동에서 자율성과 자기실현의 요청이 역설적 결과를 가져온다는 인식이 테일러리즘의 부활을 위한 배경음악이 되어서는 안 된다. 그러한 유의 유혹은 때때로 "유연한" 자본주의의 "유연한" 특성(Sennett 1998), 노동의 주체화(Moldaschl/Voß 2002) 혹은 개성으로의 강압 등을 비판하는 데 투영되어 있다. 오히려 근원적인 규범적 의도들이 새롭게 파악되고, 다시 현실화되어야 하며, 현실 자본주의에서 그 의도들의 왜곡에 저항해야 한다. 이것은 예를 들어 다음을 의미한다. 노동에서 자율성 요구를 비판하는 대신, 주체화되고 탈경계화된 노동의 현실이 어떻게 자율성도 제약하는지를 자율성의 가치에 의해 명료화할 수 있을 것이다. 이때 이런 자율성의 제약은 인적 네트워크라는 자본(Kontaktkapital)을 얻기 위해 꾸준하고 전방위적인 노력이 필요하다는 과도한 요청, 타자의 평가를 항상 의식해야 한다는 강압, 항구적 검증의 압박, 그리고 노동과 자유 내지 사적 삶의 혼동 등을 통해 이루어진다는 사실을 보일 필요가 있다.

그러나 규범적 진보의 역설적 결과들에 대한 통찰은 또한 **비판사회학**(kritische Soziologie)이 동시에 **비판의 사회학**(Soziologie der Kritik)이어야 한다는 것을 의미한다(Kocyba/Voswinkel 2008; Wagner 2008). **비판의 비판사회학**(kritische Soziologie der Kritik)은 자신이 의도하지 않은 결과들에 대해서도 주의 깊게 살펴야 하고, 자본주의에서 자신에 침전해 있는 기능화의 잠재력도 분명히 밝혀야 한다. 비판의 비판사회학은 비판으로서 자신의 이중적 성격을 재구성해야 한다. 한편으로는 실제로 존재하는 관계들에 대한 이의제기로서 **그리고** 다른 한편으로는 실제 관계들의 혁신적 정당화를 위한 모듈(Baukasten)로서. 따라서 그것은 아마도 새로운 형식의 비판의 출발점을 제시할 수 있을 것이다. 여기서 새로운 형식의 비판이란 규범적 의도들을 재구성하여 자신의 역설적 결과들로부터 배우고, 변화된 실제 관계를 변화된 상황에서도 비판을 계속 전개하기 위한 동인으로 받아들인다는 것을 의미한다. 그렇다면 우리는 다음과 같은 것을 희망할 수 있다. 우선 현실화된 개혁적 비판은 이런 변화된 비판의 역설적 결과들에 대해서도 더 잘 대처할 수 있게 무장되어 있다는 것이다. 다음으로 볼탕스키와 시아펠로(Boltanski/Chiapello 2003 [1999])가 "미적인 비판"의 역설적 격변을 스케치하는 가운데 제시했던 것처럼, 비판가들은 테일러리즘 비판에서 나타나듯이 자신들의 비판이 자본주의적 정당성을 혁신하는 데 이용될 수 있다는 사실에 아무런 준비도 없이 마주하지는 않을 것이라는 것이다.

번역_정대성

참고문헌

Antonovsky, Aaron 1997 [1988]: Salutogenese. Zur Entmystifizierung der Gesundheit. Tübingen: dgvt-Verlag.

Baethge, Martin 1991: Arbeit, Vergesellschaftung, Identität – Zur zunehmenden normativen Subjektivierung der Arbeit, in: Soziale Welt 42. 1, 6–19.

Behrens, Johann 1984: »Selbstverwirklichung« – Oder: Vom Verblassen aller Alternativen zur Berufsarbeit. Umfragen und Fallstudien zur Krise der Arbeit in Familie und Erwerbstätigkeit, in: Hans-Joachim Hoffmann-Nowotny und Friedhelm Gehrmann (Hg.): Ansprüche an die Arbeit. Frankfurt a. M. und New York: Campus, 117–135.

Boltanski, Luc und Ève Chiapello 2003 [1999]: Der neue Geist des Kapitalismus. Konstanz: UVK.

Bundesministerium für Gesundheit 2011: Gesetzliche Krankenversicherung. Krankenstand 1970 bis 2010 und Januar bis März 2011. ‹‹http://www.bmg.bund.de/fileadmin/dateien/Downloads/Statistiken/GKV/Geschaeftsergebnisse/Krankenstand_KM1_1970_bis_2010_Maerz2011.pdf››.

Ehrenberg, Alain 2004 [1998]: Das erschöpfte Selbst. Depression und Gesellschaft in der Gegenwart. Frankfurt a. M. und New York: Campus.

Gottschall, Karin und G. Günter Voß (Hg.) 2003: Entgrenzung von Arbeit und Leben. Mering: Hampp.

Hemp, Paul 2004: Presenteeism: At Work – But Out Of It, in: Harvard Business Review 82. 10, 49–58.

Holtgrewe, Ursula 2005: Subjekte als Grenzgänger der Organisationsgesellschaft?, in: Wieland Jäger und Uwe Schimank (Hg.): Organisationsgesellschaft. Wiesbaden: VS Verlag, 344–368.

Honneth, Axel 2003: Umverteilung als Anerkennung. Eine Erwiderung auf Nancy Fraser, in: Nancy Fraser und Axel Honneth: Umverteilung oder Anerkennung. Eine politischphilosophische Kontroverse. Frankfurt a. M.: Suhrkamp, 129–224.

Kocyba, Hermann und Stephan Voswinkel 2007: Krankheitsverleugnung: Betriebliche Gesundheitskulturen und neue Arbeitsformen. Arbeitspapier 150 der Hans-Böckler-Stiftung. Düsseldorf.

Kocyba, Hermann und Stephan Voswinkel 2008: Kritik (in) der Netzwerkökonomie, in: Gabriele Wagner und Philipp Hessinger (Hg.): Ein neuer Geist des Kapitalismus? Paradoxien und Ambivalenzen der Netzwerkökonomie. Wiesbaden: VS Verlag, 39–60.

Kratzer, Nick 2003: Arbeitskraft in Entgrenzung. Berlin: edition sigma.

Lofland, Jennifer H., Laura T. Pizzi und Kevin D. Frick 2004: Review of Health-Related Workplace Productivity Loss Instruments, in: Pharmacoeconomics 22. 3, 165–184.

Moldaschl, Manfred und G. Günter Voß (Hg.) 2002: Subjektivierung von Arbeit. Band 1. München und Mering: Rainer Hampp Verlag.

Overbeck, Gerd 1984: Krankheit als Anpassung. Frankfurt a. M.: Suhrkamp.

Schimank, Uwe 2009: Die Moderne: Eine funktional differenzierte kapitalistische Gesellschaft, in: Berliner Journal für Soziologie 19. 3, 327–351.

Sennett, Richard 1998: Der flexible Mensch. Berlin: Berlin Verlag.

Taylor, Charles 1995 [1991]: Das Unbehagen an der Moderne, Frankfurt a. M.: Suhrkamp.

Voswinkel, Stephan 2008a: Bewerbungsratgeber: Funktionale Authentizität und Verkauf der Arbeitskraft, in: Petia Genkova (Hg.): Erfolg durch Schlüsselqualifikationen? »Heimliche Lehrpläne« und Basiskompetenzen im Zeichen der Globalisierung. Lengerich: Pabst Science Publishers, 88–101.

Voswinkel, Stephan 2008b: Der Support des Bauches: Entscheidungsorganisation bei der Personaleinstellung, in: Karl-Siegbert Rehberg (Hg.): Die Natur der Gesellschaft. Verhandlungen des 33. Kongresses der Deutschen Gesellschaft für Soziologie in Kassel 2006. Frankfurt a. M. und New York: Campus, CD-Beilage, 4997–5007.

Voswinkel, Stephan 2009: Betriebliche Gesundheitskulturen und neue Arbeitsformen, in: Klaus Pape (Hg.): Wandel der Arbeit und betriebliche Gesundheitsförderung. Hannover: Offizin, 49–62.

Voswinkel, Stephan und Hermann Kocyba 2005: Entgrenzung der Arbeit. Von der Entpersönlichung zum permanenten Selbstmanagement, in: WestEnd. Neue Zeitschrift für Sozialforschung 2. 2, 73–83.

Wagner, Gabriele 2008: Vom Verstummen der Sozialkritik, in: Gabriele Wagner und Philipp Hessinger (Hg.): Ein neuer Geist des Kapitalismus? Paradoxien und Ambivalenzen der Netzwerkökonomie. Wiesbaden: VS Verlag, 311–338.

Wellhöfer, Peter R. 2004: Schlüsselqualifikation Sozialkompetenz. Stuttgart: Enke.

종족 평등의 역설적 결과

페르디난트 주터뤼티

서구 민주주의는 자연적으로 주어진 혹은 신의 의지에 따른 사회질서라는 관념과 결별하고 인간의 자기입법이라는 가정에 그 기초를 두게 되었다(Habermas 1989). 이런 사회에서 모든 종류의 사회적 불평등은 그것의 정당성을 입증하는 문제와 관련하여 큰 부담을 갖게 된다.[1] 이전 시기와 비교해본다면, 이제 불평등의 정당성에 대한 입증 책임은 역전된 셈이다. 게르투르트 누너-빈클러(Nunner-Winkler 1997: 364)가 말한 바와 같이 "이제 평등 원리를 위반하는 것에 대해 설명이 필요할 뿐 그것을 받아들이는 일은 당연한 것이 되었다." 물론 직업상의 지위, 계급,

Ferdinand Sutterlüty

1 2010년 "The Paradox of Ethnic Equality"라는 제목으로 *Archives européennes de sociologie* 51.1: 33-53에 수록된 논문은 이에 대해 상세히 다루고 있다. 나는 Sidonia Blättler, Martin Dornes, Chris Hann, Barbara Heitzmann, Axel Honneth, Sighard Neckel의 가치 있는 지적과 비판적인 논평에 대해 감사를 표한다.

교육수준의 차이에 따라 특권과 책임은 상이하게 배분될 수 있지만, 이는 대부분 이미 확립되어 있는 규범적 기준들을 통해 정당화되고 있다. 그리고 이러한 규범적 기준들은 일반적으로 인정되는 업적들 혹은 특정한 요구들과 관련되어 있다(Miller 2008 [1999]). 반면에 종족(ethnisch) 차별과 연관된 불평등 문제는 극심한 비판과 공적인 논란의 출발점이 되곤 한다. 그리고 이러한 차별은 특정한 주민 집단이 원칙적으로 더 높은 가치를 갖는다거나 더 낮은 가치를 갖는다는 식의 생각들과 관련되어 있을 때 더욱 심각한 문제가 된다.

소수 종족을 동등한 가치를 갖지 않는 존재로 보고 그래서 그들이 평등하게 대우받을 수 없다고 생각하는 개인이나 집단은 오늘날의 사회와 그 사회의 제도를 구성하는 규범들을 위반하고 있기 때문에 공격의 대상이 될 수밖에 없다. 종족적 특성에 의거하여 누구나 동등하게 누려야 할 신체적, 상징적 존엄성의 권리를 침해하고 사회적 자원에 대해 접근할 수 있는 기회에 차별을 두는 것은 결코 정당화할 수 없는 구별과 불평등을 낳게 된다(Schmidt 2000 참조). 따라서 모든 인간이 동등한 가치를 갖는다는 규범적 원칙은 필연적으로 "인종주의자들"(Rassisten)을 불신할 수밖에 없게 만든다. 그리고 모든 남녀 시민들이 한 사회의 핵심적인 자원과 제도에 접근할 수 있도록 보장되어야만 하는 한에서, 자기 집단만이 특권을 누려야 한다고 주장하는 "자민족중심주의자"(Ethnozentrist) 역시 비난의 대상이 될 수밖에 없다. 이와 같은 사실을 통해 드러나듯 이미 널리 인정되고 있는 이러한 근본 규범들은 독일 헌법 제3조에서[2] 그리고 2006년 제정된 보편적 동등대우에 관한 법률에서

2 3조 3항은 다음과 같다. "그 누구도 성, 출신, 인종, 언어, 고향과 지역, 정치적 입장으로 인해 우대받거나 차별받아서는 안 된다. 그 누구도 장애로 인해 차별받아서도 안 된다."

도 표현되고 있다.

물론 종족 평등의 규범이 사회적으로 현실화되기 위해서는 형식적인 차별 금지나 반차별법을 넘어서 법 이상의 효력을 가져야만 할 것이다. 그러한 규범은 일상적인 의사소통과 생활세계적인 교류 영역에서도 종족 집단들이 사회생활에 동등하게 참여하고 동등하게 자신의 몫을 할당받을 수 있도록 실질적으로 보장할 수 있을 만큼 매우 확고한 지위를 가져야만 한다. 사회적으로 볼 때 도시 내에서 열악한 지위에 처해 있는 지역들의 경우에는 이 과정에서 이웃들과의 관계가 중요한 역할을 수행한다. 이러한 지역들은 흔히 종족적으로 이질적인 인구들을 포함하고 있을 뿐 아니라, 도시사회학 연구를 통해 우리가 알 수 있는 바와 같이,[3] 그들의 취약한 사회적 상황 때문에 이주자들이 동등한 지위를 차지하는 것을 받아들이기 어려운 원거주민들도 포함하고 있다. 종종 원거주민들은 이주한 이웃들을 원치 않는 경쟁자로 바라보고, 오래된 주민들과 동등한 지위를 부여받을 수 없도록 이주자들의 특성을 묘사하면서 그들을 종족적으로 범주화한다. 이런 식의 특성 부여는 해당 종족 집단이 물질적 부를 획득하고, 정치에 참여하고, 바람직한 사회관계를 맺을 기회를 크게 축소시킨다.

이러한 상황으로부터 다음과 같은 질문이 제기된다. 다른 종족 집단을 평가절하하고 사회적 참여 영역에서 배제하고자 하는 다수 집단의 사람들은 앞서 언급된 평등 규범을 **원칙적으로** 거부하는 것일까, 아니면 단지 **상황에 따라** 유보하는 것일까? 이 논문은 이러한 질문에 대해서 내가 2002년부터 2005년까지 지그하르트 넥켈(Sighard Neckel)과 이나 발

3 예를 들어 Häußermann/Siebel 2004: 14를 보라.

터(Ina Walter)와 함께 사회연구소에서 작성한 「부정적 분류」라는 제목의 민족지학(民族誌學)적 연구 결과를 통해 모종의 응답을 제시하고자 한다.[4] 이 연구에서 우리는 터키계 주민들과 독일계 주민들이 서로의 가치를 깎아내리는 방식으로 서로에게 특성을 부여하는 과정을 연구했으며, 이는 그와 연관된 갈등들 혹은 "분류투쟁들"(Klassifikationskämpfe)이 관련된 행위자들을 통합하는 데 미치는 영향을 고찰해보기 위한 것이었다.[5] 현장 연구는 과거부터 노동자들이 거주해왔던 도시의 두 지역을 대상으로 진행되었다. 이 지역들은 종족적으로 혼합된 주민들로 구성되었고, 취약계층 주민들이 다수를 차지하고 있었기 때문에 도시 내의 소위 문제 지역—"사회적 위험구역"—으로 간주되고 있는 곳이었다. 동(東)바렌(Barren-Ost) 지역은 루르 공업지대에 속하고, 남(南)이더슈타트(Iderstadt-Süd)는 바덴-뷔르템베르크 주에 있으며 인구와 산업이 상대적으로 많이 밀집해 있는 지역이다. 자료를 얻기 위해 우리는 참여관찰, 집단토론, 개별면접을 실시하였고 지역신문의 독자편지와 같은 문헌자료들도 수집하였다. 이러한 자료에 대한 조사 및 평가에서는 근거이론(Grounded Theory)의 방법론적 절차를 따랐다(Glaser/Strauss 2010 [1967]; Strauss/Corbin 1996 [1990]).

아래의 논문은 언뜻 보기에는 모순적으로 생각되는 이 연구의 중심적 결과물을 집중적으로 다루고 있다. 한편으로 독일계 주민들은 터키계 주민들이 자신들이 누리는 바와 똑같이 시장과 경제적 자원에 대해

4 이 연구는 Wilhelm Heitmeyer가 진행한 "사회적 탈통합 과정—현대사회 통합 잠재력의 강화"라는 학제 간 연구의 한 부분이었으며 독일연방교육부의 후원을 받았다.

5 연구 기획의 이론적 기초와 방법론적 설계에 관해서는 Neckel/Sutterlüty 2005; Sutterlüty 2010: 19 이하 참조.

동등한 접근 기회를 가져야 하며, 마찬가지로 사회적이고 정치적인 참여에서도 자신들과 동등한 지위를 누려야 한다는 데 대해서 매우 강한 확신을 가지고 있었다. 그러나 동시에 이 동일한 독일계 주민들은 터키계 이웃들에 대해서 부정적인 낙인을 찍고 있었다. 즉 그들은 동등하게 대우받을 사람들의 영역으로부터 은밀한 방식으로 터키계 이웃들을 배제하고 있었던 것이다. 종족 집단들 사이의 사회적 불평등이 사라지는 만큼 그리고 폭넓은 평등 원리가 실현되는 것처럼 보이는 만큼, 독일계 원거주민들은 더욱더 터키계 이주민들을 평가절하하고 배제하려고 했다. 나는 "종족 평등의 역설"이라는 문제를 다루기 위해서 이러한 발견에 대해 더욱 상세히 기술하고 설명할 것이다. 이를 위해 다음과 같은 세 단계로 논의를 진행하고자 한다. 먼저 나는 터키계 주민들을 대상으로 하는 "부정적인", 다시 말해 그들의 가치를 깎아내리는 차별적인 분류와 관련된 고유한 의미론적 틀을 요약할 것이다. 두 번째로 나는 한 가지 역설에 대해 다룬다. 종족 평등에 관해 널리 수용된 규범에 상응하는 구조적 변환과정이 종족 불평등을 유지하고 때로는 배제 행위로 귀결되고 마는 일상의 미시정치를 산출하게 된다는 역설이 바로 그것이다. 마지막 세 번째 단계에서 나는 위에서 언급한 역설은 "원시적 친족관계에 대한 믿음"을 통해서만 비로소 충분히 설명될 수 있다는 주장을 제시한다.

부정적 분류의 의미론적 틀

우리의 연구를 통해 발견된 주목할 만한 사실은 다음과 같은 것이다. 독일계 주민들의 부정적 분류는 두 곳 모두에서 특히 터키계이면서 "성공한 사람들"을 대상으로 하고 있었다. 즉 부정적 분류는 터키계 사업가나 지역 정치에 적극 참여하는 이주자 조직의 성원들을 겨냥하고 있다. 이들은 여러 사회 영역에서 이미 성공적으로 통합되어 있다고 말할 수 있는 사람들이다. 소위 "잘나가는 이방인들"(Hüttermann 2000)에 대한 이러한 낙인찍기는 이 논문이 제기하는 문제와 관련성이 많기 때문에, 아래에서 나는 이들을 공격하는 데 사용되는 분류에 집중할 것이며, 터키계 주민들 사이에서 통용되는 독일계 주민들에 대한 분류에는 주목하지 않을 것이다(이에 대해서는 Sutterlüty 2010: 109 이하 참조).

연구 기간 동안 동(東)바렌과 남(南)이더슈타트에서는 신분이 상승한 터키계 사람들을 깎아내리기 위해서 다음과 같은 네 가지의 부정적 분류 틀이 빈번하게 사용되고 있었다.

터키식 프로테스탄트 윤리. 두 지역의 독일계 거주자들은 터키인들의 근면하고 희생적인 삶의 방식에 대해 항상 언급하고 있다. 그들은 터키인들의 행동이 가정 내에서의 훈육과 자기희생적인 절약정신에서 기인한다고 말했다. 한마디로 말해, 많은 독일인들은 그들의 이웃들이 "터키식 프로테스탄트 윤리"를 가지고 있다고 생각했다.[6] 그들은 터키 출신 주민들에게서 직업과 경제적 삶에 대한 강한 지향성을 보았던 것이다. 그들은, 막스 베버(Weber 1920 [1904/05])가 근대 자본주의 발생 시기에 칼뱅주의와 청교도들에게서 그러한 지향을 확인했던 바와 같이, 이러한 지향이 세속적 금욕주의와 결합되어 있다고 보았다. 두 지역의 독일계 주민들은 "낮은 신분에서 처음으로 신분 상승을 하는 계급들"이 항상 가지게 마련인(같은 책: 195) 이러한 윤리는 자신들의 역사 속에서는

6 여기서 나는 Wohlrab-Sahr 1998의 진술을 약간 변형하여 이용한다.

이미 희미해져버린 전통적 요소일 뿐이라고 생각하고 있었다. 유감스럽게도 이러한 전통적 요소들로 인해서 이제 터키계 사업가나 상인들이 경제적 장점을 가지게 되었다는 것이다. 이러한 논리를 통해 독일계 주민들은 터키계 사업가나 부동산 소유자들을 시대에 뒤떨어졌지만 동시에 위험한 경쟁자로 만들게 된다. 독일계 주민들은 직업에 충실하고 근검한 삶 일반을 비난하지 않으면서도 터키계 사업가 그리고 종종 그들과 함께 일하는 가족들이 과도하게 금욕적인 노동 윤리를 가지고 있다는 식의 단적인 부정적 가치평가를 내린다.

팽창주의적 탈취 욕구. 동(東)바렌과 남(南)이더슈타트 두 지역 모두에서 우리는 터키계 주민들, 특히 사업가나 활동적인 무슬림 단체들이 끊임없는 소유욕과 권력욕을 가지고 있다는 식의 부정적인 묘사가 통용되는 것을 목격하였다. "그들은 우리에게서 모든 것을 빼앗아가려고 한다"라는 문장이 경험적 자료들 속에서 상이한 형태로 변형되며 빈번하게 나타나고 있었다. 독일계 이웃들은 이러한 범주화를 통해서 단지 그들이 자신들의 오랜 본거지를 "탈취"하는 것만을 고발하는 것이 아니다. 이를 통해서 그들은 성공한 터키계 사업가나 이주자 단체들이 공간을 장악하려는 확장 욕구를 가지고 있다는 비난을 동시에 제기하고 있다. 여기서 간과해서는 안 될 것은 한 개인의 행동을 전체 터키계 주민들에게 전가하려는 경향이다.[7] 독일계 주민들은 터키인들의 "탈취 욕구"를 부정적으로 평가함에도 불구하고, 그들의 사업적 용기에 대해서는 대개 경이감을 표현하고 있다. 여기서도 역시 비판의 대상이 되는 것은 과도한 경제적 성공 지향성일 뿐이지만, 여기서 빈번하게 볼 수

7 부분적으로 유사한 관찰들에 대해서는 Karrer 2002: 107 이하 참조.

있는 것은 이러한 속성 부여가 손쉽게 친구와 적이라는 도식으로 전환될 수 있다는 점이다. 첫 번째 분류의 틀에서는 터키인들의 사업적 성공이 문화적으로 물려받은 행위 지향의 부수 효과로만 나타난다. 그러나 두 번째 분류의 틀에서는 터키인들이 마치 적대적인 영토정복 전쟁에서처럼 전략적 방법을 통해서 원거주민들을 몰아내려 하는 의식적인 의도를 가지고 있다고 간주된다.

범죄적 음모. 나아가 독일계 주민들은 터키계 사업가나 부동산 소유자들이 불법적 수단으로 돈과 재산을 모았다고 비난하기도 한다.[8] 그들은 터키계 사업가나 부동산 소유자들을 범죄자로 처벌받아 마땅한 사람들로 간주한다. 이러한 분류는 합법적인 시장 참여와 불법적인 시장 참여를 구별함으로써 불법적이라는 표지를 붙인 사람들을 경제적 경쟁으로부터 배제해버리고자 한다. 예를 들어 남(南)이더슈타트에서는 이주자들, 특히 터키계 주민들에 대해서 공개적으로 혹은 은밀한 방식으로 더럽고, 소란스럽고, 범죄적이라고 비난하는 독일계 거주자들의 지역 시민운동이 폭넓은 반향을 일으켰다. 이러한 운동의 활동가들은 터키인들이 운영하는 사업체를 "장물아비와 도둑들의 회합장소"로 묘사했다. 또한 그들은 터키계 가족들이 운영하는 사업체들이 독일계 기업들과는 달리 공적인 기금들을 사취한다고 의심했다. 마찬가지로 동(東)바렌에서도 터키계 업체들의 "암거래"와 "돈세탁"에 대한 이야기들이 반복되었고, 이는 다시 치안과 사업체 감시를 소홀히 하는 것에 대한 비난으로 이어졌다.

합리적 기생충들. 네 번째, 마지막 분류는 터키계 사람들을 결국 "합리

8 이는 Hüttermann의 발견과 일치한다. Hüttermann 2000: 278 이하 참조.

적 기생충"(Zilian/Moser 1989 참조)으로 낙인찍었다. 타인을 합리적 기생충이라고 비난하는 사람들은 명예로운 사회에서 그들이 설 자리를 상징적으로 빼앗는 셈이다. 기생충이라는 형상은 그에게 허용된 것만을 취하는 정당한 인물들의 형상과 전적으로 대립된다. 동(東)바렌에서는 이러한 의미 틀이 정치적으로 활동적인 이주자 집단을 불신하는 데 이용되었다. 특히 그 지역 이슬람 단체와 외국인위원회가 이러한 비난의 대상이었다.[9] 이 단체들은 특히 도시재생 프로그램인 '노르트라인-베스트팔렌 사회도시 프로그램'의 기금에 대한 발언권을 갖고자 했다. 이 기금은 동(東)바렌을 포함한 지역 활성화 계획을 추진하기 위해 조성되었다. 외국인위원회와 이슬람 단체들의 요구가 공개되자마자 터키계 주민들은 그간 이 지역에 대해서 그 어떤 관심도 보이지 않았다고 주장하는 반대자들의 공격이 빗발쳤다. "가져갈 몫"이 생기자마자 터키계 주민들이 "뻔뻔한 요구"를 하고 있다는 것이었다. 이러한 갈등의 와중에 몇몇 기회를 통해서 "기생충"이라는 언급이 등장했고, 이는 동(東)바렌에서 독일계 원주민들이 통상적으로 사용하는 전형적 설명방식의 일부가 되었다. 이를 통해서 터키계 주민들은 전략적 이유만으로 지역 개발에 참여하고, 주어진 기회들을 오직 자기 자신들만의 이익을 위해 이용하고자 하는 사람들이 되어버렸다.

이 모든 것들은 다음과 같은 더 나아간 두 가지 질문을 제기한다. 터키계 사람들의 경제적 성공이나 정치적 영향력과 같은 일종의 신분 상

9 오래전부터 여러 주들에서 "이주자위원회"나 "사회통합위원회"라고 불리던 외국인위원회는 외국인 거주민이나 새롭게 시민권을 획득한 사람들이 직접 선출하는 지역 위원회다. 이 단체는 지방 정치에서 이주한 주민들의 이익을 대변하고 있다. 노르트라인-베스트팔렌에서는 그동안—2009년 개정된 지방 조례 27항에 따라서—새로운 권한을 가진 이주자 대표들이 선출되었고 그들은 그곳의 사회통합위원회에 파견되었다.

승이 그들의 독일계 이웃들에게 그토록 큰 문제가 되는 이유는 과연 무엇일까? 종족 집단들에 대해서 동등한 지위와 동등한 대우를 요구하는 규범들이 거기서 수행하는 역할은 과연 무엇인가?

종족 평등의 역설

연구 대상이 된 두 지역에서 우리는 종족적으로 상이한 주민 집단들이 사회의 핵심적인 기능 영역들에 대해 동등한 접근 기회를 누려야 하며 이를 위해 필요한 자원들도 소유할 수 있어야만 한다는 사실 자체를 거부하는 사람은 한 명도 만날 수 없었다. 두 지역의 독일계 주민들은 종족적 귀속성과 무관한 "사회구조적 통합"(Geißler 2004: 288 이하)에 관한 규범적 이상을 폭넓게 수용하고 있었다. 나아가 그들은 종족적 유래나 귀속성과는 무관하게 모든 장기 거주자들은 자원과 지위를 차지할 수 있는 동등한 기회를 누려야 하며 교육, 사법, 행정 등과 같은 중요한 사회 제도들에 대한 동등한 접근을 보장받아야 한다고 강하게 확신하고 있었다.

표면적 의미론의 수준에서 보자면 독일인들이 터키계 이웃들에게 던지는 부정적 분류들은 사회구조적 통합과 관련된 평등 원칙과 결코 모순되지 않는다. 오히려 그러한 부정적 분류들은 평등 원칙의 타당성을 전제하고 있다. 부정적 분류들은 이주자나 그들의 후손들이 그 어떤 사회적 권리를 가져서도 안 된다고 말하지 않으며, 지방 정치에 대한 그 어떤 정당한 요구도 해서는 안 된다고 말하지도 않는다. 또한 그들이 더 나은 경제적 지위를 추구해서는 안 된다고 말하지도 않는다. 독일계 사람들은 터키계 사람들의 행동과 태도에 대해 비난할 뿐이며, 그것들은 터키계 사람들이 아닌 경우에도 역시 비난받을 만한 것들이다. 지나치게 금욕적인 노동 윤리, 공격적인 지배 욕구, 기생적 태도나 범죄적 거래 등이 바로 그런 것들이다. 우리는 거꾸로 이러한 부정적 분류의 내용들로부터 종족차별 금지, 기회균등과 동등대우와 같은 근본 규범들이 내면화되어 있는 상태를 읽어낼 수도 있을 것이다.

때때로 두 지역의 독일계 거주민들은 동등한 참여와 접근의 권리가 가지는 타당성에 대해 매우 명시적으로 강조하기도 했다. 물론 이더슈타트 상인연합회 회장은 터키계 사람들이 점점 더 많은 기업, 영업장, 부동산들을 차지하는 것이 독일의 중소상인들의 입장에서는 좋지 않다고 말했다. 나아가 그는 위에서 언급한 분류 틀들에 기대어 터키계 사업가들을 관할 관청에 고발할 여러 가지 이유들이 있다고도 했다. 그럼에도 불구하고 그는 터키계 주민들이 기업을 운영하고 부동산을 구입할 "충분한 권리"를 가져야만 한다고 명확히 말했다. 동(東)바렌의 경우—위에서 말한 갈등이 발생하기 전에—지역 이해관계자 연합은 위에서 언급한 도시 계획이 승인된 후 터키계 단체들에게 "의견과 제안"을 제시할 것을 직접적으로 요구하기도 했다. 그들은 이를 외국인위원회로 넘겨 정치적 의사결정 과정에 반영하고자 했으며, 이는 전적으로 평등 원칙의 논리에 따른 것이었다.

이와 같이 근본적으로 평등한 참여를 인정하는 상황에서 나타나는 커다란 거부감은 대부분의 경우 아무런 종족적 내용을 가지고 있지 않다. 독일계 주민들의 명시적인 분류의 논리에서 터키계 사업가나 정치적으로 적극적인 이주자 단체가 비난받고 낙인찍히는 이유는 종족적 귀속성 때문이 아니다. 독일계 원거주민들은 그들이 불법적 거래를 하거나 자신들만의 기생적 이익을 위해 정치에 참여하기 때문에 그들을 비난하는 것뿐이다. 부정적 분류가 발생한 이유는 관찰되고 지각된 특수한 행동과 태도 때문이며, 그것은 종족적으로 규정된 것도 아니고 단지 터키계 사람들에게만 적용 가능한 것도 아니다.

동(東)바렌과 남(南)이더슈타트의 경우가 우리가 독일에서 자주 접할 수 있는 상황을 대표하고 있다고 생각한다면, 위에서 말해진 내용들은 다음과 같이 요약될 수 있을 것이다. 다른 많은 차이점들에도 불구하고 문제가 되고 있는 도시 지역에 거주하는 독일계 주민들 중 압도적인 다수는 그들의 터키계 이웃들을 자신들에게 적용되는 것과는 다른 종류의 규범적 기준을 적용해야만 하는, 원칙적으로 다른 계급에 속한 사람들로 보지는 않는다. 모든 종족 집단들이 사회구조적 통합을 가능하게 해주는 자원과 제도들에 대해 동등한 접근 권리를 가져야 한다는 생각은 폭넓게 수용되고 있다. 이러한 통합적 규범으로 인해 동(東)바렌이나 남(南)이더슈타트의 터키인들은 그들이 **단지** 터키 출신이라는 이유 때문에 부정적으로 분류되지 않는다. 그들이 부정적으로 분류되는 이유는 일반적으로 비난받을 만하다고 여겨지는 특정한 행동방식이나 태도 때문이다.

독일계 주민들은 단지 그러한 증후들을 특별히 터키계 사람들이나 조직들에서 발견할 뿐이다. "자기실현적 예언"(Merton 1995 [1948])의 방식으로 독일계 주민들은 터키계 사람들 속에서 그러한 비난받을 만한 행동들을 찾아보고 결국에는 그것을 발견해낸다. 게다가 독일계 주민들은 터키계 사람들에게서 발견한 이런 몇몇 잘못된 행동들을 전체 터키인 집단에 대해서 적용하고자 하는 경우가 많다. 때로는 그럴듯한 관찰에 기초하고 때로는 단순한 의심에 불과한 개인들의 잘못이나 범행들이 "소속집단 전체의 낙인"(Goffman 1975 [1963]: 13 이하)이 되어버리는 것이다.

결국 종족 평등이라는 규범적 원칙은 그것이 결코 실현될 수 없는 조건들과 결합하게 된다. 즉 터키계 이주자들은 그들의 실제 모습과 다르게 변할 경우, 혹은 원거주민들이 생각하고 있는 바와 다르게 변할 경우에만, 지방 시장이나 정치 영역에 대해 평등하고 완전하게 접근할 수 있는 권리를 온전히 인정받을 수 있게 될 것이다. 독일계 주민들은 그들 나름의 분류를 통해서 각각의 경우마다 터키계 주민들이 참여, 접근, 귀속성 등에 대해 동등한 권리와 지위를 요구하는 것을 반복적으로 거부한다. 이는 특히 그들의 윗세대들이 가졌던 최하층 이주노동자 신분에서 벗어난 사람들에게 해당된다. 그들은 사회적 신분 상승에 성공하고 공적인 표현능력을 통해 스스로를 정치적으로 대표할 수 있게 된 사람들이라고 할 수 있다.

여기에는 다음과 같은 역설이 존재한다. 즉 평등 원리의 실현이 그 혜택을 받은 사람들에 대한 평가절하와 배제를 초래한다는 것이다. 이러한 역설은 이미 다음과 같은 클라우스 오페의 질문(Claus Offe 1996: 280)에도 담겨 있다. 과연 원거주민들은 다른 종족 집단들이 법적이고 정치적인 평등을 누리는 것을 인정하기 위해 요구되는 추상능력을 갖추고 있는가 하는 질문이 바로 그것이다. 그의 회의적 견해는 현대화 과정에서 불리한 위치에 처하게 되고 신분 하락의 위협을 받는 사람들의 경우 이러한 평등은 특별히 "과도한" 것으로 느껴질 수도 있다는 관찰에 기초한 것이다. 때문에 이들은 자연주의적인 "차이의 확보"를 요구하게 될 것이다(같은 책: 281). 우리의 연구 결과는 이러한 기제가 작동하고 있음을 보여주고 있다. 이주자들이 경제생활에 참여하고 정치적 권리를 가지게 되고 나아가 그것을 행사하게 되면 새로운 배제의 시도가 나타나게 되며, 이는 종족 간의 평등한 교류를 위협하게 된다는 것이다.

우리가 인정하는 종족 평등의 규범은 역전된다. 여기서 나타나는 역설은 다음과 같다. 즉 과거에는 진보적인 것으로 간주되었던 규범적 원칙은[10] 그것이 현실화되는 과정에서 의도하지 않은 부수 효과를 산출하게 된다는 것이다. 좀 더 정확히 말하자면, 이런 부수 효과는 단지 의도하지 않은 것일 뿐 아니라 평등 이념에 비추어볼 때 바람직하지도 않은 것이다(Merton 1972 [1936]).[11] 종족 불평등이 축소되는 상황은 원거주민들로 하여금 이주자들 가운데 사회적 신분 상승에 성공한 선두 주자들에게서 부정적인 행태들을 찾아내게 만들며 이를 통해 낡은 불평등을 복구하거나 새로운 방식으로 만들어내게 한다.

이미 이에 대한 손쉬운 설명이 있기 때문에 내 이야기는 여기서 빨리 접고자 한다. 이 설명은 허버트 블루머(Blumer 1958)에 의해 제시된 것이며, 이후에는 **경쟁 위협 모델**(competitive threat model)이라는 이름으로 특히 미국과 이스라엘의 사회학 및 사회심리학에서 다양한 방식으로 지속되었다(Quillian 1995; Bobo/Hutchings 1996; Semyonov/Raijman/Gorodzeisky 2006).[12] 이 이론의 핵심은 다른 종족에 대한 부정적 태도를 자원과 특권에 대한 그들의 우월한 접근권이 위협받고 있다고 생각하

10 모든 종족 집단들에게 평등한 권리와 접근을 보장한다는 이념은 과거 식민지 시대의 우월주의나 인종주의적 광기와 비교해볼 때 보편적으로 동의할 수 있을 정도로 확고한 문명적 성과다.

11 역설의 개념에 대해서는 Honneth 2002; Honneth/Hartmann 2004; 이번 호에 Honneth와 내가 함께 쓴 글을 참조하라.

12 자주 인용되고 있는 Elias/Scotson(1990 [1965])의 기득권자-아웃사이더 이론과는 달리 경쟁 위협 모델은 특별히 종족 집단들 사이의 관계를 다루고 있다. 경쟁 위협 모델이 가지는 한계에 대해서는 아래에서 좀 더 상세히 다루게 될 것이다.

는 지배 집단의 방어적 반응으로 이해하는 데 있다.[13] 이러한 견해는 특히 동(東)바렌이나 남(南)이더슈타트와 같은 도시 지역과 관련해서 볼 때 그럴듯한 것처럼 보인다. 이들 지역의 경우 상황이 나은 편인 원거주민들은 이미 그 지역에서 떠났고 가난하고 힘없는 원거주민들만이 점증하는 이주자들과 더불어 머무르고 있기 때문이다.

이러한 견해에 따르면 종족 평등의 역설적 결과는 조사된 지역들에 거주하는 독일계 거주자들의 신분 불안을 통해서 설명될 수 있다. 그들은 높은 실업률, 저임금의 단순직, 불안정한 고용관계, 취업가능 분야의 축소 등의 상황에 직면하고 있다. 우리가 조사한 경험 자료들에서는 이와 더불어 터키계 이주자들이 사회경제적으로 우세를 점하게 될 것이라는 전망과 공포도 중요한 역할을 하고 있었다. 이방인들의 지배라는 환상에서 유래하는 앞서 언급했던 분류들에서는 특히 그것들이 자원의 할당이나 신분적 지위의 배분과 관련된 갈등들과 밀접하게 연결되어 있다는 점이 분명하게 드러나고 있다. 잘나가는 터키 출신 주민들에 대한 부정적 분류를 가능하게 했던 상황들, 즉 자본주의 경제의 혁신 및 탈산업화 과정에서 나타나는 사회구조적 문제들은 경쟁 위협 이론에 정확히 부응한다. 이러한 발상에 따른다면 종족 평등의 역설은 다음과 같은 사실을 의미하게 된다. 즉 원거주민들은 사회적으로 평가절하되고 취약해짐으로써 소수 종족과의 공동생활에서 자신들의 규범적 확신에 적합하게 행위할 수 없게 된다는 것이다. 따라서 터키 출신 주민들

13 이미 10년 전에 Rex/Tomlinson(1979: 특히 286 이하)은 과거 식민지로부터 이주해온 사람들에 대해 영국 사회, 특히 노동계급이 보여준, 종종 인종주의로 간주될 수도 있을 만한, 부정적인 태도에 대해서 유사한 방식으로 설명했다. 물론 그들은 여기서 종족 간의 상하 질서에 대한 확신에 기초하고 있었던 식민지 시대 사회구조도 참조하고 있다.

그리고 그중 잘나가는 사람들에 대해서 부정적 분류를 하는 것은 일종의 전략적인 방어 반응 또는 사회경제적인 상황에 의해서 주변으로 내몰리게 된 사람들이 구조적인 상황에 대처하는 방식이라는 것이다. 이제까지의 설명에서 나는 대체로 이러한 해석을 따라왔다.

고로 나는 경쟁 위협 모델이 결코 부적절하다고는 생각하지 않지만, 그럼에도 나는 그것이 불충분하다고 본다. 경쟁 위협 모델은 사회 변화로 인해 혜택을 받는 원거주민들이 아니라 다른 **종족** 집단들만이 자신들의 신분을 위협하는 경쟁자로 간주되는 이유가 무엇인지에 대해서 그 어떤 설명도 제공하지 않는다. 우리 연구와 관련해서 보다 구체적으로 생각해본다면, 원거주민들에게 **터키 출신** 주민들의 사회적 신분 상승만이 그렇게 위험하고 문젯거리가 되는 이유가 무엇인지 설명되지 않는다는 것이다. 왜 경제적 성공이나 지방 정치에서의 영향력에 대한 평가에서 종족은 **주요 변수**(Hughes 1971)이자 분류 기준이 될 정도로 그렇게 큰 기능을 수행하게 되는 것일까?

종족 불평등에 관한 상징 질서의 심층구조

나의 주장은 경제적으로 안정되어 있고 정치적 발언권을 추구하는 터키계 주민들에 대한 낙인의 배후에는 위에서 제시한 역설의 숨겨진 원천으로 작용하는 원시적 표상들이 놓여 있다는 것이다. 평등 원리의 실현은 원거주민들 사이에서 자연적이고 극복 불가능한 종족 차이에 대한 표상을 불러일으키게 된다. 이러한 차이는 그 어떤 형식적인 평등 원리에 의해서도 소멸될 수 없는 것이다. 여기서는 종족적 귀속성을 일종의 친족관계로 생각하는 지각 틀이 결정적인 역할을 수행한다. 베버

(Weber 1972 [1922]: 237)는 이런 의미에서 종족적인 "친족관계에 대한 믿음" 혹은 "혈연적인 친족관계에 대한 믿음"에 대해서 말하고 있으며, 이를 통해 문화적 기억 속에 깊숙이 침전되어 있는 표상을 주제화하고 있다. 사람들은 자신의 종족 집단과 "친족" 관계 속에 있으며, 종족적으로 다른 집단들과는 "친족이 아니다."[14]

우리가 얻은 경험 자료들에서 이러한 표상들은 두 가지 방식으로 나타나고 있다. 우선 이러한 표상은 자신의 종족 집단에 대한 생물학적 친족관계라는 의미로 나타난다. 현장에서 우리는 두 개의 헌혈기관을

14 나는 이런 표상을 우선 "원시적"이라고 불렀다. 그럼에도 불구하고 나는 기어츠(Geertz 1963, 1994) 그리고 베버(Weber 1972 [1922])의 경우와 마찬가지로 종족에 관한 구성주의적 이해를 지지한다. 이 두 저자들은 "원시적 결합" 혹은 "종족적 친족관계에 대한 믿음"에 대해 사고할 때 용어상의 차이는 있지만 행위자의 주관적 확신 혹은 더 이상 배후를 물을 수 없는 행위자들의 지각 틀에 대해 다루고 있다. 여기서 중요한 것은 한 집단에 대한 귀속감과 친근감이며 행위자들은 이러한 감정이 직접적이고 자연적인 것이라고 생각한다. 베버나 기어츠에 따르면 이러한 느낌들은 사회학적 관찰자의 관점에서 얻어지는 종족 개념과는 명백히 다른 것이다. 사회학적 관찰자의 관점에서 볼 때, 종족적 귀속은 자연적으로 주어진 것이 아니라 사회적 구성물이다. 사회적 구성물로서의 귀속은 공통의 유래, 공유된 문화적 관습과 관례, 동일한 언어나 종교적 지향, 공유된 역사적이고 정치적인 경험들에서 기인하는 것이다(Barth 1969). 이렇게 만들어진 귀속은 행위자들에 의해 종종 실체화된다. 베버의 경우 이는 매우 명백하게 나타나며 기어츠 역시 집단의 내부적 관점에서 등장하는 원시주의에 대해 말하고 있다. 기어츠는 역사문화적으로 제약된 행위자의 해석 틀(Geertz 1994: 394 이하)에 대해서 말하고 있을 뿐 인간학적이거나 사회생물학적인 불변 요소에 대해서는 언급하지 않는다(이러한 입장에 대한 탁월한 사례는 Van den Berghe 1981). 그러나 기어츠와 베버 사이에는 입장 차이가 있는데, 기어츠는 종족적 귀속을 보다 정태적인 것으로 파악하고 있으며, 종족에 대한 충실성이 이해관계에 강하게 의존하고 있고 고로 이해관계와 마찬가지로 급속히 변화할 수 있다고는 생각하지 않기 때문이다. 그렇지만 두 저자 모두는 "영향력 있는 허구"(Bommes/Scherr 1991), "상상된 공동체"(Anderson 1996 [1991])가 중요하다고 보고 있다. 이 논문에서는 명료화를 위해 종족 간의 관계와 갈등이 벌어지는 특수한 상황에 주목하고 있다. 그러나 행위자 수준에서 볼 때 원시적 표상이 아무런 역할도 하지 않는 상황이나 문화적 해석의 맥락들도 많이 존재한다. 이에 대해서는 매력적인 연구라고 할 수 있는 Waters 1990; Neckel 1997; Scott 2009를 참조하라. 또한 종족적 현상에 대한 설명을 위해 원시적 결속과 이해관계에 따른 자원 동원을 결합하는 시도로는 Mckay 1982를 참조하라.

만들자는 운동과 관련하여 생물학적 친족관계라는 표상에 직면하게 되었는데, 이러한 운동은 동(東)바렌의 이슬람 주민들 사이에서 진행되었다. 결국 이는 파국으로 끝나고 말았지만 그 이후에도 "독일" 혈통과 "터키" 혈통에 대한 이야기들은 반복되고 있었다.[15] 개별적인 경우들에서 생물학적인 함의가 아무리 강력하다고 할지라도, 종족적 친족관계에 대한 믿음은 그것이 두 번째 측면과 결합됨으로써만 비로소 사회적 중요성을 가지게 된다. 여기서 두 번째 측면이란 자신들만의 특수하고 제한적인 집단적 연대성이라는 공동의 유산에 대한 관념을 말한다. 이러한 종족 내부에 국한된 도덕으로부터 성공한 터키인들에 대한 부정적 분류들이 생겨나게 된다. 이러한 도덕은 다음과 같은 생각에 기초하고 있다. 사람들은 마치 가족 구성원의 경우와 마찬가지로 다른 종족보다는 자신이 속한 종족 집단에 대해서 더 큰 의무를 가지고 있으며, 종족적 타자들에 맞서서 자신들의 권력을 분명하게 옹호해야만 한다는 것이다.

이러한 사실은 예를 들어 터키인들을 교활한 "기생충"이라고 보면서 동(東)바렌의 독일계 주민들이 터키계 사람들의 정치 참여에 반대하는 방식에서 나타난다. 외국인위원회가 '노르트라인-베스트팔렌 사회도시 프로그램'을 위한 지도위원회에 참여할 권리를 요구했을 때, 독일계 주민들은 도처에서 터키계 주민들이 "염치도 없는" 요구를 하고 있다고 말하고 있었다. 그 지역의 외국인위원회와 여러 터키계 단체들이 제기하는 "요구들"이 논의되어야만 하는 시민회의에서 기독교민주연합(CDU)의 시의원과 회의의 공동주관자는 "그들이 독일인들의 돈을 갖

15 이 사례에 대한 상세한 재구성에 대해서는 Sutterlüty 2010: 177 이하 참조.

고자 한다!"고 발언했다. 이들의 발언을 이용해서 동(東)바렌에 거주하는 한 주부는 터키계 주민들과 그들의 대표들의 기생충 같은 태도를 공격하였고 이를 통해 터키계 주민들도 지역개발 계획의 혜택을 공유해야 한다는 요구를 거부하고자 했다. 터키계 주민들의 많은 수가 세금을 납부하게 됨에 따라서 사람들은 도시지역 재생 계획을 위한 공적인 기금이 종족적인 의미에서 "독일인들의 것"이라고 말하기가 어려워졌다. 그럼에도 불구하고 시의원은 원거주민 집단의 이익에 기여하고 터키계 단체들의 요구를 무시해야 한다는 사실은 자명하고 명백하다는 듯이 행동하였다. 주변의 찬사를 받았던 그의 진술, 즉 "독일인들의 돈"이라는 말은 앞서 기술한 친족관계와 관련된 사고에서 기인하는 것이었다. 그는 돈은 종족적으로 확대된 가족 내부에서만 머물러야 하며 독일인들은 터키계 주민들에 대해 아무런 책임도 질 필요가 없다는 암묵적인 확신을 가지고 있었던 것이다.

이러한 사례는 적어도 다음과 같은 사실을 암시하고 있다. 종족적 친족관계에 대한 믿음이 분석되어야만 하는 이유는 단지 그것이 부정적 분류를 만들어내기 때문만이 아니라 상징을 통해 터키 출신 주민들을 동등한 참여에서 배제하기 때문이기도 하다. 종족적인 방식의 친족과 타자 사이의 구별 관념이야말로 이미 구조적인 통합과정을 통과하고 문화적으로도 이질적이지 않은 터키 출신 개인이나 집단을 배제하는 미시정치를 야기하고 그들에 대한 부정적 분류를 만들어내는 본질적인 원인이라고 할 수 있다.

여기서 **종족 불평등이 갖는 상징적 심층**이 드러나고 있다. "심층"이 중요한 이유는 행위자들 자신이 종족 간 불평등 관계에서 나타나는 친족관계와 연관된 고찰방식을 전혀 의식하지 못하고 있기 때문이다. 이러한 심층은 행위자들의 배후에서 영향력을 행사하며, 따라서 행위자들은 그에 대해 성찰하지 못한다. 또한 원래부터 있었던 것 같은 느낌을 주는 친족관계라는 표상이 영향력을 행사하는 이유는 종족적 분류의 의미론적 표면 위에서는 그것이 인식되지 않는다는 사실에 있다. 부르디외 식으로 말하자면 이러한 표상의 작용은 "오인"(Verkennung)에서 기인하는 것이다.[16] 이런 방식으로 종족적인 친족관계에 대한 믿음에 의거할 때만 행위자들은 자신들의 일상적 행위를 아무런 문제없이 평등원리와는 무관한 것으로 생각할 수 있게 된다. 무의식적으로 영향을 미치는 종족과 관련된 친족관계 모델이 비난받을 행동들을 하게 만들고 앞서 기술한 터키계 주민들에 대한 부정적 분류를 만들어낸다. 이것이야말로 부정적 분류의 중요한 **산출 원리들** 중 하나이자 종족 평등의 역설을 추동하는 결정적 동력이다. 종족들 사이의 관계와 관련하여 여기서 재구성한 심층구조는 먼저 경쟁 위협 이론이 제공했던 설명들이 가지고 있는 빈틈을 채워줄 수 있을 것이다. 나아가 이러한 재구성은 평등 원리의 사회적 실현이 왜 전혀 상반되는 결과로 귀결되는지, 다시 말해 이주자들의 동등한 접근과 참여 요구를 편협하게 거부하는 것으로 귀결되는지를 이해하는 데에서도 역시 중요한 의미를 갖는다.

원시적 요소들을 고려하지 않을 경우 우리는 왜 원거주민들이 자신이 속한 종족 집단의 구성원들과 공동의 이해관계를 가지고 있다고 전제하는지, 왜 터키 출신 주민들의 신분 상승이 이러한 공동의 이해관계

16 부르디외(Bourdieu 1987 [1980]: 192 이하)는 선물교환 제도가 일종의 착각에 기초해서만 유지될 수 있다는 사실에 주목하게 하기 위해 이 개념을 사용하고 있다. 즉 선물을 줄 때 미리 상호성이 기대되어서는 안 된다. 왜냐하면 이 경우 선물은 선물과는 다른 어떤 것, 즉 되돌려 받을 것을 기대하는 이기적인 행동이 되어버릴 것이기 때문이다.

를 위협한다고 보게 되는지를 설명할 수 없게 될 것이다. 동(東)바렌과 남(南)이더슈타트의 독일계 주민들이 자신들과 터키계 주민들 사이에 설정한 날카로운 경계는 집단적 이해관계의 대립이나 동원능력을 발휘하는 데 유리한 독일계 주민들의 상황과 같은 요인들을 통해서는 결코 설명될 수 없다. 독일계 주민들이 가지는 공통의 유산이라는 관점을 전제할 때만 터키계 주민들의 신분 상승이 문제가 될 수 있는 것이다. 물론 터키계 주민들의 접근과 참여가 확대되고 이러한 상황이 원거주민들로 하여금 종족 불평등 질서를 비호하고자 하는 혈통 중심의 사고를 다시 불러온다고 하더라도, 종족 평등의 규범이 가지는 정당성이 결코 부정되지는 않을 것이다. 오히려 확대되는[17] 종족적인 형태의 친족주의를 강력히 비판하고자 하는 사회적 행위자들이 자신들의 목적을 위해 이러한 종족 평등의 규범을 이용할 수도 있을 것이다.

번역_김원식

17 지난달 발간되어 커다란 사회적 반향을 불러일으킨 책, 즉 이방인을 적대시하는 틸로 자라친(Thilo Sarrazin)의 저서 『자멸하는 독일』(*Deutschland schafft sich ab*)의 경우를 떠올려 보기만 해도 될 것이다.

참고문헌

Anderson, Benedict 1996 [1991]: Die Erfindug der Nation. Zur Karriere eines erfolgreichen Konzepts. Frankfurt a. M. und New York: Campus.

Barth, Fredrik 1969: Introduction, in: ders. (Hg): Ethnic Groups and Boundaries. The Social Organization of Culture Difference. Boston, MA: Little, Brown, 9–38.

Blumer, Herbert 1958: Race Prejudice as a Sense of Group Position, in: Pacific Sociological Review 1. 1, 3–7.

Bobo, Lawrence und Vincent L. Hutchings 1996: Perceptions of Racial Group Competition. Extending Blumer's Theory of Group Position to a Multiracial Social Context, in: American Sociological Review 61. 6, 951–972.

Bommes, Michael und Albert Scherr 1991: Der Gebrauchswert von Selbst- und Fremdethnisierung in Strukturen sozialer Ungleichheit, in: Prokla 21. 2, 291–316.

Bourdieu, Pierre 1987 [1980]: Sozialer Sinn. Kritik der theoretischen Vernunft. Frankfurt a. M.: Suhrkamp.

Elias, Nobert und John L. Scotson 1990 [1965]: Etablierte und Außenseiter. Frankfurt a. M.: Suhrkamp.

Geertz, Clifford 1963: The Integrative Revolution. Primordial Sentiments and Civil Politics in the New States, in: ders (Hg.): Old Societies and New States. The Quest for Modernity in Asia and Africa. New York: Free Press, 105–157.

Geertz, Clifford 1994: Angestammte Loyalitäten, bestehende Einheiten. Anthropologische Reflexionen zur Identitätpolitik, in: Merkur 48. 5, 392–403.

Geißler, Rainer 2004: Einheit-in-Verschdenheit. Die interkulturelle Integration von Migranten-ein humner Mittelweg zwischen Assimilation und Segregation, in: Berliner Journal für Soziologie 14. 3, 287–298.

Glaser, Barney G. und Anselm L. Strauss 2010 [1967]: Grounded Theory. Strategien qualitatier Forschung. Bern: Huber.

Goffman, Erving 1975 [1963]: Stigma. Über Techniken der Bewältigung beschädigter Identität. Frankfurt a. M.: Suhrkamp.

Habermas, Jürgen 1989: Ist der Herzschlag der Revolution zum Stillstand gekommen? Volkssouveränität als Verfahren. Ein Normativer Begriff der Öffentlichket, in: Forum für Philosophie Bad Homburg (Hg.): Die Idee von 1789 in der deutschen Rezeption. Frankfurt a. M.: Suhrkamp, 7–36.

Häußermann, Hartmut und Walter siebel 2004: Die Stadt als Ort der Integration von wandern Über den Umgang mit Differenz in der modernen Gesellschaft, in: Vorgänge 43. 1, 9–19.

Honneth, Axel (Hg.) 2002: Befreiung aus der Mündigkeit. Paradoxien des gegenwärtigen Kapitalismus. Frankfurt a. M. und New York: Campus.

Honneth, Axel und Martin Hartmann 2004: Paradoxien des Kapitalismus. Ein Untersuchungsprogram, in: Berliner Debatte Initial 15. 1, 4–17.

Hughes, Everett C. 1971: Dilemmas and Contradictions of Status, in: ders.: The Sociological Eye. Selected Papers. Chicago, IL: Aldine-Atherton, 141–150.

Hüttermann, Jörg 2000: Der avancierende Fremde. Zur genese von Unsicherheitserfahrungen und Konfliktenin einem ethnisch polarisierten und sozialräumlich benachteiligten Stadtteil, in: Zeitschrift für Soziologie 29. 4, 275–293.

Karrer, Dieter 2002: Die Kampf um Integration. Zur Logik ethnischer Beziehungen in einem sozial benachteiligten Stadtteil. Wiesbaden: Westdeutscher Verlag.

Mckay, James 1982: An Exploratory Synthesis of Primodial and Mobilizationist Approaches to Ethnic Phenomena, in: Ethnic and Racial Studies 5. 4, 395–420.

Merton, Robert K. 1972 [1936]: Die unvorhergeshendenen Folgen zielgerichteter sozialer Handlung, in: Hans Peter Dretzel (Hg.): Sozialer Wandel. Zivilisation und Fortschritt als Kategorien der soziologischen Theorie. Neuwied und Berlin: Luchterhand, 169–183.

Merton, Robert K. 1995 [1948]: Die self-fulfilling Prophecy, in: ders.: Soziologische Theorie und soziale Struktur. Berlin und New York: Walter de Gruyter, 399–413.

Miller, David 2008 [1999]: Grundsätye soyialer Gerechtigkeit. Frankfurt a. M. und New York: Campus.

Neckel, Sighard 1997: Die ethnische Konkurrenz um das Gleiche. Erfahrungen aus den USA, in: Wilhelm Heitmeyer (Hg.): Was hält die Gesellschaft zusammen? Bundesrepublik Deutschland: Auf dem Weg von Konsens-zur Konfliktgesellschaft. Band2. Frankfurt a. M.: Suhrkamp, 255–275.

Neckel, Sighard und Ferdinand Sutterlüty 2005: Negative Klassifikationen. Konflikte um die symbolische Ordnung sozialer Ungleichheit, in: Wilhelm Heitmeyer und Peter Imbusch (Hg.): Integrationspotenziale einer modernen Gesellschaft. Wiesbaden: VS Verlag, 409–428.

Nunner-Winkler, Gertrud 1997: Zurück zu Durkheim? Geteilte Werte als Basis gesellschaftlichen Zusammenhalts, in: Wilhelm Heitmeyer (Hg.): Was hält die Gesellschaft zusammen? Bundesrepublik Deutschland: Auf dem Weg von Konsens-zur Konfliktgesellschaft. Band2. Frankfurt a. M.: Suhrkamp, 360–402.

Offe, Claus 1996: Modern "Barbarei". Der naturzustand im Kleinformat? in: Max Miller und Hans-Georg Soeffner (Hg.): Modernität und Barbarei. Soziologische Zeitdiagnose am Ende des 20. Jahrhunderts. Frankfurt a. M.: Suhrkamp, 258–289.

Quillian, Lincoln 1995: Prejudice as a Response to Perceived Group Threat. Population Composition and Anti-Immigrant and Racial Prejudice in Europe, in: American Sociological Review 60. 4, 586–611.

Rex, John und Sally Tomlinson 1979: Colonial Immigrants in a British City. A Class Analysis. London und Boston, MA: Routledge & Kegan Paul.

Schmit, Volker H. 2000: Ungleichheit, Exclusion und Gerechtigkeit, in: Soziale Welt 51. 4, 383–400.

Scott, James C. 2009: The Art of Not Being Governed. An Anarchist History of Upland South East Asia. New Haven, CT, und London: Yale University Press.

Semyonov, Mosche, Rebeca Raijman und Anastasia Gorodzeisky 2006: The Rise of Anti-foreigner Sentiment in European Societies, 1988–2000, in: American Sociological Review 71. 3, 426–449.

Strauss, Anselm L. und Juliet Corbin 1996 [1990]: Grounded Theory. Grundlagen Qualitativer Sozialforschung. Weinheim: Beltz.

Sutterlüty, Ferdinand 2010: In Sippenhaft. Negative Kassifikationen in ethnischen Konflikten. Frankfurt a. M. und New York: Campus.

Vand den Berghe, Pierre L. 1981: The Ethnic Phenomenon. New York und Oxford: Elsevier.

Waters, Mary V. 1990: Ethnic Options. Choosing Identities in America. Berkeley, CA, und London: University of California Press.

Weber, Max 1920 [1904/5]: Die Protestantische Ethik und Geist des Kapitalismus, in: ders.: Gesammelte Aufsätze zur Religionssoziologie. Band I. Tübingen: Mohr, 17–206.

Weber, Max 1972 [1922]: Wirtschaft und Gesellschaft. Grundriß der verstehenden Soziologie. Fünfte, revidierte Auflag. Tübingen: Mohr

Wohlrab-Sahr, Monika 1998: "Protestantische Ethik" im islamischen Gewand. Habitusreproduktion und religíöser Wandel-Das Beispiel der Konversion eines Afroamerikaners zum Islam, in: Ralf Bohnsack und Winfried (Hg.): Biographieforschung und Kulturanalyse. Opladen: Leske+Budrich, 183–201.

Zilian, Hans Georg und Johannes Moser 1989: Der rationale Schmarotzer, in: Prokla 19. 4, 33–54.

논단

논단

역사 속에 살아 숨 쉬는 도시?
삶의 형식이기도 한 유럽 도시

칼 슐뢰겔

마치 집광렌즈를 들여다보는 것처럼 도시에서 사회의 온갖 모순을 관찰할 수 있다는 것이 사실이라면, 낡은 상태의 붕괴가 명확해지는 대(大)위기의 순간에 우리 사회가 치러야 할 분골쇄신의 시험대 역시 도시일 수밖에 없다.[1] 또 그것이 사실이라면, 위기를 벗어날 연대가 형성되는 무대 또한—만약 그러한 연대를 찾게 된다면—도시일 수밖에 없을 것이다.

1 [편집자 주] 이 글로 칼 슐뢰겔은 2010년 6월 9일 프랑크푸르트 중앙도서관에서 사회연구소가 개최하는 '최신 동향'이라는 강연회를 개시하였다. '최신 동향'은 "무인지대에서 함께: 새로운 사회질서를 찾아서"라는 제목 하에 BHF 은행재단의 주최로 열린 '프랑크푸르트 포지션 2011'의 사회이론 프로그램이다. '프랑크푸르트 포지션'은 조형예술, 연극, 음악, 방송극으로 이루어진 동시대 주제를 위탁받아 2년마다 새로운 작품을 여러 상이한 공연장에서 처음으로 선보이는 페스티벌이다. 일련의 계속되는 강연들은 앞으로 이어질 『베스텐트』에 두 차례에 걸쳐 실릴 예정이다.

음울한 전망들

독일도시협의회가 공표한 테제와 입장을 한 번 읽어보는 것만으로도 사태의 심각성을 충분히 이해할 수 있을 것이다. 거기에서는 지방자치 서비스, 유치원, 학교, 병원 등이 업무능력상 한계에 다다랐으며, 비용 절감 조치가 갈등 극복을 위한 운신 폭을 점점 더 좁힌다고 말하고 있다. 이 모든 것은 노련한 실무자의 절도 있는 언어로 표현된 것이지, 선동자들의 공포에 사로잡힌 신경과민의 억양이 아니다. 여기에서 문제가 되는 것은 1990년대 중반에 청년들과 경찰순찰대 간의 갈등으로 폭력이 분출하면서 수일간 노상전투가 야기되었던 사우스 런던 브릭스턴의 광경과 같은 공포 시나리오가 결코 아닌 것이다. 당시에는 와츠와 시카고의 게토에서 발생한 인종폭동의 분위기가 유럽으로까지 확산될 것처럼 보였다. 5년 전에는 파리, 릴, 마르세유와 다른 프랑스 도시들의 방리유에서 폭동이 일어났으며, 그곳에서는 시 외곽에서 노상전투가 벌어지는 상황뿐 아니라, 계엄령 선포와 통행금지령, 화염에 휩싸인 수백의 자동차, 수많은 부상자와 사망자를 양산한 가운데 국가 시스템 전체가 마비되는 상황까지 연출되었다. 이러한 무력충돌은 그것이 분출된 이후에는 다시 진정되었지만, 그러한 충돌을 불러일으킨 과정들에 우리는 여전히 속수무책일 수밖에 없다. 그것은 장기간에 지속된 과정이었고, 이미 오래전부터 낙담과 절망 속에 누적되었던 것들이 일시에 폭발한 것이었다. 이와 같은 거친 형식의 분규는 사실상 도시에서 사라진 지 이미 오래되었지만, 그래도 일종의 분자운동처럼 눈에 보이지 않는 미립자의 내전으로 남아 있었던 것이다. 우리를 불안하게 만든 것은 무엇보다도 사건들이 제어 불가능하며 개인이 어찌해볼 도리가 없어 보인다는 점이다. 마약 밀매가 거의 거리낌 없이 이루어지는 학교의 퇴락, 시민으로서 갖추어야 할 용기 없이는 자신의 직무를 수행할 수 없는 교사의 불안감, 아이에게 필요한 학교를 더 이상 찾을 수 없어 도시 구역에서 이사하는 부모들, 그리고 그곳에 머물러야 할 운명에 놓인 가족들의 경우처럼 말이다. 도시란 모종의 민간전승이 줄기차게 강조해온 것처럼 다채로운 것이지만, 그때까지 알지 못한 새로운 양극화와 반목이 펼쳐지는 무대이기도 하다. 그래서 신앙의 문제가 생사(生死)의 문제가 되며, 이슬람 사원의 건물이 이웃을 분할하고, 사거리는 신문기자가 짐승처럼 도살당하는 장소가 될 수 있으며, 또 젊은 여성에게는 옛 사회규약의 명예를 따르는 남성 씨족에 종속됨이 없이 다른 사람들처럼 현대적으로 도시에서 살길 원하는 탓에 버스정류장에서 위협당하는 일이 벌어질 수 있다. 이곳 모두는 방화와 솟아오르는 연기구름에 노출된 와츠가 아니며, 주변 평방 마일 멀리까지 불타 소실되어버린, 다운타운과 제너럴 모터스 사이에 놓인 디트로이트 지역도 아니다. 또 1960년대와 70년대에 우리가 브롱크스를 방문함으로써 알게 된 접근금지 구역도 더더욱 아니다. 하지만 폭발하지 않는다 하더라도, 아직은 폭발 단계는 아니라 하더라도, 우리를 불안하게 만드는 무언가가 진행 중이다. 스프레이의 난무, 차표 자동판매기와 공중전화 박스 안에서 온갖 판타지가 과도하게 분출되고 있다면, 때로는 늦은 밤 지하철을 타는 도중에 다른 행인에게 흡연은 칸막이 객실에서 하라고 지적한다 해도 별 탈은 없으리라 믿을 만큼 순진무구했던 시민과 행인에게 온갖 과도한 판타지가 분출되고 있다면, 그것은 분명 무언가 잘못된 것이다. 이 모든 것은 도덕 야만화의 징후이며, 지금까지 비디오 감시 장치 없이도 안전함을 느낄 수 있었던 공공지대가 방치되고 해체되고 있다는 징후이고, 또

경찰력과 치안정책만으로 이에 맞설 수 없다는 사실을 우리 모두 알고 있다는 징조이다.

종말을 맞은 유럽 도시?

이 고찰 모두는 유럽 도시의 종말이라는 진단이 옳다고 말하는 것처럼 보인다. 이는 도시가 벌써 오래전에 근원적인 힘, 사회 정체성을 구성하는 힘을 상실했다는 것이며, 그러한 이상이 다른 구성체로 옮겨갔다는 것이다. 또한 역사적이고 건설된 것으로서 도시는 살림살이와 공동생활의 새로운 형식에 아무 소용이 없거니와 아무런 기능도 하지 못하는 그저 용기에 불과할 따름이며, 기껏해야 해외 관광객, 무엇보다도 돈 많은 극동 여행객을 유인하기에 여전히 좋은 구식 무대 세트이거나, 아니면 세계적 기업의 훌륭한 소재지로서 정면 뒤쪽에 그 자신의 하이테크 시설을 설치하고, 그와 딱 들어맞으면서도 외관상으로는 최소한 문화재 보호와 결합할 수 있도록 포장한, 지극히도 멋진 진열용품이라는 말이다. 포스트포디즘 시대에 이르러 도시는 산업 생산지로서의 입지를 상실했고, 떳떳치 못한 산업은 한계치를 넘어섰으며, 일자리 또한 옮겨갔다. 그리하여 지금까지 몇 차례의 물결 속에서 도시로 유입된 이주민을 키우고 또 그들을 노련하게 균질적인 대중으로 양성해왔던 주요 동력이 마비되었으며, 강력한 통합기계로 작동하길 멈추었다고 한다. 한때 시장을 구성하고 장이 서는 광장이 공공 중심 공간을 이루었다는 도시가 이제는 새로운 매체와 소통기술과 더불어 새로운 단계에 진입하였다. 공적 공간, 상업, 금융과 같은 가장 중요한 기능은 일찍이 도시에 의해 보장되었던 중앙집권성에 더 이상 의존하지 않는다. 기술혁명과 교통혁명은 지금까지 멀리 떨어져 있던 주변부에 아주 새로운 의미를 부여하는데, 이는 끊임없이 교외로 밀려드는 주거지가 농촌과 도시의 고전적 분리를 무력화하는 가운데 표현되고 있다. 스프롤 현상에서 나타나는 건설된 도시의 해체는 말하자면 도시를 기반으로 구성된 사회의 침식을 반영하는데, 그것은 돌이킬 수 없는 정도라고 한다.

이 모든 것은 유럽 도시가 모델로서, 삶의 형식으로서, 심지어는 시민사회의 탄생지와 유럽 정체성 일반으로서 종말을 맞이했다는 것에 대한 경험자료적 근거가 되는 논변이다. 이러한 명백한 관찰에 맞서는 것은 무의미하다. 그것은 논란의 여지가 없다. 그렇지 않으면 호감을 살지는 몰라도 시대에 뒤떨어진 지 이미 오래된 관념에 천착한다는 비난을 즉시 받게 된다. 도시가 경험상 해체되기 시작한 시기에 유럽 도시의 이상형에 천착하는 것은 거의 교조주의로 보일 수 있을 것이다. 더욱이 향수에 젖었다거나, 물론 혐오감에서 비롯된 것이 아닌 너무나도 잘 이해되는 감상적이라는 비난에 봉착할지도 모른다.

이 연속 강연회의 제목이 말해주듯이, 우리의 여행은 실제로 무인지대로 향한다. 무인지대라는 뜻은 다음과 같다. 알려진 좌표와 이정표는 당연하다고 여긴 의미를 상실했다. 우리는 이미 알려진 해안에서 출항하여 위기에서 벗어나게 될지 아직 알 수 없는 길을 따라 움직인다. 아무도 답을 알지 못하고 또 알 수도 없는 질문을 허용하는 것은 무모할 따름이다. 하지만 이러한 탐색의 움직임이 애초부터 좌초될 것으로 판정되어서는 안 되는 요인들에 우리의 힘을 보탤 수는 있을 것이다.

사람들은 저마다 이와 같은 탐색의 움직임을 자기 방식대로 구상한다. 도시협의회를 대변하는 사람들은 일정한 시점에서 점차적으로—질서는 있어야만 한다—감정적 만족을 얻어야만 하고, 그래서 약간의 전쟁을 벌여도 좋다고 생각하는 베를린 크로이츠베르크 오라니엔 광장 거리의 싸움꾼과는 다른 시각을 지니고 있다. 주말에 걸쳐 세상을 좀 둘러보고 싶은 도시 관광객의 관점은 자신이 옳다고 생각하는 것, 예컨대 자기 지역 학교에서도 일반적인 표준 독일어가 통용되어야 한다는 생각을 관철해야 하는 고집스러운 노이쾰른 시장(市長)의 관점과는 다르다. 따라서 무수히 많은 관점이 있으며, 상층의 관점과 하층의 관점, 토착민의 그것과 외지에서 온 사람의 관점 모두를 보아야만 비로소 적절한 그림이 나온다.

나의 관점을 말하자면, 그것은 여러 차례 겪은 경험의 자극들 속에서 형성되었다. 이에 대해 언급하는 이유는 소소한 개인사로 여러분을 괴롭히려는 것이 아니라, 학문 이론적으로 말하자면 특수한 관찰과 인식의 역사적 장소가 과연 무엇인가를 밝히는 일이 중요하기 때문이다. 간단하게 말해 다음과 같은 관점이 중요하다.

불안정한 1960년대에 중유럽의 진정한 메트로폴리스였던 프라하의 체험은 대도시가 적고 전쟁에 의해 파괴되지 않았으며 지속적인 재건으로 미관을 망친 나라에서 온 사람에게는 일종의 원초적 체험이다. 이곳에서 나는 도시를 인상 깊은 기록으로, 기호체계로, 역사의 장소로 판독하는 법을 배웠다. 나에게 프라하는 옛 유럽이 파괴되기 이전에 존재했던 유럽 도시의 모든 것, 곧 혼합성과 문화 자산이 불러일으키는 경이로움의 총괄개념이다. 그것은—둘째—예외상태에서 일어나는 도시 사회의 붕괴, 그러니까 서베를린, 정확하게는 1960년대와 80년대 사이에 일어난 크로이츠베르크의 와해를 아주 가까이에서 관찰한 강렬한 체험으로서, 한 도시의 침식과 방치 그리고 황폐화의 모든 뉘앙스를 찬찬히 읽을 수 있지만, 또 다른 한편으로는 인간은 사멸하지만 도시는 살아 있다고 말한 요제프 로트가 옳다는 것을 이해할 수 있게 해주는 복구 과정의 힘 또한 들여다볼 수 있는 관점이다. 개인과 도시의 생명주기는 동일하거나 일치하는 것이 아니라 서로 상이하다. 이는 셋째, 중유럽과 동유럽에서 지난 20년에서 30년에 걸쳐 전 세계의 이목을 끌며 이루어진 도시 변신의 모험이다. 또 그것은 아마도 내 관찰의 핵심이자 시발점이며, 이른바 도시를 통한 수련 과정이라 일컬을 수 있는 탐색의 움직임에 내가 기여할 수 있는 점일 것이다. 이러한 수련 과정이란 이상형이나 모델에 집착하기보다는 오히려 인상학적 시선과 현상학적 시선, 서독이나 서유럽 도시만으로 정의 내려진 경험의 지평이 아닌, 모든 것이 변하기 시작한 시점에서 철의 장막을 넘어선 도시들의 경험 지평을 말한다. 이로부터 다른 이미지가 생겨나고, 그것에 대해 나는 말하고 싶으며, 그리하여 옛 상태의 청산이 가져올 것들이 여전히 오늘날 우리에게 무엇을 뜻하는지 묻고 싶다.

결론부터 미리 말하자면 이러하다. 유럽 도시의 미래에 대한 나의 신뢰는 본래 여전히 기적처럼 보이고 아주 분명하지도 않은 사실에서 비롯된 것이다. 그것은 유럽 도시가 20세기의 파국 이후에 어떤 방식으로든 새롭게 건립되는 힘을 지니고 있었고, 또 구성체의 종말이 임박한 순간에 사회적 삶의 과정을 재조직하는 데 있어서도 어느 정도 인간다운 일반 시민적 방식으로 극복하는 힘을 보유하고 있었다는 점이다.

유럽 도시는 거대한 위기의 순간에 애초부터 배제되지 않는 만인에 대한 만인의 전쟁을 피하고, 삶을 다른 형식으로 이전시키는 능력을 입증했다. 이 모든 이유에서 나는 도시의 복귀, 유럽에서의 도시 재생과 도회 생활의 새로운 단계를 말하고자 한다. 내가 말하는 유럽 도시란 '도시의 공기는 자유롭게 한다.'로 시작되는 이상화된 도시가 아니라, 진보의 역사뿐 아니라 그 재생 및 파국의 역사 모두를 가진 유럽 도시를 뜻한다. 이러한 측면은 유럽 도시를 이상화하는 화법 속에서는 줄곧 간과되어 왔는데, 마치 유럽 도시가 운명적 흐름의 시발점으로서 항상 피동적인 당사자이기만 했고, 개방적이고 도전적인 행위자는 아니었던 것처럼 언술되어 왔던 것이다. 동유럽 도시는 지난 20년 내지 30년 동안에 과도기 관리의 특권이 보장된 장소, 곧 통제력이 발휘된 해체와 신(新)건립의 주 무대였다. 중유럽 및 동유럽의 도시 풍경은 도시 재생과 되찾은 도회 생활의 진정한 실험실이었다. 이 과정에서 파국이 도래했다는 것은 위험에 처했다는 것과 그것의 진행상황이 치르는 위험부담이 얼마나 큰 것인가를 강조할 따름이다. 왜냐하면 유럽은 지난 20년간 20세기 최후의 거대한 도시 학살, 즉 사라예보가 포위되고 능수능란한 총격수에 의해 테러를 당했을 때, 또 러시아 탱크가 그로즈니를 폐허로 만들었을 때, 우리 모두가 함께 생생하게 겪은 계획적인 도시 파괴(Urbizid)의 후발주자에 동참했기 때문이다. 세계대전이 끝나고 처음으로 도시의 주민들은 살아남기 위해 땅 깊숙한 곳에 터널과 미궁을 건설했다. 이는 나의 관찰 영역이 약간 이동하고 있고, 이러한 시각 속에서 우리는 다르게 느끼고 판단할 수 있음을 의미한다.

게오르크 짐멜과 폴란드 시장

어떻게 한 시대가 끝나 가는지, 어떻게 종말을 맞이하고 또다시 시작하는지, 보통의 상황이라면 몇 년이 걸릴 일이 어떻게 저속촬영처럼 모든 것을 육안으로 관찰할 수 있게끔 가장 짧은 시간 안에 실체화되는지를 함께 바라보는 것, 이러한 일이 매일 아마도 모든 세대에 일어나지 않는다는 건 다행이다. 확신컨대, 게오르크 짐멜(Georg Simmel)은 현상의 밀집성과 무게감에 자극받아 새롭게 꿈틀대는 관심을 가지고 『대도시와 정신생활』이라는 자기 연구서의 재판(再版)을 다시 한 번 내놓았더라면 좋았을 것이다. 또 막스 베버(Max Weber)는 유럽 도시의 이상형을 검증하는 데 있어 현상들에 집중적으로 주의를 기울였다면 좋았을 것이다. 그랬더라면 그들은 이러한 특권적 관찰지점으로서 유럽 한복판에 있었을 것이며, 과도기 한가운데에서 장이 서는 광장, 상업, 상품경제 및 화폐경제의 정신에서 유래한 도시 탄생 이론, 주체성과 부르주아지 그리고 시민의 재탄생 이론, 사회적 행위의 결정적 조건으로서 시민 공공성의 발생 이론 등으로 성과를 보았을 것이다. 그랬었다면 그들은 자기 이론의 분석을 위한 소재들, 이른바 개념이 단지 공허하지 않도록 뒷받침해주는 감각적 직관을 위한 소재들을 발견했을 것이다. 예컨대 유행과 사회주의의 종말을 예고했던 복장이나 포스트모던의 도래를 알려주는 새로운 건축물, 지금까지 귓속말로 소곤대기만 했던 사회가 수다를 떨고 채팅을 하기 시작한 휴대폰과 인터넷 등과 같은 것들말이다. 한마디로 말해, 1989년 이후의 세월은 거의 스타카토식의 변화 속에 이루어진 유럽 도시의 재탄생에 대한 범례였다. 이제 이어지는 관찰과 성찰은 여전히 무인지대로 향하는 확실한 길을 알려주지는 않지만, 새로우면서도 어떤 안내도 확실하게 받을 수 없었던 시절로 되돌아가 비밀스런 합목적성을 가지고 진행되는 과도기에 대해 암시할 수 있는 길을 탐색한다.

여기서 문제가 되는 진행과정을 서술로 옮기기란 간단치 않다. 어쩌면 우리는 도시 맹신자여서는 안 되지만, 짐멜과 베버 그리고 발터 벤야민(Walter Benjamin)을 독해하면서 확보한 시선으로 무대를 조망할 수 있는 입장을 취해야 할지도 모른다. 바로 그곳에서 우리는 폐쇄된 사회의 종말과 외부 세계와의 재접속을 관찰할 수 있을 것이다. 예컨대 시민에 의한 도시의 점거, 공공 공간의 재코드화, 요새와 바리케이드화 그리고 위압적인 웅변술과 연관이 있는 기념비적 건축에서 시민적 규범에 부합하는 건축으로 바뀌는 지점, 지체와 장애로 특징지어지는 관료주의적 재분배 체제에서 시간절약과 속도 또 경쟁이 역할을 하는 새로운 체제로의 이행, 시스템 결합의 시대, 돌봄 문화 또 할당 문화의 시대에서 수요와 공급이 서로 맞물리고 정치적 선전의 공공 공간이 청산되면서 광고에 의해 점령되는 시대로의 이행 등을 말이다.

도시의 새로운 발명과 같은 것을 그 본질적인 무게감 속에서 최단기간에 보여주는 장소가 있다. 그곳은 밖에서 바라보거나 돌이켜 생각해본다면, 외지이고 이국적이며 변두리에 위치한 장소이다. 사실 예민한 관찰자라면 그곳에서 시험관 속의 도시 건설이라 칭할 수 있는 진행과정의 목격자가 될 수도 있었을 것이다. 베를린의 포츠담 광장이 이와 같은 장소였으며, 바르샤바의 데필라트 광장이나 그 경기장도 그러했고, 또 모스크바의 루시니키 경기장, 아니면 오데사 바깥에 위치한 '7킬로미터'라 불리는 웅대한 구판장이 바로 그와 같은 장소였다.

그곳에서 일어난 일들의 흔적들은 오늘날 사라지고 없으며, 그 역사는 이제 탐사되어야 하고 또 재구성되어야만 한다. 1989년 초 베를린 장벽이 무너지기 이전에는 폴란드 시장이었던 그곳, 그러니까 높이 솟아오른 국립도서관 뒤에 줄지어 선 장벽을 따라가자면 오로지 토끼와 은퇴자만이 정주해 있었던 황량한 그 지대에는 오늘날 소니와 메르세데스의 타워가 서 있고, 통일된 베를린의 신(新)중심지가 들어서 있다. 처음에는 단지 황량한 지대에 불과했던 것이 하룻밤 사이에 도시 전체에서 수천 명이 몰려드는 구판장이 되었고, 때로는 유럽 최대 규모의 건축 공사장이 되었다. 장벽을 따라 형성된 비(非)장소는 새로운 중심지가, 구판장은 유리로 덮인 파사주가 되었다. 역사적 파국과 기나긴 전후(戰後) 시기를 통해 낙후되었던 도시 권역의 재개발, 세계의 종말에 빠진 도심의 재활성화, 고립된 섬으로서 서베를린의 종말, 폴란드 구판장의 정신에서 비롯된 베를린의 재탄생, 이러한 것들이 모두 우리가 1989년을 기념할 때 일부 간과했던 것들이다.

바르샤바-프라하의 데필라트 광장과 경기장은 어떤가. 독일인에 의해 불타버린 바르샤바의 중심부, 레프 루드네프(Lew Wladimirowitsch Rudnew)[2]의 기념비적 문화의 전당이 영원히 점령하고 있으리라 여겨진 이 중심부의 자리는 오늘날 바르샤바 도시 이미지의 핵심이 되었다. 이곳은 건설되었고, 이곳 바르샤바 다운타운이 바깥 멀리서도 그 실루엣을 볼 수 있을 정도로 높이 솟아올랐다. 스탈린의 문화 전당은 경쟁을 하게 되었고, 언젠가는 21세기에 들어서 바르샤바를 상징하는 다른 마천루들 중 이국적이고 입체적인 건축물에 불과한 것이 될 것이다. 20년 전에 그 장소는 우선 비어 있었지만, 나중에는 열병식 장소에서 유럽

2 [옮긴이 주] 사회주의적 고전주의를 대변한 러시아 건축가이다.

최대의 장터 광장으로 변할 만큼 인파로 가득해졌다. 여기서도 역시 동일한 진행과정, 곧 국가의 분배와 복지로부터 방치되고 자신을 스스로 돌봐야만 했던 사람들의 활동에서 비롯된 도시의 탄생을 볼 수 있다. 다른 한편, 경기장 역시 나중에는 프라하의 변화를 몰고 왔다. 재건축된 새로운 바르샤바의 징표였던 1950년대의 경기장은 1990년대 초에 이르러 도시의 스포츠 기능을 벗어던지고 동유럽 및 중유럽 전체의 상업 중심지로 변모했던 것이다. 리투아니아, 러시아, 루마니아, 세르비아, 터키 등 온갖 나라의 상인들은 아침마다 이 유럽 시장에 몰려든다. 매일 수천 명의 사람들이, 나라 전역에 걸쳐 최대 규모의 매상을 올리는 기업들이 말이다! 여기에서 벌어지는 일이란 중단된 거래가 재개되고, 유럽 전역에서 온 사람들이 국제적 친선 때문이 아니라, 참가자라면 누구나 일부 이득을 보아야만 하는 생계와 교환을 이유로 서로 만나는 것이다. 구판장에서는 세계 각국의 언어가 통용되고, 이른바 파산한 백러시아계 공장에서 만들어진 공구상자에서 킬로그램씩 판매되는 동프로이센 연안사주(沿岸沙洲)의 호박(琥珀), 이스탄불 구판장에서 나온 터키 가죽용품과 텐진산 중국 보온포트에 이르기까지, 대륙을 횡단하는 온갖 다양한 상품세계가 펼쳐진다. 오늘날에는 오직 구판장의 잔재들만이 남아 있다. 소비세계의 판타지는 지금 '황금 테라스'나 '유럽관'이라 불리는 새로운 쇼핑센터에서 충분히 발휘되고 있다. 앞으로 여행자는 더 이상 버스로 교외 여행을 떠날 필요가 없을 것이며, 바르샤바에서 규모가 가장 큰 인종적 소수자인 베트남인만이 자신의 작은 불교사원으로 버텨낼 것이다. 요약하자면, 도시의 형성이란 직업군에 따라 상품교환, 금융거래, 천막촌, 컨테이너 도시로 분류되는 것이고, 모임을 갖는 종파를 위한 정보기관과 예배당으로 구분되는 것이며, 이에 잊지 말아야 할 것이 있다면 동(東)바르샤바 기차역을 동구권의 중심지로 만든 물류체계이다. 경기장 역시 이야기를 간직하고 있다는 사실은—여기에서 리샤르트 시비에츠(Ryszard Siwiec)가 1968년 바르샤바 국가의 프라하 침공에 맞서 분신하였으며, 폴란드 교황이 1983년 미사를 거행하였고, 또 스티비 원더(Stevie Wonder)가 1989년에 콘서트를 열었다—이곳이 단순한 상업 중심지 이상의 장소, 이른바 로마가 한때 영원한 도시였다는 것을 보여주는 콜로세움 축조물처럼 순교의 장소라는 점을 강조하는 것에 불과하다. 오늘날 바르샤바-프라하의 건축 공사장에는 야간 조명이 더 이상 꺼지질 않는데, 그 이유는 2012년 유럽축구선수권대회를 위해 새로운 경기장이 완성되어야 하기 때문이다.

이와 유사한 일들은 모스크바에서, 루시니키 경기장 밖에서 일어났으며, 또 1991년 제르진스키 동상이 철거되고 그 맞은편에—비밀경찰 후계조직이 오늘날까지도 거대한 건물에 주재하고 있는 곳에—스탈린과 소비에트연방비밀경찰(NKWD)의 희생자를 추모하는 솔로프키 비석이 세워진 제르진스키 광장의 시내 중심가에서도 일어난 바 있다. 1930년대 생겨난 '아이들의 세상'이라는 백화점 건물에서 1990년대 초 암시장이 널리 확산되었던 그 자리에는 오늘날 거대한 쇼핑센터가 들어선다고 한다. 또한 우리는 1990년대에 상상조차 할 수 없었던 일이 벌어졌던 붉은 광장도 언급할 수 있다. 즉 적어도 일시적이나마 방부처리된 레닌이 잠들어 있는 무덤 바로 건너편에 천막을 치고 서커스 음악을 겸비한 서커스예술국제페스티발을 열거나, 파바로티와 롤링 스톤스의 라이브콘서트를 개최하는 것—이는 의사(擬似) 신성 장소의 세속화이자, 권력의 증강, 인간의 왜소화, 위압적인 무기 퍼레이드 장소에 대한 도시민의 점령이나 다름없다—말이다.

도시의 재등장

도시는 정치적 공공성의 장소로서 자신의 기능을 상실했다고 한다. 하지만 사실 도시가 1989년 전환기의 현저한 무대였다는 것은 의심할 여지가 없다. 우리가 해마다 기억되는 역사적 계기를 말할 때면, 그것은 항상 장소, 도시를 두고 하는 말들이다. 우리는 라이프치히 순환도로에서 바로 눈앞에 펼쳐지는 시위 이미지를 간직하고 있으며, 11월 4일 베를린 알렉산더 광장에서 열린 집회, 묘지와 국립박물관 사이에 수천 명의 사람들이 모여든 프라하 벤첼 광장의 집회를 목격한 바 있다. 또 집결된 힘을 계측해볼 장소를 되돌아보자면 단치히와 슈테틴의 점령된 부두와 원탁이 세워진 바르샤바의 홀도 있다. 대도시의 거리와 광장은 결정적인 분규의 무대가 되었다. 여기에서 옛 인물들이 퇴장하고 새 인물들이 자신의 역할을 체득했으며, 이곳에서 다른 목소리가 예행되었다. 우리는 눈을 비비고 다음과 같은 물음을 던졌다. 바로 조금 전에 역사의 종말 테제가 센세이션을 일으키고, 모든 사건이 매체와 가상의 영역으로 이동하였기 때문에 정치적 의지의 표현을 위한 구체적 공간은 아무런 역할도 하지 못한다는 테제가 갑자기 허공으로 사라져버리는 일이 어떻게 일어날 수 있었던 것일까? 불현듯 다시 스펙터클한 장식의 교체를 위한 실제 행위자 및 무대가 출현했고, 그것은 오늘날의 세계가 이미 오래전에 이와 같은 행동양식과 유행에 뒤쳐진 파토스를 넘어섰다고 생각했던 관찰자들을 깜짝 놀라게 했다. 이제 거의 고전에 가까운 정치적 공공성의 공간이 다시 회귀했다.

쉽게 입증될 수 있는 것처럼, 이는 우연이 아니다. 도시는 이와 같은 사건들의 무대였는데, 왜냐하면 이곳에서 비판적인 대중이 형성될 수 있었고, 이들이 변혁을 초래하기도 했었기 때문이다. 이러한 비판적 대중의 형성과정을 알기 위해서는 훨씬 이전의 시대로 거슬러 올라가야 하며, 이로써 우리가 다시금 맞닥뜨리게 될 점은 전체로서의 개인이나 지식인의 역할이 크다는 것과 무엇보다도 도시 현상이 관건이었다는 사실이다. 클럽과 문화의 전당에서는 서클과 세미나 그리고 모임이 이루어졌고, 살롱과 교우관계에서는 생활환경이 조성되었지만, 그것은 나중에 반(反)공공성과 반(反)사회의 핵심이 되었다. 사회의 변두리에서 친구와의 만남이 이루어졌고, 자기요구와 자기들만의 예식을 가지고 자유로운 사유를 익히며 연인들 앞에서 불러주고 춤도 추게 만드는 노래를 발견한 반체제 인사들 간의 네트워크가 존재했었다. 도시에서는 미약한 힘들이 발견되었고, 그것들은 도시에서 활동할 수 있었으며, 또—미국의 소리(Voice of America)나 워싱턴 포스트 통신이 필요했다 하더라도—세계 바깥과 연결되었고 또 최초의 선언들을 공표했다. 그곳은 보호를 제공했고, 우리가 권력과 특수비밀기관보다 더 환히 알고 있던 배후공간이자 싸움터였다. 반체제자 서클은 혼합사회였으며 작은 세계였고, 사회라는 범위의 폭에 대한 관념과 모스크바 부엌에서 논의된 바 있는 주제들을 제공하였는데, 그것은 페레스트로이카와 글라스노스트가 일어난 순간에 이미 전 세계 공론장에서 토의되었던 주제의 스펙트럼을 포괄하고 있었다.

새로운 자기의식 – 주체로서의 도시

궐기가 일어난 해는 자기발견의 진정한 열의로 충만했다. 사람들은 미개척지를 따라갔고 비극적 운명의 무대로서 도시를 새로운 눈으로 바라보았다. 흔적을 찾는 사람은 길을 나섰고 혁명 전야의 문학이 출간되었다. 도시의 지형도와 지도는 새로이 제작되었으며 도시 안내자와 온갖 종류의 묘사들이 호황을 누렸다. 우리는 이 시기를 도시가 '국가행사'에서 자기의식적인 주체가 되었던 도시 전유의 시간으로 해석할 수 있을 것이다. 나는 1991년 8월 쿠데타가 일어난 날 수천 명의 레닌그라드 시민이 상트페테르부르크라고 불리는 자신의 도시를 방어하기 위해 네프스키 중앙로를 거쳐 성 주변 광장으로 다시 몰려들었던 순간을 결코 잊을 수 없다. 나는 모스크바 시민의 대규모 시위 행렬이 주권을 획득한 러시아 연방의 수도를 경축하기 위해 백악관에서 마네지 광장과 붉은 광장으로 몰려들었던 순간을 결코 잊지 못할 것이다. 이때에는 마치 자기 도시에 대한 자부심 같은 것, 과거와 함께 무엇보다도 미래와 결부되는 애향심이나 지역을 사랑하는 마음이 일어났다.

첫날부터 이미 존재해왔던 도시 텍스트를 옮겨 적는 일에 집중되었고, 그리하여 거리는 새로운 이름으로 바꾸거나 옛 이름을 복원하는 식으로 개칭되었다. 창고에서 사라진 기념비는 새로이 세워지고, 다른 기념비는 철거되거나 변두리 공원으로 옮겨져, 그것은 공산주의가 한때 무엇이었는가를 알아야 하는 학생과 같은 미래 세대에게 배움을 위한 유용한 것이 되었다. 철거의 물결은 때때로 우상파괴적인 열기를 내뿜으며 제르진스키 동상과 같은 악명 높은 조형물뿐 아니라, 차후에 스탈린 범죄의 책임을 물은 무고하거나 유명한 문인들의 조형물까지도 포함해 동유럽 도시를 휩쓸고 지나갔다. 이러한 개칭과 재코드화는 역사가 각 이름들과 결부되어 있기 때문에, 그리고 도시 공간의 실제적인 개조에는 영향을 미치지 않지만 광범위하게 상징적인 표현과 연관되어 있기 때문에 매우 중요했다. 그러나 바로 이러한 것들이 늘 절박함으로 다가오는데, 그 까닭은 전환기에 중요한 것이 흠결 없는 과거에 대한 동경을 충족하는 일이 아니기 때문이다. 그와는 정반대로 도시는 미래를 위해 단련되어야 하고 어떤 경우든 현재에 쓸모가 있어야 하는 것이다. 그리고 단지 기념비의 개칭과 이전만이 문제인 것이 아니라 훨씬 중대한 것, 곧 도시 기능의 유용성 확보와 현대화, 21세기 수준에 이른 인프라의 창출이 문제였던 것이다. 도시는, 정확하게 말해 도시에 권위가 있는 전문가와 자기 도시의 문제에 다시 개입하기 시작한 공중(公衆)은, 도시가 어떻게 다음 생존 단계를 준비할 수 있는지에 대해 말하고 상상의 나래를 펴기 시작했다. 지금까지 엄격하게 통제된 격리 속에서 생존해왔던 도시는 이제 성문의 개방, 즉 우리가 세계와 다시 연결되기 위해 공항과 편의시설을 필요로 한다는 것에 대해 준비를 해야만 했다. 지금까지 기본적으로 대표단과 조직된 집단 관광 여행객을 맞이했던 도시에서는 국제적 규준을 충족하는 호텔에 대한 엄청난 수요가 있었다. 지금까지 국가 및 정당 관료가 주재해 있던 도시에서는 현대 사무실 공간에 대한 상상력의 빈곤이 존재했다. 자동차의 소유가 상대적으로 적은 수의 시민 특권에 속했던 도시는 이전에는 아예 존재하지도 않았던 문제, 곧 고속도로, 순환도로, 주차장, 주유소, 휴게소의 건설에 아주 심각하게 주의를 기울여야만 했다. 그리고 결코 해결되지 못한 주택 문제도 잊어서는 안 될 것이다. 도시 공간은 재배치되고 다시 정의되며, 탈혼합과 새로운 분리, 싸구려 숙소와 담장으로 둘러싸인 주거단지(Gated Community), 개조된 옛 건물 구역에서 나타나는 가치절하 및 고급아파트 현상과 결부되어 도시 내부의 이동이 진행된다. 이 새로운 게임에 함께 할 의사가 있는 사람은 다국적 기업의 체인점으로든 아니면 새로 생긴 과두 집합체 중의 하나를 대표하든지 간에 중심지를 차지하고자 애써야만 했다. 출석의 의무와 적절한 대리 의무는 기업과 개발자를 도시로, 무엇보다도 수도 한곳으로 몰아넣으며, 현존하는 면적에 대한 압박의 수위를 거의 상상할 수 없을 정도로 높인다. 이제 온갖 일을 수행할 수 있는 사람들이 존재하는 곳에 국가와 자치단체 외에도 기업과 위탁자가 생겨난다. 이른바 인민소유의 독점이 무너지고, 자기 연출과 경쟁이 자기 동력을 펼쳐나간다. 도시와 수도에 흘러드는 나라 전체의 엄청난 부는 면적이 건물 바닥, 사무실, 상점으로 충분하게 공급되지 못한 도시에 집중된다. 자본의 본원적 축적은 누가 누구에게 맞서는 것인지 더 이상 명확하지도 않은, 혼란스럽고 불투명하며 폭력적인 과정이다. 한 달이라는 리듬 속에서 타워가 하늘로 우뚝 솟아오르고, 마천루 군락으로 아주 새로운 중심지를 창출하는 등, 가장 단기간 내에 도시 전체를 바꾸어놓을 수 있으려면, 새로운 베스텐트에 낙원을 짓기 위해 베르사유와 비벌리힐스의 복사판을 건설하고 최신 커뮤니케이션 기술을 가진 도시를 다음 세기의 자리로 부상할 수 있게 하려면, 육중하고 엄청난 힘들이 실행되어야만 하는 것이다.

우리가 곳곳에서 볼 수 있었던 호황은 지상의 시간에서 탈각한 도시에 다시 시계가 작동한다는 신호이다. 전 세계 개발자와 건축가는 자신들의 레퍼토리를 연출하기 위해 등장했다. 도처에서 신축 건물로 새 시대가 막을 열고 또 역사는 계속된다는 것이 명확해짐으로써 장차 각 도시의 현대성과 미래지향성이 구축되어야 하는 신호표지물과 기호들이 생겨났다. 그리하여 이제는 강철과 콘크리트 그리고 유리로 만들어진 타워가 리가의 다우가바 강변에 스탈린 문화의 전당과 나란히 서 있고, 또 우리는 먼 곳, 예컨대 광범위하게 중세에 머물러 있는 탈린에서 이미 신도시를 알아본다. 더군다나 빌뉴스에는 옛 빌나[3]의 실루엣과 경쟁하는 행정관리구역이 있다. 모스크바는 연방 타워와 러시아 타워로, 그리고 둥근 천장이 그 원형보다 더 높이 신(新)모스크바의 스카이라인을 형성하는 새로 축조된 구세주 성당으로 완전히 새로운 상업지역을 건설했다. 하지만 어쩌면 진정한 건설 붐은 도심 지역에서, 그러니까 무분별한 철거 열기와 신축에서가 아니라 그 밖에서, 곧 각 나라의 진정한 부유함을 신(新)모스크바 과두체제의 호화호텔이나 바 아니면 클럽에서보다 더 명확하게 측정하고 또 측정할 수 있는 장소인 스프롤 현상에서 나타나는 것인지도 모른다.

늘 그러하듯이 우리는 포스트사회주의적 도시의 첫 20년을 건축의 주조물 속에서 알아볼 것이다. 요컨대 노쇠하고 이미 체념에 빠진 포스트모더니즘, 동유럽 도시의 탈지방화와 재(再)국제화도 대변하는 온갖 국제적인 기획 사무실과 건축 사무실의 흔적—바르샤바와 모스크바에서의 노먼 포스터(Norman Foster)나 상트페테르부르크 정자(亭子)의 렘 콜하스(Rem Koolhaas)처럼—을 말이다. 그리고 무엇보다도 위탁자나 가장 또는 대부와 같은 도시의 유력자가 도시 이미지에서 놓친 징표를—가장 명확하게 볼 수 있는 곳은 루시코프 양식에 의해 영원히 자취를 남긴 모스크바이다—미래에서 알아볼 것이다. 그것은 브레즈네프적 재현의 제스처와 신(新)러시아 및 신(新)비잔틴 학파의 표절로 뒤섞인 일종의 혼합물이고, 조금은 체레텔리(Zurab Tsereteli)의 키치이지만, 독립적이고 처세에 능하며 자기 나라의 건축사를 환히 꿰뚫고 있는 신진 소장 건축가들의 것은 전혀 아닌 것이다.

그럼에도 불구하고 어쩌면 가장 중요한 변화는 바로 대가(大家)에 의

3 [옮긴이 주] 빌뉴스(Vilnius)는 리투아니아의 수도이며, 빌뉴스의 옛 이름이 바로 빌나(Wilna)이다.

해 주도되어 라스베이거스의 스트립과 콩코르드 광장을 비추는 도시 무대 세트의 스펙터클한 연출도, 새로운 도시 풍경의 대가적 내러티브도 아닌지 모른다. 그것은 도시의 성장과 도시생활에 대해 더 많은 진술을 해주는 분자적 변화일 것이다. 최초로 협동조합과 개인 사업이 가능했던 날부터 새로운 도시는 성장해 나갔다. 이 도시가 선호한 모습은 전형적인 은행 건물이 아니라 매점과 개조된 컨테이너였고, 파사주가 아니라 노점이었다. 새로운 노점 및 매점 도시는 활기찬 도시의 교차지점, 기차역, 지하철 통과지점, 왕래가 빈번한 장소에서 결정체(結晶體)를 이루었으며, 간선 도로, 중앙로, 행인에게 적대적인 거리 폭과 도로가 설치된 사회주의 도시의 방대함이 인간의 활동과 서비스업으로 가득 채워지는 경우 무슨 일이 일어나는지 미리 예견할 수 있도록 해주었다. 이러한 즉흥적이고 일시적이지만 지속적이면서도 변함이 없기도 한 도시는 흡사 산호초처럼 성장했다. 구판장과 노점의 세계는 조립식 건축 지역의 단조로움을 붕괴시켰고, 방대한 간선 도로에 볼 만한 것과 살 만한 것이 들어섰으며, 도시의 색채는 권태로운 잿빛에서 대부분 아시아적이라 칭하는 현란한 잡색으로 바뀌었다. 지금까지 어두웠던 곳에 이제는 상점이 밤낮으로 문을 열었다. 이러한 모든 것은 재활성화와 처음에 아무도 계획한 바 없었던, 이른바 도시가 주체로서 자기 자신의 길을 가는 실체화의 징후들이었다.

이러한 실체화와 결정화(結晶化)는 도시의 생성과 새로운 도시생활, 즉 한편으로 자극을 주고 활력을 불어넣지만, 다른 한편으로 위협감과 혐오감을 불러일으키는 과정을 가장 명료하게 보여준다. 게오르크 짐멜에서 노르베르트 엘리아스(Norbert Elias)와 로버트 파크(Robert Park)에 이르기까지 그들에 의해 관찰되었던 거의 모든 경향들이—어느 정도

육안으로도—분석될 수 있다. 시간의 가속화 현상, 곧 시간이란 더 이상 모스크바 부엌에서 이루어지는 신과 세상에 대한 대화에서처럼 무한하고 끝이 없는 과잉의 것이 아니라, 값지고 부족한 재화였다. 시간, 기한, 채무의 경제학이 새로 발달하였고, 화폐화라는 양상 속에서 이루어진 둔중한 시간의 종말은 그 대가를 치렀다. 우리가 지금까지 의존했던 인간관계의 네트워크는 해체되거나 경제적 계산에 바탕을 둔 관계에 의해 보충되었다. 모든 것은 이를 통해 보다 더 구속력을 갖게 되었고, 계산 가능해졌으며, 보다 더 가혹해졌다. 새로운 시간은 길을 트고 가능성을 열었으며, 이미 통달해 있고 환히 꿰뚫고 있으며 새로운 시간을 위해 반드시 필요한 가혹함을 확산시키는 사람들에 의해 가장 훌륭하게 사용되었던 것이다. 그리하여 삶은 더 빨라지고 무한정 훨씬 더 가혹해지고 잔혹해졌다. 사회적 위계질서는 재편되고 지위를 결정하는 기준이 변했다. 중요한 것은 더 이상 전문학술 용어집에 나오는 신분이나 시인의 명성이 아니라, 주식 투자, 루블료프카(Rubljowka)[4]에 세워진 별장, 람보르기니이다. 이제 더 이상 보드카를 마시는 것이 아니라, 조깅을 하고 헬스클럽에서 건강한 신체를 만든다. 새로운 라이프스타일이 창조되었는데, 그것은 흡사 프로테스탄티즘의 금욕과 시계가 여전히 다르게 째깍대는 러시아식 주말농장 다차(Datscha)로의 회귀가 한데 뒤섞인 혼합체이다. 우리는 두 시대, 어쩌면 그 이상의 시대를 동시에 살 수 있는 것인지 모른다. 말하자면 가속과 하이테크의 지대, 아니면 20세기의 인프라가 작동하기를 멈춘 도시 밖 몇 킬로미터 안에서 말이다.

도시 주민은 하루아침에 갑자기 새로운 생활에 적응했는데, 그것은

4 [옮긴이 주] 서울의 강남처럼 러시아에서 부자들이 거주하는 지역이다.

분배 경제에서 시장 경제에, 국가의 온갖 생활보조금에서 국가 권한의 쇠약에 대비하는 것이었다. 그들은 자신의 직업과 전문화가 무의미해지고 평가절하 된 이후에 한 번 더 새롭게 시작해야만 했으며, 어쩌면 학교를 또다시 다녀야 하는지도 모를 일이었다. 하지만 도시의 균형이란 그 주민이 버틸 수 있는 만큼 유지되는 것으로서, 삶의 계획이 무너졌기 때문에 놀랍게도 새로운 상황임과 동시에 탈출구가 없는 상황에서 새롭게 정립되는 것이다. 본래 그것은 사회적 히스테리, 공황 상태, 공황 상태 조성의 시간이며, 모든 문제를 단번에 해결하는 간단한 처리방식에 대한 선동과 소환의 시간이기도 하다. 하지만—기대와는 달리—그렇게 되지는 않으며, 그것은 근본체제 및 도시 주민의 훈련과 관련이 있을 수밖에 없다. 요컨대 인내심의 발휘가 필요한데, 왜냐하면 사회주의에서 결핍의 시간 속에서 그것을 배웠기 때문만이 아니라, 섣부른 일처리에는 개선의 여지가 없다는 통찰 때문이다. 또 각성, 이른바 가능한 것의 한계를 안다는 것은 기적을 바랄 일이 아니라는 점인데, 더군다나 끝장나버린 체제에 대한 기대는 더 말할 나위도 없다. 어떤 것을 상실함으로써 환상에서 벗어난다는 뜻이 아니라, 자기 계몽의 강화로서, 냉철함을 가능하게 하는 계몽성으로서의 각성이 중요하다. 갈등을 통제할 수 없으며, 사회적 문제에 안전 위주로 개입하는 방어적 태도는 어쩌면 성공할 가망성은 높을지언정 그것을 더 어렵게 만들 것이라는 불안도 분명 작용할 것이다. 그리고 우리는 모든 것을 극복하고 결국엔 좋은 결과를 가져올 것이라고 도시 시민에게 믿음을 부여한 순간들을 과소평가해서는 안 된다. 그것은 변화의 신호, 곧 반드시 필요한 느낌의 신호이다. 그렇다, 직접 보고 주변 환경에서 일어나는 변동과 생활 자체를 통해 얻은 육감적 확신인 것이다. 이에 대해서는 살아 있는 증거가 있다. 모스크바가 부패와 혼란에 빠진 것이 아니라, 우리가 우리 도시를 다시 정상화하고 형식을 만들 수 있게 된 것이다. 바르샤바 마천루의 힘이 그 중 하나이고, 이 힘은 심각하게 훼손된 도시의 역사는 나치에 의한 파괴와 1945년 이후의 재건으로 끝난 것이 아니라, 21세기에 또 그 세기를 넘어서 계속된다는 사실을 보여준다. 더 이상 폐쇄된 세계에서 살아서는 안 되며, 넓은 세계로 뻗어나갈 수 있다는 느낌도 그러한 증거의 일부이다. 이렇게 간단하게 말이다. 그리고 수백만의 삶들은 이러한 기회를 활용해왔다.

"폐허에서의 부활" – 인간작업장

전환기 이후에 나타난 도시적인 것의 이러한 회귀를 넘어서 우리는 또 다른 기적이 존재했음을 잊을 수 있을 것이다. 동유럽의 많은 도시가—그중에서도 가장 크고 가장 아름다운 도시가—전쟁터였다는 점, 달리 말해 영토와 공기, 물에 이르기까지 압도적이고 조직적인 파괴의 싸움터였다는 사실은 이미 거의 잊혀졌다. 도시는 요새로 공표되었고 또 그렇게 취급되었으며, 지역마다 도로마다 미터마다 파괴되었고, 잿더미로, 먼지로 화했다. 도시의 건축더미에서 나타나는 역사적 연속성은 중단되었고 해체되었다. 그것은 순수하게 외형적으로 존재하기를 멈추었는데, 여하튼 역사적 순간에 있어서 그러했다. 그곳에서는 인간이 여전히 동굴에서 살 따름이었다. 이와 같은 도시가 바르샤바였고, 민스크, 비테프스크, 핀스크, 스탈린그라드였으며, 쾨니히스베르크의 중심지, 드레스덴이나 로테르담이었다. 많은 경우 물리적 파괴는 사람들이 과연 다시 그곳에 정주해야 할지 깊이 고려했을 정도로 진행되었다.

더 나아가 이러한 지역에는 외형상 아무런 손상이 없는 온전해 보이는 도시들이 있었다. 예컨대 렘베르크, 체르노비츠, 우지, 제슈프, 리가, 빌뉴스, 카우나스, 그로드노, 노비 사드 등이 그러했다. 하지만 그곳에 한동안 살았던 사람들은 한밤중에 게토로, 수용소로, 가스실로, 공동묘지로 사라진 반면, 아직도 그 안에는 장벽이 서 있을 따름이다. 도시란 일종의 '종합예술'이다. 수많은 세대가 행한 노동의 결과였던 이 종합예술에 극단의 세기인 20세기에 전체주의의 경쟁과 협력이, 엄청난 파괴의 힘들이 투입되었다. 1914년 이전에는 우리에게 후기 다민족제국을 유산으로 남겼던 도시는 나치즘과 스탈린주의의 공격 아래 붕괴되었거나 심각하게 훼손되었다. 인종 청소 및 사회 청소의 광기는 동질적이고 폐쇄적으로 생각하는 세계에 어울리지 않는 모든 것을 도시로부터 '정화하고자' 했다. 이전에 다인종 공간들로 존재했던 곳이 결국에는 인종적으로 동질화되었고, 우리가 사회적으로 비로소 차이를 만드는 구조로 확보하고 있던 곳은 결국 인간작업장의 복합성을 위한 자리가 더 이상 아니었다. 이러한 과정은 대략 30년간, 1914년에서 1945년까지 걸렸다. 동유럽과 중유럽은 흡사 백지상태처럼 이미 냉전 이전의 시대로 들어선 것처럼 철저하게 정화된 지역이다. 30년 전쟁 없이, 이러한 세계대전과 시민전쟁의 깊숙한 교착 없이 그 다음으로 이어지는 전후시대는 결코 이해될 수 없다. 인종 청소와 사회 청소, 그리고 그 자체로 모든 도시생활의 핵심을 이루는 문명사회적 기초의 파괴는 상호 의존적이다. 전체주의적 권력의 공고화는 문명사회적 힘의 소거와 도시생활 실체의 공동화(空洞化) 없이는 가능하지 않았을 것이다.

이에 불가피하게 소견 하나를 피력해보고자 한다. 동유럽 도시 생성의 역사에서는 반드시 함께 고려되어야 할 관점이 하나 있는데, 그것은 대도시화의 양가성을 대변하고 또 오늘날 나타나는 새로운 도시생활의 특수한 질을 이해할 수 있게 해준다. 동유럽은 20세기 전반기에, 전통 농업사회에서 산업사회로의 이행기에 이루어진 전대미문의 엄청난 도시화 과정의 터전이었다. 이러한 일이—짧은 시간 동안 엄청난 긴장 속에서 충격을 일으키며—벌어진 방식은 오늘날까지도 감지될 수 있는 커다란 파문을 낳았다. 농민의 대량 소유권 박탈, 농촌에서 도시로의 추방과 도주 그리고 이주, 대량이주, 사회 전체를 유랑 길로 내몬 온갖 사태들, 예컨대 폐쇄되고 황폐화된 촌락들, 피폐한 지대, 미어터질 것 같은 도시들, 즉흥적으로 만들어진 공업지대, 최소치의 인프라, 땅굴과 판잣집, 전래되는 부르주아 주거공간의 분할과 그 주거공간의 공공주택으로의 전환, 우리가 오늘날 제3세계의 빈약한 지대를 통해 알고 있는 위생상태, 옛 중심지에서 도시인구의 두세 배로의 증가, 구(舊)핵심인구의 소멸과 해체 그리고 그에 따른 문화적 귀결—전통의 상실, 문화적 수준의 가지치기, 길들여진 문명사회적 숙련성의 붕괴, 문화적 평준화—등등. 모셰 르윈(Moshe Lewin)은 '모래사회', 곧 농촌-도시 변형과 도시의 농촌화에 대해 말한 바 있다. 데이비드 호프만(David Hoffmann)은 1930년대 모스크바에 대한 자신의 연구를 『농민 메트로폴리스』라 칭했다. 도시의 농촌화는—개별 나라마다 비동시적으로—지금까지 진행된 도시화 중에서 가장 극적인 경험 중의 하나이다. 한편—광범위한 농촌-농민 인구의 도시화라는—과제의 해결에서 도시의 엄청난 힘은 문화적 동화기계 및 적응기계로서 재차 입증된 바 있다. 20세기에 나타나는 이러한 유럽 도시의 통합성과를 한 번 주제로 삼아, 수많은 관점 중의—문화적, 언어적, 종교적 관점 등의—하나로서 아주 다른 성질의 것이라 하더라도, 오늘날 대규모의 이주와 관련하여 진행되고 있는 통합 담론과 연관지어본다면 흥미로울 것이다.

이러한 역사적 소보론(小補論)은 우리가 동유럽 도시에서 오늘날 진행되고 있는 과정들의 차원을 이해하려면 아마도 도움이 될 것이며, 여하간 나에게는 필수적이다. 상술된 바에 따르면, 유럽 도시가 통제권에서 벗어날 수도 있었던 과정에서 형식을 부여하는 능력을 보여주었다는 사실을 확인시켜주었다. 그러한 형식 속에서 통제된 해체와 스스로 절제하는 혁명을 성공으로 이끌었던 힘들이 산출되었다. 그것은 싸움터였고 무대였으며, 오늘날에도 여전히 정치적 공공성을 뒷받침하고, 예측컨대 앞으로 대체될 수 없는 공간을 형성한다는 사실을 확인시켜준다. 유럽 도시는 통합기계와 위기극복의 기계로 입증되었으며, 이는 도시의 종말, 시대에 뒤떨어진 낙후성이 모두에게 회자되었던 순간에 바로 그러했다.

동구권의 청산, 서구권의 청산

동유럽 도시에서 나타나는 수많은 것들은 만회성의 근대화[5]인 것처럼 보인다. 서구 도시에서 이미 오래전부터 문제가 되어버린 것이 이곳에서는 늘 여전히 목표로 설정되고 있다. 요컨대 개인 교통수단의 제한과 공공 운송수단의 확충 대신에 오히려 급속도의 자동차 교통화와 공공 교통수단의 해체가 이루어지고 있으며, 도시 외곽지대에 새로운 쇼핑 파사주와 쇼핑몰의 건설을 회의적으로 바라보는 대신에 소비세계에 열광적으로 빠져들고 있다. 쇼핑몰의 상량식은 사회적 사건이 되고 또

5 [옮긴이 주] 근대화의 후발성을 뜻한다.

도시의 축제가 되고 있다. 우리는 이곳을 명성 쌓기 프로젝트와 새로운 도시의 아이콘을 위해 일정하게 비축하는 예비용으로 바라보는 반면, 저곳은 여전히 매력을 상승시키는 매체로 보고 있다. 그곳에서는 제 아무리 국가의 해체를 침이 마르게 칭찬한다 해도 부족한 반면, 여기에서는 문명의 유산으로서 사회복지국가의 포기에 대해 경악한다. 동유럽 도시의 주민들에게는 여전히 매우 균질적인 인구집단이 중요한 반면—물론 모스크바처럼 포스트제국의 구성물이면서도 동시에 가장 커다란 유럽 도시인 경우는 예외로 하자면—서구 도시에서는 이주 인구나 이주 배경을 가진 인구가 증대하고 있다. 동구권에서는 민족적 내러티브와 신화가 한 번 더 설득력을 얻고 있는 반면, 서구 사회에서는 이미 지나간 일인 것으로 보인다.

우리가 물질에 정통한 사람을 믿는다면, 우리 도시의 미래는 음울해 보인다. 인구는 노령화하고 있다. 이로써 증대하는 돌봄과 부양의 비용은 청년과 그 다음 세대에 부담이 되고 있다. 지금까지 신세대의 마음을 사로잡아 사회생활로 이끌고 또 그들을 통합했던 산업 일자리는 광범위하게 구속력을 상실했다. 능동적으로 자신을 규정하는 젊은이들에게는 자격 취득의 방식으로 걸림돌을 극복하는 것이 점점 더 어렵게 느껴진다. 그리하여 친밀한 관계가 더 이상 쉽지 않고, 새로운 소통기술의 가능성에 도움을 받아 관계를 맺고 살아갈 수 있으며, 어찌됐든 다수사회의 사회복지국가 구조에 의해 운용되고 지탱되는 사회적, 문화적 세계가 생겨났다. 인종적, 종교적, 문화적 다양성은 번성하고 계속해서 증대하지만, 이렇게 번성한 다양성의 사회도 역시 번영할 것인지는 분명치 않다. 체제 전체는 오래전부터 과도한 요구로 스트레스에 시달리고 있고, 모두는 '이대로는 계속될 수 없다'는 점, '우리는 분에 넘치는 생활을 하고 있다'는 사실을 어떤 식으로든 의식하고 있다. 여기에서도 역시 침체, 단말마적 고통, 페레스트로이카의 분위기가 존재한다. 무언가 근본적으로 바뀌어야 한다는 것을 모두가 알고 있으며, 긴장, 여론, 불만, 불확실성에서 무언가를 만들어낼 수 있다는 것을 모든 정당이 알고 있다. 무언가를 만든다는 것, 상황이 통제에서 벗어나더라도 적개심을 이용하고 그것에 불을 지피는 일은 매우 쉽지만, 정말 바보가 아니며 유지될 수 없는 상황을 잘 알고 있는 시민을 시민으로, 도시와 지역의 시민으로, 거리의 시민으로 호출하는 것은 어려운 일이다. 이렇게 의료보험제도와 노후대책, 실업보조금과 교육발전—곧 생활에 중요한 분야—에 관련이 있는 고도로 복잡한 사안에 대해 물론 나는 아무런 해법이 없으며, 예측을 하는 것조차도 역부족이다. 아직은 오직 전문가와 직업정치인이 이러한 문제와 조치의 목록에 정통한 것으로 보인다. 하지만 내게 아주 분명해 보이는 것은, 그리고 시민이라면 모두가 한마디 할 수 있는 것처럼 내가 말할 수 있는 것은 다음과 같다. 곧 우리의 고도로 발달된 체제의 해체 없이는 안 된다는 사실이다. 우리의 기대치를 줄이지 않고 시민적 참여의 다른 질을 확보하지 않으면 여전히 높은 수준의 우리 생활수준을 유지한다는 것은 불가능하다. 디터 호프만-악스트헬름(Dieter Hoffmann-Axthelm)이 『제3의 도시』라는 책에서 윤곽을 제시한 것처럼, 새로운 사회계약 없이는 아무것도 진행되지 못한다.

유럽에서 나타나는 옛 상태의 청산은 지금까지 더 좋은 상태에 있었던 서구 지역에도 이제는 도달했다. 동구권의 청산은 자유라는 위대한 이념 때문에, 어찌되었던 간에 유독 그것 때문에 일어난 것이 아니라, 체제의 성능이 종말에 이르렀기 때문에 발생한 것이다. 하지만 더 나아질 것이라는 전망이, 대부분의 사람들에게는 그것이 내일일 수도, 모레

일 수도 있다는 희망이 존재했다. 발전하고, 잘 살며, 오랜 평화의 시간과 긴 노동 시간 속에서 성숙한 사회에서 무엇인가 포기한다는 것은 전혀 다른 시도이고, 훨씬 더 어려운 감행이다. 오히려 여기에는 위험이 도사리고 있다. 사례 하나를 들어보자. 소비에트 이후의 러시아에서 혼란이 시작되었을 때, 근본적인 생계조달이 무너지고, 돈이 도난당하고 화폐가치가 떨어지며, 사람들이 물물교환 경제와 자급자족으로 옮겨갔을 때, 러시아는 많은 외국인들이 이미 도래했다고 생각했던 기근에 빠진 건 아니었다는 사실이 명확해졌다. 생계조달의 대부분은 아직도 촌락과의 관계가 유지되는 주말농장 다차에서 이루어지는 경작이든지 간에, 어찌됐든 국가 및 지방자치의 구조가 아니라 자기발의와 자급자족에 의해 좌우되었다. 재자연화는 쉽게 예견되었던 파국으로부터 나라를 보호했다. 이러한 가능성은 독일이나 그 외의 서구 유럽 어디에서도 존재하지 않았고, 여기에서는 땅뙈기나 촌락과의 관계를 다시 전유하는 일도 더 이상 존재하지 않는다. 우리 체제는 노동 분업화되어 있고 또 전문화되어 있기 때문에 예민하고 훼손되기 십상이다.

내 생각으로는 해법을 빈틈없이 고안해내려는 것은 의미가 없으며, 그러한 해법이 있는 경우 그 자체로 나타날 것이라고 확신하는데, 왜냐하면 최초의 학습장소가 위급한 상태이기 때문이다.

1990년대 초만 하더라도 수십만, 아니 수백만의 사람들이 장애로 파탄이 나버린 동유럽 경제 속에서 생계를 구판장 거래와 쇼핑 여행에서 찾고, 평범한 직업을 가진 평범한 사람들이 적어도 일시적이나마 자신의 가족을 부양하기 위해 길을 나서리라고는 아무도 상상조차 할 수 없었을 것이다. 하지만 나라가 와해되지 않고, 생계조달과 화폐순환이 계속된 것은 바로 이 사람들의 공로였으며, 이는 이들이 평화로운 이행의 성공을 위한 진정한 보증인이었다는 것을 의미한다. 이를 나는 재차 우리가 그렇게 할 수 있으며 또 그래야만 한다는 사례로 말하려는 것이 아니다. 하지만 그것은 출구가 없어 보이는 상황에서 어쩔 수 없이 개입되는 기대치와 틀에 박힌 행동을 뛰어넘어 명백하게 출구가 존재한다는 것을 보여준다. 본래 그것은 조기경보 체제로 작동하는 사회학이나 그러한 종류의 발의, 출구를 찾는 사람들, 곧 이념과 새로운 선택적 행위의 결정체를 찾아내는 사람들의 과제일 것이다. 하지만 우리는 1970년대와 80년대에 반체제 인사의 교우관계, 그 네트워크와 효력을 다룬 바 있다. 어쩌면 우리는 외딴곳, 주변부, 지하세계에서 형성되는 시장경제와 자기구제의 발단을 보다 면밀하게 분석해야만 했었는지도 모른다. 나에게 놀라운 점은 대규모의 자기조직 형식이—어찌됐든 시장, 여행활동, 상업상의 이주와 노동 이주가 수백만 명에 이른다—결코 분석의 대상이 된 적이 없었다는 사실이다. 지금은 과거의 일이 되어버렸고, 역사학자의 연구 대상이 되어버린 것 말이다.

나는 해체의 형식, 경제화와 합리화의 형식이 존재함을 확신한다. 그것은 도시 외곽으로의 도피가 아니라, 이데올로기적 동기도 아닌 경제적인 이유로 면적과 시간 그리고 에너지를 절약하는 결정일 수가 있다. 공공교통 수단을 위한 결정일 수 있으며, 교통체증 속에서 소모되는 생활시간의 엄청난 사치를 거부하는 결정일 수도 있다. 그것은 터키나 레바논 아이들의 학교, 아니면 극빈자 수용소나 노인 간병에서 무보수로 행해지는 명예직의 활동일 수 있다. 나는 폐쇄된 주변 환경, 유사사회, 교리적 신앙 공동체에서 사회의 표류에 대한 불안감뿐 아니라, 이와 같은 대립과 분리로의 회피에서 벗어나고픈 소망 및 욕구도 역시 증대하고 있다는 인상을 받고 있다.

나는 지금까지 항상 도시적 삶의 축제화를, 도시 마라톤이나 게이 거리축제, 문화 카니발, 키에츠의 민족축제나 과학과 박물관 그리고 문화의 긴 밤과 같은 온갖 것을 회의적인 시선으로 바라보았다. 때로 우리는 도시란 일반적으로 여전히 어떤 대가를 치르든 '빵과 서커스'라는 슬로건에 따라 작동해야만 하는 오락으로 구성되어 있다는 인상을 받을 수 있었다. 하지만 이와 같은 행사의 많은 것들은 즐기는 사람들 중에서도 대중을 사로잡는다. 이는 도시의 축제, 러브 퍼레이드, 월드컵 축구 경기 동안 진행되는 장외 시청권이 사교성이라는 근원적 욕구를 충족한다는 것을 의미하는데, 공공장소의 연출은 상업적 전략만이 아니라 소통, 운동, 공동체에 대한 근원적 욕구도 역시 따르고 있다는 점은 분명하다. 공공 공간의 형성이라는 중요한 주제들이—시민회관의 재수립, 전쟁 속에서 파괴된 광장의 재구성, 수도 중심에 놓여 있는 성곽의 신축 등과 같이—매우 많은 시민들의 관심을 끌려면, 무엇인가 의미가 있어야만 한다.

이 모든 것은—도시나 장소와 같은—구체적 장소가 공공성과 정치적 삶에서 포기될 수 없으며, 일시적이나마 이러한 기능이 상실된 것처럼 보인다 하더라도 여전히 포기될 수 없다는 사실을 나에게 보여준다. 장소를 통한 식별화, 장소를 경유한 의미의 식별화가 그러하고, 장소의 구속력이 민족의 구속력보다 더 쉽고 지속적이라는 점이 그러하며, 이는 근대 민족국가의 관철 이전에 이미 옛 제국에서도 그러했다. 도시는 단순하게 우리가 정주해 있는 죽은 곳이나 피동적인 장소가 아니라, 새로운 세대를 편입시키고자 하는 공동체의 중요한 역사적 내러티브라는 사실에서도 그러하다. 장소로서 도시에는 소속감을 수립하는 기능이 있는데, 그것은 지구화 시대에 사라진 것이 전혀 아니라, 오히려 반대로 지구화 운동이 철저하게 진행될수록 더욱더 장소와의 관계 형성은 중요해지고 있다. 그것은 모든 것이 움직이는 곳에서 붙들 수 있는 지지대를 제공한다. 지금으로서 나는 압박이 가중되는 시대에 유럽에서 매개의 작업을 도시보다 더 잘 수행할 수 있는 또 다른 유기체를 생각할 수 없다. 도시는 여전히 우리에게 부과되는 갈등이 협의되는 장소이며, 해체가 패배로 느껴지지 않고, 탈가속화가 상실이 아닌 이득으로 느껴질 수 있는 문화 발전을 위해 갖추어야 할 가장 중요한 조건인 것이다. 밀집성은 도시 정주의 기본 특징이다. 그것은 예로부터 인간을 매혹하고 사로잡음과 동시에, 인간을 어렵게 지탱시키고 견딜 수 있게 해준 복합성을 만들어낸다. 우리는 유럽 도시가 다시 획득한 자신의 복합성을 해결할지, 해결한다면 어떻게 해낼지 앞으로 보게 될 것이다.

번역_고지현

참고문헌

Barsch, Barbara et al. 2008: Schöne neue Welt. Stadtansichten. Zur Umgestaltung von Städten in Mittel- und Osteuropa. Berlin: Institut für Auslandsbeziehungen.

Bartetzky, Arnold, Marina Dmitrievca und Alfrun Kliems (Hg.) 2009: Imaginationen des Urbanen. Konzeption, Reflexion und Fiktion von Stadt in Mittel- und Osteuropa. Berlin: Lukas Verlag.

Bérard, Ewa und Corinne Jacquand (Hg.) 2009: Architecture au-delà du Mur. Berlin-Varsovie-Moscou. Préface de Krzysztof Pomian. Paris: Picard.

David, Helge und August Endell (Hg.) 1995: Vom Sehen. Texte 1896–1925. Über Architektur, Formkunst und »Die Schönheit der grossen Stadt«. Bassel, Berlin und Boston, MA: Birkhäuser.

Häußermann, Hartmut und Walter Siebel 1987: Neue Urbanität. Frankfurt a. M.: Suhrkamp.

Häußermann, Hartmut und Walter Siebel 2004: Stadtsoziologie. Eine Einführung. Frankfurt a. M. und New York: Campus.

Häußermann, Hartmut und Dieter Läpple und Walter Siebel 2008: Stadtpolitik. Frankfurt a. M.: Suhrkamp.

Heßler, Martina 2007: Die kreative Stadt. Zur Neuerfindung eines Topos. Bielefeld: trancript.

Hoffmann, David L. 2000 [1994]: Peasant Metropolis. Social Identities in Moscow, 1929–1941. Ithaca, NY, und London: Cornell University Press.

Hoffamnn-Axthelm, Dieter 1993: Die dritte Stadt. Bausteine eines neuen Gründungsvertrages. Frankfurt a. M.: Suhrkamp.

Lewin, Moshe 1985: The Making of the Soviet System. Essays in the Social History of Interwar Russia. New York, NY: Pantheon.

Löw, Martina 2008: Soziologie der Städte. Frankfurt a. M.: Suhrkamp.

Reulecke, Jürgen 1985: Geschichte der Urbanisierung in Deutschland. Frankfurt a. M.: Suhrkamp.

Siebel, Walter (Hg.) 2004: Die europäische Stadt. Frankfurt a. M.: Suhrkamp.

Simmel, Georg 1995 [1903]: Die Großstädte und das Geistesleben. Frankfurt a. M.: Suhrkamp.

Warsza, Joanna (Hg.) 2008: Stadium X. A Place That Never Was. Warszawa-Kraków: Fundacja Bec Zmiana.

Weber, Ursula 2002: Der Polenmarkt in Berlin. Zur Rekonstruktion eines kulturellen Kontakts im Prozess der politischen Transforamtion Mittel- und Osteuropas. Neur-

ied: ars una.
Zimmermann, Clemens 1996: Die Zeit der Metropolen. Urbanisierung und Großstadtentwicklung. Frankfurt a. M.: Fischer Taschenbuch.

음악이 왜 사회학적으로 문제가 되는가?

윌리엄 로이, 티모시 다우드

제1세대 사회학자들은 자신들이 금방 탄생한 학과에서만 다룰 수 있는 특정한 현실 영역의 윤곽을 그리는 일을 하고 있다고 생각했다. 그들은 국가는 정치학자, 시장은 경제학자, 공간은 지리학자, 과거는 역사학자가 맡아야 하듯이 사회도 자신들이 맡아야 하는 독특한 현실이라고 주장했다. 그렇지만 지난 반세기 동안 사회학은 학계에서 자신의 입지를 확보했고, 우리는 좁게 규정된 사회학의 영역에서 나와서, 경제사회학, 정치사회학과 같이 "…에 관한 사회학"을 포괄하는 더 넓은 영역으로 들어갔다. 이 각각의 영역들은 우리 학과가 제공하는 일반 이론이나 분석 도구가 무엇인지, 주제와 관련하여 고유하게 사회학적이란 것이 무엇인지 등의 물음에 직면해 있다. 이 글은 특별한 도전과 통찰을 제공하는, 이제 막 싹이 트기 시작한 탐구 영역인 음악사회학을 고찰하는 글이다.

William G. Roy, Timothy J. Dowd

사회학에서 다른 많은 전문 분야와 마찬가지로, 학자들이 음악사회학에 끌린 이유는 개인적인 기호 때문이었다. 그들이 다른 음악 애호가들 속에서 준비된 청중들을 발견한 것도 놀랄 일은 아니다. 막스 베버, W. E. B 두 보이스, 알프레드 슈츠, 하워드 베커, 리처드 피터슨, 피에르 부르디외, 티아 데노라 등의 독창적인 업적들이 보여주듯이, 사회학은 오랫동안 중요한 위치를 제공해왔다. 우리는 그것을 통해서 음악, 음악가, 사람들에 대한 음악의 영향 등을 이해한다. 최근의 저작들은 사회학이 음악 연구에 가져온 공헌을 보여준다. 거기서 우리는 또한 폭넓은 사회학의 청중들을 상대로 말하려는 노력, 다른 학문 영역에 공헌하고자 하는 노력도 발견하게 된다.

이러한 음악사회학의 폭넓은 관련성이 여기서 우리가 초점을 맞추고자 하는 점이다. 다른 글들(Dowd 2007; Martin 1995)이 이런 특별한 영역의 뿌리와 전개를 탐구하고 있는 반면, 우리는 다음과 같은 질문을 통해서 음악의 사회학적 특징이 정형화될 수 있는지를 설명하는 조금 다른 접근방식을 취하고자 한다. (a) 사회학적으로 말해서 음악이란 무엇인가? (b) 개인과 집단은 음악을 어떻게 사용하는가? (c) 음악의 집단적인 생산이 어떻게 가능한가? (d) 음악은 더 폭넓은 사회적 구분, 즉 계급, 인종, 젠더와 어떻게 관련을 맺는가? 이러한 물음에 답함으로써 우리는 음악사회학이 계층, 사회운동, 조직사회학, 상징적 상호작용주의 등과 같은 다양한 하부영역과 어떠한 관련을 맺고 있는지 밝힐 것이다. 그 폭넓은 연관성을 조명하는 것 외에도 우리는 또한 다음과 같은 주제를 강조할 것이다. 음악은 사회적 관계(그 관계가 하위문화, 조직, 계층, 국가 중 어느 것이건 간에)를 표현하고 구성하는 상호작용의 형식이며, 그러한 관계들에 대한 문화적 전제를 구체화한다는 것이다. 이것은 음악이 무엇을 할 수 있고 무엇을 가능하게 하는지를 이해하는 데 있어서 사회적인 맥락이 필수적이라는 것을 뜻한다. 동일한 음악은 사회학자들이 예상하듯이 서로 다른 맥락 속에서 극적으로 다른 방식으로 작용할 수 있다. 여기서 사회학적이라는 것은 음악은 단순히 소리의 성질만 갖는 것이 아니라, 그 음악이 일부를 이루면서 또한 그것을 구성하기도 하는 사회적 관계라는 점이다.

사회학적으로 말해서 음악이란 무엇인가?

음악은 단순한 현상이 아니라서 한 가지 정의로 규정할 수 없다. 음악이란 "무엇인가"라는 쟁점은 여전히 무엇이 연구되고 무엇이 연구되지 않는지를 명료화하는 것에 의해 그 영역의 경계가 설정되고 있다. 사회과학과 인문학 전공자들은 음악과 "음악 아닌 것"의 구분이 궁극적으로 사회적 구성물(사회적 배열과 문화적 전제에 의해 구성되고 또 그것을 구성하는)임을 강조한다. 우리가 음악이라고 생각하는 것의 구성이 그렇게 광범위하게 받아들여지고 있다는 점을 전제할 때, 그 사회문화적 토대가 잘 보이지 않을 수 있다. 음악사회학자인 필립 볼맨(Bohlman 1999)을 따라서 우리는 음악이 어떻게 대상과 행위 양자로 개념화될 수 있는지 논함으로서 그런 해석을 전면에 놓을 것이다. 이하에서 밝히겠지만 이런 개념화는 음악의 생산과 소비에 대해 큰 함의를 가지고 있다.

대상으로서의 음악

음악은 종종 창조의 순간, 시공간을 가로지르는 특징들로 이루어진 안정성, 그리고 사용과 효과에 대한 잠재력을 가지고 있는 대상으로서 다루어진다. 그래서 음악은 시공간으로부터 추출되어 새로운 맥락 속에 던져진다. 예를 들어 바흐의 B단조 미사곡은 그것이 만들어진지 250년이 지난 후에 종교적이기보다는 세속적인 무대에서 연주된다. 음악을 통해 일시적인 소리가 대상으로 전환된다는 것은 사회적인 성과이고, 그것은 사회학적 설명을 필요로 한다. 이러한 사실을 간과하더라도 사회학자들은 음악을 상이한 대상들로 다루고 있다. 사회학 문헌 속에서 음악은 다음과 같은 두 유형으로 묘사되고 있다. 제도화된 조성(調性) 체계로서의 음악과 상품으로서의 음악이 그것이다. 양자는 오랜 역사를 가지고 있으며, 소유되고, 순환되고, 조사될 수 있는 쓰여지거나 기록된 것으로서의 음악에 대한 관점을 뒷받침하는 것이다.

제도화된 조성 체계로서의 음악이란 특정 음표가 대상으로 간주되기에 충분할 정도로 빈번하게 활용되고 반복된다는 것을 의미한다. 노래, 교향곡, 작곡 등을 위한 소리를 만들어내는 블록이 그것이다. 조성의 근본적인 측면 중 하나는 가락을 서로 구분되는 음조(예를 들어 음표)로 나누는 것이다. 이런 구분이 매우 독특한 방식으로 이루어질 수는 있지만, 막스 베버(Weber 1958)는 시간을 가로지르는 음조 체계의 현저한 통일성을 지적했다. 그의 주장에 의하면 음조 체계는 서구에서 시작했으며, 서구는 그런 점에서 다른 지역과 구분된다. 이 체계는 부분적으로 수학과 음향학의 발전에 토대를 둔 체계적인 계산에서 출발한, 그리고 특히 그런 계산을 위한 음조의 구분으로 등장한다. 이것은 17세기 초의 평균율로 귀결된다. 평균율은 옥타브별로 12개의 음표(C, C#, D, D# 등등)로 되어 있는데 각 음표는 서로 등거리에 있으며, 이를 통해 노래가 하나의 키에서 다른 키로 쉽게 전환될 수 있다(예를 들어 '해피 버스데이'의 멜로디와 하모니는 그 특징을 유지하면서도 음조에 따라 키를 높이거나 낮출 수 있다). 평균율에 포함된 계산을 통해 음조의 구분이 더 합리적으로 됨에 따라, 그 체계 내의 다른 요소들도 합리적으로 변했다. 즉 화성의 요소들이 어느 정도 예측 가능하고 안정적으로 되었으며(장조의 공통적인 사용 등), 음표와 화성을 상세히 적은 기보법이 더 정밀하게 되었고, 평균율의 음표를 연주할 수 있는 표준화된 악기의 제조가 일반화되었다. 피아노가 흑백건반을 통해 12음표를 다룰 수 있게 된 것이 그 하나의 예이다. 베버는 이러한 합리화의 과정이 오케스트라 음악과 같은 매우 독특하고 정교한 서구 음악을 꽃피게 했으며, 합리화 일반의 사회화 과정 또한 보여주는 것이라고 주장한다. 비록 이러한 체계가 음조를 음표로 구분하는 유일하고 가장 과학적인 방법이 아니라고 하더라도(Duffins 2007; Becker 1982: 32-33 참조) 이러한 음악적인 대상은 특히 서구에서 폭넓게 받아들여졌고, 개인이 음악을 듣는 방식을 형성했다(Cross 1997 참조).

대상으로서의 음악이라는 성취는 기보법을 성문화하는 것과 합리화된 음조 체계를 넘어서서 나아간다. 여러 장소에서 음악은 교환의 대상(상품)으로 구체화된다. 음악을 사고파는 것은 상품의 범위가 확대되어 나가면서 수 세기에 걸쳐 일어났다. 초기의 선구자들은 음악가와 작곡가의 일을 지켜주었던 후원자의 역할을 한 국가, 교회, 귀족정을 배경으로 노동을 사고팔았다(Abbott/Hrycak 1990; DeNora 1991; Scherer 2001). 음악적 대상의 온전한 상품화는 상업 음악의 출판이 확대되고, 악보를 구별되는 실체라고 명확히 규정했던 저작권법이 등장한 17세기(후반)에 시작되었다. 악보와 가사를 생산품으로 대상화하는 것은 작곡가들을 후원자의 그늘에서 벗어나 자유 시장으로 나아가게 했다(Lenneberg

2003; Scherer 2001). 거의 동시에 이런 음악 텍스트의 공연을 두드러지게 했던 상업적인 장소들이 급속도로 확산되었다(DeNora 1991; Weber 2006 참조). 오늘날 출판업자 등은 그런 텍스트들이 다양한 장소에서 공연되거나 이익을 위해 다른 사람에 의해 유포될 때 재정적으로 보상을 얻는다(Dowd 2003; Ryan 1985). 기술의 발전을 통해서 음악이 부동하는 연주 속성으로부터 자유로워지고, 인쇄된 페이지라는 고정된 속성으로부터 벗어나게 되는 시기인 18세기 말과 19세기까지 상업화는 계속 확대되었다. 기술을 통해 포착된 공연은 녹음, 라디오, 영화 산업의 등장에 의해 폭넓게 확산되는 상품이 되었다(Dowd 2003; Sanjek/Sanjek 1991). 이런 산업들은 아이팟이나 온라인 음악과 같이 또 다른 방식으로 음원에 접근하게 해주는 상품을 제공해주고 있다(Bull 2007; Leyshon et al. 2005). 음악의 상품화는 이제 평범한 것이 되었으며, 아도르노(Adorno 2002) 같은 사람들이 한탄하듯이 대부분의 사회에서 일상적인 것이 되었다. 정확하게 무엇을 소유하게 되었는가—페이지에 기록된 악보, 공연, 기술적 재생산—하는 것은 그것에 대한 판정이 음악의 사회적 역학에 큰 영향을 미치게 될 갈등거리가 되었다(Leyshon et al. 2005; Sanjek/Sanjek 1991).

음악이 어떻게 하나의 대상으로 다루어지게 되었는가에 대한 이러한 자기의식적 검토는 더 일반적으로는 사회적 구성에 대한 교훈을 포함하고 있다. 음악의 대상적 성격은 문화적으로나 역사적으로 비교적 독특한 것이기 때문에 인간의 창작물이 자연적으로 주어진 것으로 잘못 취급되는 물화 과정의 모델로 연구될 수 있다(Berger/Luckmann 1966). 7일을 한 주로 삼는 것이 시간을 분할하는 많은 방식 중 하나이듯이, 평균율은 음조를 분할하는 한 가지 방식이다. 양자는 모두 일상에 뿌리를 깊이 내리고 있는 것으로서 당연한 것으로 여겨지고 있다(Duffins 2007;

Zerubavel 1985). 상품으로서의 그 사물성도 교훈적인 것이다. 음악이 사물이 되었다는 것, 제도 속에 구체화되어 있다는 것, 일상의 삶 속에 널리 퍼져 있다는 것, 대중적인 직업이 되었다는 것, 초월적인 정화의 담론 속에서 긍정되고 있다는 것은 음악을 접근 가능한 사회적 구성 과정의 사례로 만들어준다. 사회적으로 유사한 현상—예술, 기술, 화폐—을 다루는 학자들은 음악의 상당 부분이(전부는 아니더라도) 상품화된 사물이 되는 과정에서 배울 만한 것이 있을 것이다.

행위로서의 음악

음악을 대상으로 다루는 것에 대해 비판적인 학자들은 과정 즉 행위로서 이해할 때 음악을 더 풍부하게 이해하는 것이라고 주장해왔다. 음악을 고정된 성질을 가지고 있는 대상으로 다루는 대신 우리는 음악을 결코 충분히 성취될 수 없는 언제나 과정 중에 있는 어떤 것, 속박되어 있지 않고 열려 있는 어떤 것, 명사라기보다는 동사("음악하기"musicking)로서의 어떤 것으로 다룰 수 있다. "음악하기"라는 단어를 만들어낸 음악학자 크리스토퍼 스몰(Small 1998: 2)은 다음과 같이 설득력 있게 요점을 설명하고 있다.

> 음악은 대상이 아니라 사람들이 행하는 하나의 행위이다. 명백한 사실은 '음악'은 하나의 허구, 즉 행위를 추상한 것이라는 점이며, 그 실재는 우리가 그것을 면밀히 검토하자마자 사라져버린다.

이런 행위는 음악을 수행하는 데서—그 물리적 본성이 주어진 상태에서—명백하게 드러난다. 그러나 그 행위는 그것에 선행하면서 그것을 가능하게 하는 노력 속에서도 찾아볼 수 있다. 수행자가 악보에 포함된 작곡가의 의도를 결연히 찾고자 하는 클래식 음악의 영역에서 이런 음악 텍스트의 연주는 음악적, 비음악적 요소를 포함하는 주목할 만한 과정을 포함한다. 영국의 직업 4중주단 가운데 재정적으로나 비평상으로나 가장 성공적인 4중주단은 연습과 공연 과정에서 떠오르는 사람 사이의 문제(예를 들면 갈등이나 리더십 등)를 잘 해결하는 그리고 음악을 통해 관객보다는 자신들을 만족시킬 수 있는 4중주단이다(Murninghan/Conlon 1991). 마찬가지로 오케스트라 연주의 수준도 리허설 과정에서 드러나는 지휘자의 능력과 정당성(Benzecry 2006; Khodyakov 2007; Morotto et al. 2007) 그리고 연주회의 과정이나 그 이후 전개되는 비형식적, 형식적 관계들의 역동성에 의해서 표현된다(Allmendinger/Hackman 1995; Glynn 2000; Khodyakov 2007; Morotto et al. 2007). 심지어 겉보기에 독립적으로 보이는 연주회의 피아니스트도 힘 있는 위치에 있는 사람들의 상반된 기대와 싸워야 한다(예를 들면 경연의 심판이나 음악 학교의 교수 등). 그들은 예컨대 기술을 요하는 음악을 과도하게 연주하는 데서 오는 지속적인 고통을 무시하거나 치료하라는 요구를 동시에 받는다(Alford/Szanto 1996; McCormick 2009). (고통은 발레 무용수의 이력을 보면 가장 잘 드러난다. Turner/Wainwright 2006). 고전 음악의 핵심에 있는 음악 기보법의 대상은 그것을 둘러싸고 이루어지는 음악하기(musicking)에 의해서 살아나는 것이다.

늘 노래를 다르게 표현하는 즉흥연주로 알려져 있는 재즈의 영역에서도 즉흥연주 기술의 발달은 계속해서 이루어지고 있다. 즉흥연주를 위해서 재즈 뮤지션은 코드와 개별 음표의 관련을 이해하고, 자신들이 다루는 악기의 특성과 역할을 파악하는 등의 인지 기술을 발달시킨다. 그들은 그런 순간적인 음악을 표현할 때 자신들의 몸을 사용하는 방법과 같은 신체적인 기술을 획득한다. 그들은 집합적으로 이루어지는 연주에서 상호작용의 기술과 에티켓을 습득하는데, 그것은 솔로이스트의 자발적인 진행, 솔로이스트들 간의 주고받기, 즉흥연주에서 일어나는 예상된 혹은 예상되지 않은 방향에 솜씨 있게 대응하는 반주 등을 포함한다. 즉흥연주는 친근한 지원, 멤버십, 음악가들의 사회적 관계, 변화하는 연주기회의 조망 등과 같은 더 큰 맥락에 의해서 완성되는 것이다(Berliner 1994; Dempsey 2008; Gibson 2006; MacLeod 1993; Sudnow 1978). 덧없는 것으로 보이는 것—재즈의 현장이나 녹화 과정에서 상품화되는 즉흥연주—은 실제로는 음악적인 것과 음악적이지 않은 것을 연결하는 확장된 행위 속에 끼어들어 있는 것이다.

스몰의 음악학적 입장은 그 자체로 사회학적인데 왜냐하면 음악과 상호작용이 서로 뒤얽혀 있다는 것을 강조하기 때문이다. 스몰(Small 1998)의 접근은 진행 중인 음악활동에 포함된 행위자들의 다양성에 초점을 맞춘다. 그렇지만 스몰은 음악활동과 연합된 행위자에 초점을 맞추는 경향이 있다(예를 들면 콘서트에서 표 받는 사람 등). 그와는 대조적으로 하워드 베커(Becker 1982)의 예술세계 접근은 음악의 창조와 전파에 관련된 모든 사람들, 굳이 표현하자면 음악적 행위 자체와 크게 관련이 없는 지원 요원까지도 고려의 대상으로 삼고 있다. 결국 음악하기의 과정은 민족방법론, 기호적 상호작용주의, 작품의 사회학, 조직 감각형성 등과 같은 더 일반적인 상호작용과 인지를 언급하는 사회학적 접근방식의 옹호자에 관심을 갖지 않을 수 없다. 그런 접근은 개인들이 자신들이 대면하는 세계를 해석하고 규정하기 위해 집합적으로 작업을 하고 있다는 사실을 드러낸다. 음악하기는 그런 노력에 대한 강력한 사례를 제공해준다. 특히 그것은 음악의 음표와 연주가 상호작용 속에서 만들어지고 유지되는 상호주관적 의미에 의존하고 있다는 사실을 보여준다. 이는 특히 청중이 음악을 어떻게 사용하고 있는지 살펴보면 분명하게 드러난다.

개인과 집단은 음악을 어떻게 사용하는가?

음악을 단순히 대상이나 행위로 접근하는 것은 그것을 사회적 삶의 일부이자 그와 뗄 수 없는 것이 아니라 독립적이고 자족적인 집합체로 다루게 할 위험이 있다(Bohlman 1999). 그래서 많은 학자들은 음악이 어떻게 사회적 삶(예를 들어 사회적 관계) 속에 개입하게 되는지에 초점을 맞춘다. 그래서 데노라(DeNora 2000)는 "'사회적 삶'을 구성하는 장면, 방식, 전제, 상황 등을 생산하는 자원으로서 음악이 동기화되는 전략의 범위"에 대해서 말하고 있다. 즉 사람들은 자기 자신과 자신들의 세계에 의미를 부여하기 위해 음악을 사용하고 있다는 것이다.

그리스월드(Griswold 1987)와 같이 우리는 "의미"를 음악이 그 자체를 넘어서 어떤 것을 지적할 때, 즉 사회적 삶의 어떤 측면을 표상할 때 발생하는 공유된 의의로 다룬다. 우리는 먼저 학계에서 음악의 의미를 어떻게 파악하고 있는지 논하고자 한다. 이것은 중요한 근거를 포함하는 것이며, 사람들이 자신들이 개인적으로나 집합적으로 누구인지를 규정하기 위해 어떻게 음악을 사용하고 있는지에 관한 우리의 논의를 위치 짓게 될 것이다. 물론 음악이 사회적 관계 속에 개입되어 있다는 것에 초점을 맞출 때, 청중을 위해 연주된 음악은 사회적 관계의 여러 집합 중 하나에 불과하다. 따라서 음악하기가 취하는 연주자/청중의 형태는 분석을 위해 필요한 제한된 전제라기보다는 설명되어야 할 서구 사회의 특징이다(Turino 2008).

음악적 의미의 개입

음악의 개입은 의미의 구성을 복잡하게 만든다. 의미는 음악적 대상이나 행위에 고립적으로 존재하는 것이 아니기 때문이다. 데노라(DeNora 1986)로부터 영감을 가져오자면, 이런 복잡화에 대해 두 개의 폭넓은 접근을 언급해볼 수 있다. 즉 음악적 대상을 강조하는 사람들(우리가 여기서 텍스트주의자라고 부르는 사람들)과 행위를 강조하는 사람들(맥락주의자)이 있다.

텍스트적 접근은 종종 음악을 언어에 비유한다. 가장 직접적인 사례는 노래 가사에 초점을 맞추는 수많은 연구들로부터 얻을 수 있다. 사회학자와 그 밖의 사람들은 한 단어의 집합(가사)을 그것을 서술하는 다른 단어의 집합으로 번역함으로써 그 의미를 탐구한다. 예를 들어 가장 많이 팔린 힙합 앨범들에서 발견된 400곡 이상의 노래를 야심차게 분석한 쿠브린(Kubrin 2005: 366)은 궁극적으로 그 가사들을 "폭력이 적합한 것으로 여겨지고 받아들여질 수 있는 해석적 환경을 구성하는데 도움을 주는 것"으로 해석했다. 래퍼들이 상이한 서정적 의도를 가질 수 있고 청중이 그 가사에 대한 다양한 해석을 가질 수 있다는 사실을 인정하면서, 쿠브린은 그 의미를 폭력에 두는 한편, 그것을 그가 보기에 힙합 아티스트와 청중에게 친근한 도심의 거리에 연결 짓고 있다(Rodriquez 2006: 664도 참조할 것).

텍스트적 접근은 학자들이 음악 자체를 향할 때, 특히 음악과 언어의 중요한 차이가 존재할 때에는 덜 직접적이다. 언어는 기본 요소(단어 - "개")가 의미를 갖는 반면, 기초적인 음악적 요소들은(음표 - "C#") 의미를 갖더라도 사소한 의미를 갖는다. 어떤 학자들은 음악의 구조(예를 들면 개별적인 음표들의 상호관계)에 초점을 맞춤으로써, 그리고 거기서 의미를 추출해냄으로써 그것을 다루고 있다(DeNora 1986).

음악의 구조에 대한 초점은 인문학에 그 뿌리를 두고 있다. 빈의 비평가인 에두아르트 한슬리크(Hanslick 1957 [1854])는 언어가 구문론의 형식적 구조에 의해서 분석될 수 있듯이, 음악도 그 형식적 특징으로 분석될 수 있다고 주장했다(여기서 음악학의 형식주의적 접근이 시작된다). 그는 또한 음악은 구문론(구조)에 있어서만 언어와 유사하며 그 의미론(의미)에서는 그렇지 않기 때문에 양자를 연결 짓는 것은 거기서 그쳐야 한다고 주장했다. 쿡(Cooke 1959) 이후의 음악학자들은 공격적으로 그 연관을 만들어왔다. 수잔 맥클러리(McClary 1991)는 음악적 구조(텍스트)와 사회적 삶(맥락)의 상호작용 속에 의미를 위치시키고 있으며, 특정한 음악(예를 들어 고전 소나타)은 남성성의 승리로 해결되기 이전에 지배적인 남성성과 종속적인 여성성을 대결시키는 통상적인 문학적 플롯과 같은 긴장을 투영한다고 주장한다. 월저(Walser 1999)도 이와 유사하게 헤비메탈의 음악적 구조(예를 들면 리듬이나 음색)가 폭넓은 남성성의 개념과 어떻게 연결되는지 설명하고 있다. 혹자는 음악의 구조가 현상세계를 마음에 떠올리게 할 때 의미가 발생한다고 주장한다. 발리와 자바에서 이루어지는 가믈란(인도네시아의 타악 합주—옮긴이) 소리가 밀물과 썰물처럼 들고 나는 것은 청중으로 하여금 달력과 우주의 자연적인 순환을 떠올리게 하며, 자연적인 것뿐 아니라 아름답고 강력한 것을 느끼게 한다(Becker/Becker 1981). 반면 모차르트 음악의 호(弧)—내러티브 플롯이 그렇게 하듯이, 결론을 향해 가는 확실한 연쇄—는 청중으로 하여금 근대성을 나타내는 시간의 선형적 개념을 떠올리게 한다(Berger 2007).

어떤 사회학자들은 음악의 구조에 주목하기도 한다. 예를 들어 세룰로(Cerulo 1995)는 161개국의 국가(國歌)를 분석했는데, 그는 각각의 국가 속에서 동시에(예를 들어 음표가 함께 소리 날 때 발생하는 조화) 그리고 시간적으로(예를 들어 멜로디 속에서의 연속적인 음표들) 펼쳐지는 음표들 간의 관계를 살폈다. 한편으로 세룰로는 어떤 음악적인 관계가 정치적인 의미를 어떻게 획득했는지 주목하면서 그런 국가들의 텍스트에 의도적으로 초점을 맞추었다. 연속적인 음표들의 가락이 크게 차이나지 않으면서(예를 들어 음정) 부드럽게 진행되는 멜로디를 가진 국가들은 큰 차이로 이루어진 멜로디를 가진 국가들과는 매우 다른 의미를 가지고 있다. "God Save the Queen"(영국 국가—옮긴이)의 작은 간격은 명예를 기리는 것이며, "La Marseillaise"(프랑스 국가—옮긴이)의 도약하는 음정은 무장할 것을 촉구하는 것이다. 다른 한편으로 세룰로는 이런 국가들의 음악적 구조와 정치적 환경을 연결 짓고 있다. 정치적인 목소리가 크지 않은 국가들(예컨대 독재국가들)은 기본적인 음악적 구조를 가진 국가(國歌)를 선택하는 경향이 있는데, 이러한 강요된 연대성에 수반되는 널리 공유된 세계관은 정치적으로나 음악적으로 설명할 것이 별로 없다. 많은 정치적인 목소리를 가진 국가들(예컨대 다당제 민주주의 국가들)은 복잡한 음악적 구조를 가진 국가를 택한다. 여기에서는 정치적으로나 음악적으로 차이를 극복하기 위한 많은 설명이 요구된다.

맥락주의적인 접근은 매우 다르다. 맥락주의자들은 텍스트주의의 접근에서는 종종 무시되거나 상상된 청중 혹은 단순히 학자 자신들에 대해서 초점을 맞춘다. 마틴(Martin 2006)은 음악의 사회적 의미를 찾는 새로운 음악학을 사회학적으로 순진하기 이를 데 없는 발상이라고 비판한다. 데노라(DeNora 2002: 22)는 텍스트주의자들이 "음악의 영향에 대한 생각을 음악이 실제로 작동하는 방식, 수용자들에 의해 사용되는 방식과 혼동하고 있으며, 상황 속의 행위자들에 의해 만들어지는 그것들의 관련성에 대해서 탐구하지 않는다"고 비판한다. 펠드(Feld 1984: 383)는 마찬가지로 음악을 읽는 것을 뛰어넘어 "상호주관적인 생활세계에서의 상징적인 행위의 우월성, 상징적 행위에 참여하는 것이 행위자의 지각과 의미를 지속적으로 만들고 형성하는 방식"을 탐구하는 것을 옹호하고 있다. 스몰은 다음과 같은 분명한 논증을 제시하고 있다(Small 1998: 13).

> 음악하기라는 행위는 일련의 관계가 발생하는 장소에서 수립되며, 그런 행위의 의미가 놓여 있는 곳은 바로 그러한 관계들이다. 그것은 유기적인 소리 사이에서뿐 아니라 (…) 능력이 어떠하건 연주에서 역할을 맡고 있는 사람들 사이에서 발견되어야 한다.

그는 이것을 클래식 음악 연주회에 의해 창조되는 의미에 대한 통찰력 있는 설명을 통해 묘사하고 있다. 여기에는 콘서트홀의 건축양식, 참여자들의 물리적인 관계, 행위자들을 위한 규약, 미시사회적인 상호작용 등이 포함되며, 이 모든 것들이 음악 자체와 그것을 둘러싼 담론을 규정짓는다.

맥락주의적인 접근은 의미가 음악 속에만 있는 것이 결코 아니라고 주장한다. 왜냐하면 거기에는 결코 "하나의" 의미가 존재하지 않기 때문이다. 어떤 청중은 랩 가사의 폭력성—가사의 범위를 특정한 의미에 한정시키면서—에 대해 한탄하는 반면, 다른 청중은 필요한 비판, 정치적인 조롱이 담긴 외침, 그리고/또는 새롭게 등장하는 예술 형식으로 듣는다(Binder 1993; Watkins 2001). 맥락주의자들에 따르면, 랩 음악이 폭력을 조장하는지 아니면 화해를 요구하는 것인지는 가사나 소리에 의존하기보다는 사람들이 그것을 가지고 무엇을 하느냐에 달려 있다. 따라서 의미는 산물이기보다는 일련의 행위들(예를 들어 해석, 반성)이다. 알프레드 슈츠가 주장하듯이(Schutz 1951), 음악의 의미는 특별히 사회학적인데 왜냐하면 음악은 상호작용을 통해서 발생하기도 하지만 상호작용을 가능하게 만들기도 하기 때문이다. 이러한 논리에 의하면 음악과 그 의미는 사회적 맥락 속에서만 펼쳐지는 것이 아니라 맥락 그 자체의 일부이기도 하다(Seeger 2004).

음악과 의미 있는 정체성의 구성

음악과 그 의미는 사람들에게 매우 심오하게 그들이 누구인지를 알려준다. 오래된 펑크록 팬(Bennett 2006)과 열정적인 오페라 전문가(Benzecry 2009)로부터 젊은 댄스클럽 애호가(Thornton 1996)와 블루그래스 뮤직(미국 남부 컨트리 뮤직의 하나—옮긴이)에 열광하는 사람(Gardener 2004)에 이르기까지 음악은 개인과 집단의 정체성을 형성하는 것을 특징짓고 도와준다.

데노라(DeNora 2000)는 음악의 의미와 개인의 정체성에 대해 언급하고 있는 주도적인 사회학자이다. 인터뷰와 관찰을 통해서 그녀는 개인들이 자신들의 삶의 중요한 측면을 표시하고 기록하는 데—기억할 만한 사건을 포함시키고 관계를 발전시키는 데—그리고 쇼핑, 에어로빅, 연애 등과 같은 행위를 어떻게 협의해 나가야 할지 가이드하기 위해 음악을 사용함으로써 정체성(하나의 "나")을 구성한다는 사실을 발견했다. 위에서 몇몇 학자들이 서술한 바와 같이, 개인들은 음악을 자신들의 발전해 나가는 자서전을 표시하는 데 사용하면서, 텍스트와 맥락을 연결지음으로써 의미를 발견한다. 그러나 이러한 것은 다른 사람과의 상호작용(예를 들면 연인들) 속에 있는 지속적인 행위로서 가장 잘 보여진다. 더욱이 개인들이 동일시하는 의미는 학자들이 동일시하는 것과 똑같을 필요는 없다. 어떤 사람들은 클래식 음악(예를 들어 모차르트)이 버거(Berger 2007)가 말하듯이 시간의 근대적인 흐름을 보여주기 때문이 아니라, 공부를 위한 배경음악으로 좋기 때문에 선호한다. 음악은 따라서 신중한 의미-형성 과정을 통해 개인 속으로 들어간다. 이것은 특정한 음악적 요소가 행위를 고무하거나(예를 들면 행진) 휴식을 취하게 할 때(DeNora 2000; McNeill 1995; Small 1998) 사전 고려가 거의 없이 몸 안으로 흘러든다는 것을 말한다.

음악은 "자아의 기술"(technology of the self)이다(DeNora 2000). 그것은 자신을 타자로부터 떼어놓는 어떤 것이다. 자신의 집에서 음악을 들으면서 클래식 음악 애호가는 초월을 추구할 수 있다(Hennion 2001). 그리고 아이팟 사용자들은 번잡한 도시에서 낯선 사람들에 둘러싸여 있으면서도 소리의 고독을 창조해낼 수 있다(Bull 2007). 음악은 타자들 속에서 자기 자신을 발견하는 어떤 것이며, 사회학자들은 특히 이 점에 대해 관심을 갖는다. 헤스몬드헬(Hesmondhalgh 2007)은 자서전적인 사운드트랙을 창조해내는 것이 개인의 내면에서 일어나는 일이라고 주장한다. 왜냐하면 사람들은 자기 자신을 타자와 비교하기 때문이다. 사람들은 자신들의 경험과 관점이 어떻게 비슷한 음악적인 선호로 이어지는지(혹은 이어지지 않는지) 상상한다(이것이 갖는 가능한 함의를 살펴보기 위해서는 Salagnik/Watts 2008 참조). 한편 다른 사람들은 스스로를 종교 공동체에 연관 지으면서 자신들의 사적인 신앙을 발전시키기 위해 음악을 사용한다(Chaves 2004; Wuthnow 2003).

집단 역시 정체성—"우리"—을 형성하기 위해 음악을 사용한다(Roy 2002). 집단과 음악의 관계는 두 방향으로 흐른다. 음악은 집단 내부의(그리고 바깥쪽의) 사람들에 의해 동일시되며 집단 내부의 멤버십은 부분적으로 그 음악을 수용하는 것에 의해 특징지어진다. 때때로 이것은 지속적이고 암묵적인 방식으로 일어난다. 브라질 중부의 수야족(Suyá)들은 매일 의례적인 노래를 부름으로써 집단의 정체성을 형성하고, 그것은 수야족의 생활에서 매우 많은 다른 부분에 영향을 미친다. 음악하기는 "노래하기의 의미뿐 아니라 거기에 포함된 사람, 시간, 장소, 청중의 의미를 재창조하고, 확립하고, 변경시킨다. 그것은 수행자의 지위, 성, 느낌을 표현하며, 전체 공동체가 그것에 주목하도록 만든다."(Seeger 2004: 65) 음악은 단순히 이런 집단을 반영할 뿐 아니라 그 집단을 규정하는 행위수행적 역할을 하기도 한다. 한 집단이 특정한 음악을 우리-임(us-ness) 및 그들의 서약을 의미하는 것으로 간주하게 될 때 쌍방향적 관계는 신중하고 갑작스러운 방식으로 발생하기도 한다. 흑인노예들은 스스로를 규정하고 자신들의 비참한 상황을 은밀하게 비판하기 위해 종교적 가사를 가진 영가를 사용했다(Douglass 1993 [1845]; Du Bois 1997 [1903]). 19세기 초에는 40만의 방직노동자들이 그들에게 연대와 행동지침을 가르치는 지역음악을 들은 뒤 일을 끝마쳤다(Roscigno/

Danaher 2004). 1990년대 말 세르비아 학생들은 밀로셰비치에 저항하기 위해 록 음악을 이용했으며, 록 음악을 통해 "정권뿐 아니라 다른 반대 세력으로부터 스스로를 구분하기 위한 담론 형성 및 집단적 정체성"을 형성하였다(Steinberg 2004: 22).

음악은 "공동체의 기술"일 수가 있다. 왜냐하면 사람들은 비슷한 취미를 공유하는 사람들을 중심으로 뭉치기 때문이다(Bourdieu 1984; Roy 2002). 이 점은 현대 사회에서 특별히 중요한데, 개인들은 잠재적으로 수많은 (분리된) 집단의 구성원일 수가 있기 때문이다(DiMaggio 1987, 1991 참조). "뮤직 신"(Music scenes) 연구는 개인이 특정한 유형의 음악을 중심으로 결합된 집단에 들어가기(그리고 나오기) 쉽다는 점을 인정하면서 이런 점을 잘 파악하고 있다(Bennett 2004). 비슷한 마음을 가진 사람들이 모이는 것은—그라지안(Grazian 2003)이 시카고 블루스에 대해 비판적으로 논증했던 것처럼—현장에서만 일어나는 일은 아니며, 물리적인 현장을 가로질러서도 일어나고(Roman-Velazquez 1999) 가상적인 공간에서도 일어난다(Beer 2008). 우리-임(us-ness)의 유동적이며 진화하는 구성은 브라질, 이스라엘, 말레이시아, 스웨덴 등과 같이 매우 광범위한 지역에서 온 열성 팬과 뮤지션들을 함께 묶는 열정적인 메탈 무대에서처럼 불규칙하게 확산되는 집단을 만들어낸다(Kahn-Harris 2007). 물론 취향은 분열을 초래할 수 있으며, 집단은 때때로 음악을 타자에 대해 자신들을 규정하기 위해 사용하기도 한다(Bourdieu 1984; Roy 2002).

사회과학과 인문학 영역의 학자들은 의미는 단순히 미디어 상품의 내용에 있는 것이 아니라, 청자와 콘텐츠 사이의 상호작용에서 발생하는 것이라고 주장한다. 그리스월드(Griswold 1987) 같이 용감한 사람은 독자의 사회적 상황이 그들이 소설을 어떻게 해석할 것인가를 만들어낸다는 점에서 의미의 우연적인 본성을 강조한다. 음악학자들은 음악의 내용이 사람들의 마음, 신체, 특히 그들의 행위에 어떻게 스며들어 가는지를 문제 삼음으로써 이런 우연적인 의미에 대한 중요한 증거를 제공한다. 그렇게 함에 있어서, 의미와 음악하기의 연관관계가 정체성 형성에서 핵심적인 역할을 수행한다는 것이 드러난다. "나와 나 아닌 것", "우리와 그들"을 규정하는 데 있어서 음악의 역할은 특히 사회심리학(Killian/Johnson 2006)과 사회운동 학자들(Eyerman/Jamison 1998)의 관심을 끌었다. 그들은 음악적 의미가 어떻게 발생하는가의 물음이 그 자체보다 더 사회학적으로 긴급한 것일 수 있다는 데 쉽사리 동의할 것이다(DeNora 1986). 달리 말하자면, 음악사회학의 안팎에 있는 학자들은 음악이 개인과 집단에 무엇을 가져다주는지, 그들이 정체성을 형성하고 (집합적으로) 행위할 때 어떤 영향을 미치는지에 대해 주목하면서 텍스트와 맥락을 함께 고려할 수 있다(DeNora 2000, 2003; Clarke 2005 참조). 거기서 그들은 이런 소리 물질이 일상을 만들어낸다는 것에 대한 강력한 근거들을 보게 될 것이다.

음악의 집단적인 생산은 어떻게 가능한가?

음악적 창조는 근본적으로 사회적이다. 비록 한 사람이 겉보기에 음악에 대한 책임이 있을 때조차도(예컨대 침실 스튜디오에서 오리지널 곡을 레코딩하는 등), 그의 노력은 대부분 개인적인 차원을 넘어선다(Becker 1982). 이 상황이 개인적인 차원을 넘어선 것이 되는 이유는 그 사람이 오래전에 확립된 음조 체계를 사용한다는 것(Weber 1958)이 곧 다른 사람에 의해 고안된 기술에 의존하는 일이거나(Jeppesen/Frederiksen 2006)

다른 많은 사람들에 의해 공유되고 있는 규약에 관여하는 일이기 때문이다(Hesmondhalgh 1998). 음악적 생산이 명백하게 집단적으로 이루어지는 많은 사례들은 특별한 흥미를 끈다. 여기서 개인과 조직은 각자의 관심을 간직한 채 함께 모여 음악을 만들어낸다(Regev 1998).

예술세계 접근(Becker 1982), 문화-생산 접근(Peterson/Anand 2004), 필드 이론(Prior 2008), 신(新)제도 이론(Johnson et al. 2006) 등과 같은 몇몇 접근들은 이런 통합을 설명해야 할 어떤 것으로 간주하고 있다. 이들은 모두 이런 집단적인 생산을 가능하게 하는 다음과 같은 공유된 인식을 지적하고 있다. 즉 (종종) 개인과 조직을 (어느 정도) 정합적인 영역 안에 통합시키는, 당연하게 여겨지는 세계(제도)를 보는 방식이 그것이다. 디마지오(DiMaggio 1987)에 유념하면서 우리는 음악을 범주(장르) 및 특정 장르의 서열(위계)로 구분하는 데 초점을 맞춘다. 이 두 가지는 시공간을 넘어서 셀 수 없을 정도로 많은 행위자들을 서로의 관계 속에서 확인하는 작업을 함으로써 집단적 생산에서 핵심적인 역할을 한다.

집단적 규정으로서의 장르

현대 서구 음악의 특징은 장르가 문화적 대상과 사람을 동시에 범주화하는 방식에 있다. 로젠블룸(Rosenblum 1975: 424)이 장르(즉 스타일)를 "매우 빈번하게 서로 결합되는 매너리즘이나 규약"이라고 정의하고 있듯이 장르에 대한 어떤 정의는 문화적 대상에 관여하는 사람보다는 그 대상의 내용을 강조한다. "장르는 (…) 독자(혹은 청자)의 기대지평으로서, 그리고 저자(혹은 음악가)를 위한 구성모델로서 기능하게 된다"라는 월저(Walser 1999: 29)의 요약처럼 어떤 정의는 사람들을 좀 더 결합시킨다. 그러나 또 다른 정의는 장르가 상이한 행위자에 대해 상이한 방식으로 사회적으로 타당하며, 음악 자체뿐 아니라 사람도 장르에 의해서 범주화될 수 있다는 점을 충분히 강조하고 있다. 예를 들어 패브리(Fabbri 1982, 1989)는 장르를 사회적으로 수락된 규약으로 간주하고, 이탈리아의 칸초네 곡 및 그 제작자("칸토토리" - 싱어 송 라이터)와 같이 특정 장르에 대해 그 규약이 함의하는 바를 설명하려는 잘 알려진 시도를 소개하고 있다. 이러한 일반적인 규약은 음악의 기술적 측면(예를 들어 칸토토리의 윤내지 않은 소리), 기호학적 측면(예를 들어 칸토토리는 어떻게 진실된 어휘를 통해 진리를 전달하는가), 행위적 측면(예를 들어 칸토토리의 겸손한 무대 자세), 이데올로기적 측면(예를 들어 칸토토리의 정의에 관한 언급) 등을 말한다. 이해가 되기는 하지만 패브리의 장르에 대한 정의는 장르가 변화해간다는 측면을 고려할 때 너무 정적이라는 비판을 받는다(Negus 1999; Santoro 2004). 끝으로 일련의 사회학자들은(Lena/Peterson 2008; Lopes 2002; Peterson 1997; Santoro 2004) 장르가 시간이 지남에 따라 사멸하는 고정된 요소라기보다는 때로는 점진적으로 때로는 급격하게(Becker 1982) 진화하는 움직이는 대상이라고 강조한다. 우리는 여기서 후자의 견해를 채택할 것이다.

음악가들의 집단적 규정은 유지되기도 하고 변화하기도 하는 과정에 있는 이 움직이는 목표물을 고정시킨다. 어떤 음악가는 새로운 장르를 발명해내기도 하는 반면(Prior 2008), 대부분의 음악가들은 현존하는 장르 안에서만 작업을 한다. 주어진 장르에 대한 오늘날의 이해는 사회화, 특히 멘토, 동료, 발표, 녹음 등을 통해 이루어지는 사회화를 위한 강력한 도구로 봉사한다(Bayton 1998; Clawson 1999; Curran 1996). 하나의 장르를 자기의 것으로 삼으면서, 초보자는 악기(헤비메탈의 육중한 드럼 세트)와 외모(특정 록 장르의 긴 머리)에 관한 규약뿐 아니라 무엇을 연주하고(재즈 드럼의 스윙) 어떻게 연주해야 하는지(사정없이 두드리는 록 드럼)에 관한 규약을 배운다. 장르를 채택하는 것은 지역적이며(Crossley 2008), 가상적이고(Beer 2008), 상상된 것(Lena 2004)들에 다리를 놓는 영역인 그 규약들을 받아들이고 있는 다른 사람들과 초보자를 연결시키는 것이다. 그러나 규약들은 견고하고 확고한 규칙들은 아니다. 일반화해서 말할 수 있다면, 그 모든 규칙을 지키는 음악가들은 별로 없다. 그들은 장르를 구성하는 것이 점차 변화해가는 데 일조하고 있다. 어떤 음악가는 규약을 뒤엎는 것을 택하고, 장르를 (결정적으로) 재정의해야 하는 독자적인 입장을 취한다(Becker 1982). 물론 음악가들은 언제나 단일한 장르에 묶여 있지는 않다. 다양한 장르에 적응하고 있는 음악가들은 다양한 장르의 개별적인 요소들을 새롭게 결합시킬 때 혁신에 박차를 가하게 된다. 그들은 또한 자신들이 정통한 재즈 연주의 범위를 확장시킬 때 경제적인 이득을 얻을 수도 있다(Dempsey 2008; MacLeod 1993). 폭넓은 장르에 정통한 재즈 음악가가 다른 사람들보다 평판도 좋고 경제적으로도 성공적이라는 것은 놀랄 일이 아니다(Pinheiro/Dowd 2009). 간단히 말해서, 장르라는 제도는 청중과 매개자뿐 아니라 음악가도 선행적인 것과 독특한 것을 뒤섞음으로써 음악적 소재의 거대한 가능성과 집단적으로 타협하게 한다(Becker 1982).

사업가들도 집단적으로 장르를 규정하기는 하지만, 음악가들이 훨씬 더 다이내믹한 방식으로 그런 일을 한다. 큰 음악 회사는 모든 장르에 초점을 맞추기보다는 역사적으로 볼 때 상대적으로 적은 장르에 천착해왔다. 그들은 알려지지 않은 음악가의 최첨단 음악보다는 잘 알려진 규약과 가수들을 강조하는 주류적인 접근을 취해왔다. 하나의 주목할 만한 사례는 주요 음반회사 및 라디오가 팝 음악(예를 들어 페리 코모)을 옹호했던 20세기에 록, 컨트리, R&B 등이 주변부에서 침투해 들어왔다는 점이다(Dowd 2003, 2004; Phillips/Owens 2004; Roy 2004). 어떤 사람들은 그런 보수적인 접근이 그 당시(그리고 지금도) 예측가능성에 대한 경영적 선호와 거대 조직을 게으른 조직으로 만들 수 있는 형식화에서 비롯되었다고 주장한다(Ahlkvist/Faulkner 2002; Negus 1999; Rossmann 2004). 이유야 어찌 되었든, 역사적으로 보수적인 이런 접근은 또한 거대 회사가 간과하는 장르에 주목하는 작은 음악 회사들에 기회를 주었다. 결국 작은 회사들은 음악 사업을 변화시키는 새로운 장르를 종종 옹호했고, 거대 회사로 하여금 한때 주변부의 장르였던 블루스, 재즈, R&B, 로큰롤, 일렉트로니카 등을 다루도록 강제했다(Dowd 2003; Hesmondhalgh 1998; Phillips/Owens 2004). 20세기 말, 작은 회사의 변신 성공에 상처를 입은 북미, 유럽, 일본 등의 거대 음반 회사들은 주류가 아닌 음악들을 진취적으로 다루는 데로 움직였다. 그들은 자신들의 회사 안에 작은 부서들을 만들고(작은 회사에 대적하기 위해) 수많은 작은 회사들과 계약을 통한 동맹관계에 들어갔으며, 투자하고, 이윤을 내고, 장르를 확장시켜 나갔다(Asai 2008; Burnett 1996; Dowd 2004; Negus 1999). 20세기를 거쳐오면서, 작은 회사와 큰 회사들은 상업적으로 가능성이 있는 장르들을 확장시켰으며, 21세기의 온라인 음악과 더불어 이런 움직임은 더욱 커졌다(Asai 2008; Beer 2008; Leyshon et al. 2005). 이들 회사에 있어서 장르는 "시장 안에서 음악을 정의하는, 혹은 달리 말해서 음악 안에서 시장을 정의하는 한 가지 방식"이다(Firth 1996: 76).

장르의 집단적 규정은 뒤르켐 이래 사회학에 알려져 있던 분류에 관한 이슈를 부각시킨다(Lamont/Molnar 2002). 다수에게 있어서 분류는 그런 분류 이전에 실재가 거기에 있는 것인 양 실재를 인지하는 지도였다. 예를 들어 제루바벨(Zerubavel 1991)은 우리가 세계를 나누는 논리—연속적인 차원들을 구분하고, 심리적인 간격들을 구분하는 것 등—를 분석했다. 그와는 달리 장르의 집단적 규정은 실재가 때때로 분류의 과정 중에 구성된다는 것을 보여준다. 장르의 범주에 대한 지속적인 인지와 그에 대한 행위는 특정한 시기의 그것의 집단적인 정의를 알려주는 것이다. 그리고 그것은 다시 이후의 인지와 행위에 대해 알려준다. 시웰(Sewell 1992: 27)은 이런 공명을 "구조의 이중성"이라고 부르면서 다음과 같이 말한다. "장르는 사회적 행위에 힘을 주고 강제하며, 그 행위에 의해 재생산되는 경향이 있는 자원들의 상호적으로 유지되는 문화적 도식과 집합에 의해 구성된다."

위계와 클래식 음악

음악을 구분하는 것은 위계를 함축하는 것일 수가 있다. 하위문화의 특징은 그 구성원들이 자신들이 선호하는 장르의 우월성을 주장하고("펑크 록 만세!") 그 장르에 대한 연합에 기초해서 사람들 간에 위계가 생긴다는 것이다(Bennett 2004). 더 분명한 것은 여러 집단 출신의 서로 공통점이 없는 개인들이 특정한 장르(들)의 장점을 인정하고 있다는 점이다. 그렇게 폭넓게 유지되는 위계를 설명하기 위해서, 우리는 수백 년 된 뿌리를 가지고 있으며 국제적으로 유지되고 있는 광범위한 순위 매기기에 주목해야 한다. 그것은 바로 클래식 음악이 대중음악보다 우월하다고 선전하는 것이다.

대중음악에 비해 클래식 음악이 우위에 있다는 것은 그런 범주가 타당성을 가질 것을 요구한다. 그러나 앞의 범주가 언제나 존재했던 것은 아니다(Weber 1984, 2006). 유럽의 후원자와 청중은 오래전부터 과거의 완벽한 작품(예컨대 클래식 음악)을 반복해서 연주하는 것보다는 현대음악을 좋아했다—이것은 종종 사회적 사건을 위해 일회성 퍼포먼스로 고안되기도 했다. 17세기의 파리 오페라는 위대한 예술을 창조하기보다는 음악적 스펙터클을 통해 루이 14세와 프랑스어를 칭찬하는 데 더 관심이 많았다고 해야 할 것이다(Johnson 2007). 데노라(DeNora 1991)는 17세기 말에 빈에서 있었던 중요한 변화를 언급하고 있다. 귀족들은 새로운 음악을 연주하는 앙상블을 후원함으로써 스스로를 구분하는 일이 있었는데, 그렇게 되자 사회적 지위도 하락하는 일이 생겼다. 그래서 그들은 새로운 구분법으로 전환했다. 즉 베토벤, 모차르트, 하이든 등과 같은 복잡하고 감당하기 힘든 음악을 칭찬하는 세련된 능력을 갖추게 된 것이다. 그와 같은 클래식 음악에 대한 그들의 강조가 당시로서는 폭넓은 지지를 얻지는 못했지만, 그것은 다가올 일에 대한 전조였던 것이다. 위계는 대서양 양쪽에 뿌리를 두고 있었는데, 거기서는 클래식만을 연주하는 조직이 확산되어 나갔고, 당시의 대중음악에 대해서는 엄격하게 차단선을 긋고 있었다(Allmendinger/Hackman 1996; Benzecry 2006; Levine 1988; Santoro 2010). 디마지오(DiMaggio 1982, 1992)는 미국에서 오케스트라 음악[보스턴 심포니 오케스트라(BSO)]과 오페라[뉴욕 메트로폴리탄 오페라(the Met)]의 영역에서 클래식만 제공하는 주동자들이 있었음을 강조하고 있다. 도시의 엘리트 출신인 문화 기획자의 선도 하에 두 단체는 클래식 음악의 고상함을 비영리적 형식과 결합시켰다. BSO는 1881년 그런 식으로 설립되었으며, 'the Met' 역시 1939년 영리를 목적으로 하던 것을 중단하면서 같은 길을 걸었다. 영리를 목적으로 하지 않는다는 것은 청중의 엉뚱한 요구로부터 부담을 덜어주었다. 왜냐하면 다양한 곳에서 오는 헌금이 오락적인 요소를 배제하고 심각한 작품을 연주할 때 어쩔 수 없이 귀결되는 저조한 티켓 판매를 보상해주었기 때문이다. 이 최초의 주동자들은 미국의 오케스트라들, 그리고 나중에 미국의 오페라 회사들에 모범 사례를 제공하면서 이러한 위계가 생명력이 있는 것이 되게끔 했다. 18세기 말 이후 오케스트라는 한때 빈의 귀족들에 의해 권유되었던 작곡가들처럼 과거의 작품들을 강조하는 프로그램을 제공했다(Dowd et al. 2002; Kremp 2010). 더욱이 이 세기가 전화되는 시점에서는 비영리 조직들은 미국의 오케스트라와 오페라 회사 가운데 탁월한 위치를 점하게 된 반면, 영리를 목적으로 하는 회사들은 대중음악의 생산을 지배하게 되었다(DiMaggio 2006).

더 넓은 영역에서 음악 생산의 발달은 이런 위계를 굳건하게 만들었지만 최근에는 그것을 침식시키는 데 기여하게 되었다. 유럽과 북미에서 19세기 초의 음반회사와 방송국은 앨범을 사용하는 클래식 음악에 주된 관심을 기울이고 청중에게 그 음악의 장점을 교육했다. 20세기 중반쯤 이들 영리목적의 회사들은 클래식 음악을 적어도 특별한 상품으로 팔기 시작했다(Dowd 2003; Katz 1998; Maisonneuve 2001). 20세기 중반부터 여러 나라의 교육자와 비평가들은 자신들이 듣고 있는 사례(예를 들어 베토벤)에 대한 놀라운 의견일치를 보여주면서 클래식 음악의 중요성과 가치에 대해 교육했다. 최근에 교육자들과 비평가들은 대중음악의 가치에 크게 주목해왔으며 대중음악은 클래식 음악과 비교하여 그 지위가 상승하고 있다(Bevers 2005; Dowd et al. 2002; Janssen et al. 2008; van Venrooij/Schutz 2010). 한편 미국에서는 비영리적인 운영이 클래식 음악을 대중음악으로부터 격리시키는 데 점차 효과를 발휘하지 못하게 된 것으로 여겨진다. 청중 감소와 부족한 헌금은 티켓 판매를 주된 관심사로 만들었다(DiMaggio 2006). 이러한 최근의 전개에도 불구하고, 이런 제도화된 위계는 놀라울 정도로 확고하게 남아 있다. 이러한 단순한 서열은 음악 생산의 초국가적 영역을 가능하게 했고 또 그것에 의해서 가능한 것이었다.

음악적 위계는 조직사회학자들에게 호소할 수밖에 없는데, 조직사회학자들은 특정한 조직이 개입되고(영역), 그 영역의 인지적(그리고 암묵적) 기초가 형성되는 맥락을 강조한다(Johnson et al. 2006). 그러나 어떤 조직학자들은 (a) 제도보다 실제 사람들에게, (b) 그 영역의 공리적인 측면보다 표현의 측면에, 그리고 (c) 제도화보다는 탈제도화에 대해 상대적으로 관심이 덜 주어졌다는 사실에 주목한다(Glynn/Dowd 2008; Glynn/Marquis 2004). 따라서 음악의 위계에 대해 말하고 있는 위에 언급한 학자들은 교정적인 시각을 제공한다. 즉 미적인 선호를 공표하기 위해 조직과 후원자를 움직이는 사람들의 수많은 행위와 담론이 있으며, 최근에는 그런 선호가 직면한 도전들을 다루기 위해 그 사람들이 움직인다는 것이다. 더욱이 우리가 앞으로 논하겠지만, 이러한 음악적 위계의 특별한 형태는 더 넓게는 청중과 사회 계층화에 대해 중요한 의미를 갖는 것이다(Bourdieu 1984).

음악은 더 넓은 사회적 구별과 어떻게 관련되어 있는가?

만일 음악적 구별과 위계가 사회의 계층화와 잘 맞아떨어진다면, 음악사회학은 인종, 계급, 성 등과 같은 더 폭넓은 사회적 구별에 대해서 별로 말할 것이 없을 것이다. 그러나 음악의 다양한 측면들은 때때로 계층화를 거꾸로 전복시킨다. 백인 청중이 때때로 인종적인 연합을 이유로 흑인 음악을 평가절하 하는 일이 있기는 하지만(Frith 1996; Lopes 2002), 그들은 흑인 음악에 긍정적인 가치(예컨대 진정성)를 부여하기도 하고 백인 음악에 부정적인 가치(예를 들어 비진정성)를 부여하기도 한다(Cantwell 1997; Grazian 2003). 한 민족지학자가 힙합에 대해 관찰하고 있듯이 "흑인 스타일과 음악을 택하는 백인들은 흑인이 될 필요는 없다. 그들은 쿨한 태도와 결합되어 있는 흑인의 특징을 얻고자 할 뿐이다." (Rodriquez 2006: 649) 음악은 결국 복잡한 역할을 수행한다. 음악은 사람들이 사회적 구분을 위해 사용할 때 계층화를 지지하지만, 그 구분을 가로지르기 위해 사용할 때는 계층화를 훼손시킨다(Roy 2002, 2004). 그와 같이 음악은 사회적 관계 속으로 들어오며, 미시수준과 거시수준 모두에서 근본적인 구분을 만들어내는 것을 돕고 있는 것이다.

구별에 대해 음악적으로 경계 짓기

"경계 짓기"(Bounding)란 개념적 구분(예를 들어 음악이 어떻게 장르로 분류되는가)과 사회적 구분(예를 들어 인종, 계급 등)을 배열하는 사회적 시스템을 형성하는 하나의 메커니즘이다. 따라서 그것은 존중받는(혹은 그렇지 못한) 음악적 장르가 존중받는(혹은 그렇지 못한) 사람들의 집단과 결합될 때 부수적인 구분을 연결시킨다(Lamont/Molnar 2002; Roy 2001; Zerubavel 1991). 경계 짓기가 단순하게 발생하는 것은 아니기 때문에, 거기에 관련된 행위자들을 확인하는 일이 중요하다. 우리는 음악회사, 비평가, 고용인, 청중 등에 의해 이루어진 경계 짓기에 대해서 살펴볼 것이다. 후자의 집단은 상동성(homology)이 문제가 될 때 특별한 관심의 대상이 된다. 특정한 청중 집단은 자신들의 사회적 지위와 평행관계에 있는 속성을 가진 음악에 끌리는 경향이 있다(DeNora 2002; Frith 1996; Martin 1995; Shepherd/Wicke 1997). 그런 상동성은 전체 사회와 그 사회의 음악이 갖는 유사성을 논증하려고 했던 앞선 학자들에 의해 강조된 상동성의 유형보다 더 경계를 정하기가 용이하다(Adorno 2002; Lomax 1962; Weber 1958).

상업적인 제작자와 배급업자들은 아마도 일반 대중이 음악적 장르와 사회적 구별(예를 들어 인종) 사이의 연합을 어떻게 형성하는가 하는 데 있어서 가장 큰 영향력을 가지고 있을 것이다. 미국에서 음악의 인종화는 처음부터 상업음악의 핵심이었다. 미국의 상업적인 대중음악의 최초 장르는 아마도 순회극단(minstrel, 백인이 흑인 분장을 하고 흑인의 노래와 춤을 춤—옮긴이)일 텐데, 이것은 백인이 흑인의 문화를 전유하는 데 기초하고 있다. 19세기 대부분의 기간 동안 순회극은 비남부인이 흑인에 대해 처음 알게 되는 장소였을 뿐 아니라 이민자에게 미국의 백인이 된다는 것이 어떤 것인지를 알려주는 장소이기도 했다(Lott 1993). 순회극은 또한 20세기의 상당기간 동안 인종관계의 틀을 만들었던 법적인 차별을 위한 이름을 제공하기도 했다. 그 이름이 'Jim Crow'이다. 19세기 말, 시트 뮤직(한 장의 악보로 된 팝 뮤직—옮긴이)의 출판이 음악 사업에서 가장 이윤을 많이 남기는 사업이 되었을 때, 시각 이미지는 인종적 고정관념에 새로운 힘을 부여했다. 음악 출판물은 "검둥이"(sambo) 캐리커처—과장된 입술, 퉁방울 눈, 납작한 코, 우스꽝스러운 모자, 거대한 나비넥타이—로 표지를 장식했는데, 이 모든 것은 조롱의 아이콘으로 굳어졌다(Lhamon 1998; Lott 1993; Roy 2010).

음악이 녹음되기 시작한 시기에도 심한 인종화는 이어졌다. 1920년대에 레코드 회사는 마케팅을 하면서 인종 집단을 겨냥했다. 어떤 경영인들은 도시의 백인 중산층 이외의 사람들이 레코드를 구입한다는 사실에 놀라기는 했지만, 대부분의 레코드 회사들은 "인종 레코드", "남부 시골 음악" 등의 특별한 라벨과 카탈로그를 만들었고, 이것은 결국 리듬 앤 블루스, 컨트리, 웨스턴 등과 같은 음악을 채택하는 데로 이어졌다(Dowd 2003; Peterson 1997; Roy 2002, 2004). 동시에 거대 레코드 회사는 흑인 음악의 열정적인 재즈에서 흘러든 흠결을 피하기를 희망하면서 백인 음악가들로 이루어진 걸출한 재즈 오케스트라를 주역으로 세웠다. 그들은 루이 암스트롱 같이 잘 알려진 흑인 음악가의 정체성을 숨기기 위해 익명을 사용하기도 했다(Phillips/Kim 2009; Phillips/Owens 2004).

좋은 지위에 있는 개인들 역시 장르와 사회적 구분의 배열을 형성한다. 음악에 관한 공적인 담론을 제공하는 사람들—비평가, 학자, 저널리스트—은 그런 일을 하는 가장 가시적인 집단이며 아마도 가장 영향력이 있는 사람들일 것이다. 슈무츠(Schmutz 2009)는 50년 동안 4개국의 신문 평론가들이 성을 경계 짓는 일을 했다는 명확한 증거를 찾아냈다. 평론가들이 특정한 대중음악 장르의 보도에 헌신했을 때, 그들은 그 장르의 여성 예술가에게 주어진 상대적인 관심을 격감시켰던 것이다. 비판적 담론은 존중받은 장르가 여성보다는 남성의 영역이었다는 것을 보여준다. 좋은 지위에 있는 다른 사람들(잠재적 고용주들)도 오랫동안 여성들을 평가절하 해 왔기 때문에 이런 이야기는 비열하다고 할 수는 없다. 남성과 비교하여 여성 음악가들은 역사적으로 좁은 영역의 악기와 책임(Bayton 1998; Clawson 1999; DeNora 2002), 불안정 고용(Coulangeon et al. 2005), 제한된 상업적 성공(Dowd et al. 2005) 그리고 심포니 오케스트라에서 출연진이 명목상의 숫자에서 적당한 소수로 줄어들 때 동료 기악가들로부터 오는 불평들에 노출되어 있다(Allendinger/Hackman 1995). 장르와 성 사이의 배열은 종종 대중음악과 클래식 음악에서 여성에게 적대적으로 작동해왔다.

다양한 유형의 청중들이 경계 짓기에 관여되어 있다. 예를 들어 영국 학계의 주목할 만한 한 가닥은 특정한 하위문화—그 주관적인 경험—의 가치와 생활양식 간의 상징적인 접합을 상술하고 있는데, 거기서 사용되는 음악은 그들의 주요 관심을 표현하거나 강화하는 역할을 한다(Bennett 2004). 따라서 펑크가 일반적으로 체면을 거부하는 것은 그들의 귀에 거슬리는 음악에 반영되어 있는데, 그 음악은 마치 안전핀으로 얼굴에 피어싱을 하는 것이 세속적인 것들의 의미를 전복시키는 것과 마찬가지로 주류 음악의 미학을 전복시키고 있는 것이다(Hebdige 1979).

비록 하위문화의 구성원들이 사회 질서 속에서 자신들의 위치를 구성해내기 위해 음악을 의도적으로 사용하지는 않는다 하더라도 부르디외(Bourdieu 1984)는 계급 구성원들은 사전 고려 없이 그런 일을 할 수 있다는 점을 주장하고 있다. 각 계급의 경제적 상황은 특정한 방식으로 음악에 대한 성향을 형성하지만 그들은 그것이 자연스러운 것이라고 생각한다. 프랑스의 노동계급은 경제적으로 여유가 없고 여가 시간이 많지 않기 때문에 감상을 하기 위한 훈련을 별로 할 필요가 없는 흥겨운 음악을 선호한다. 엄청난 자산과 여가 시간을 가지고 있는 프랑스 상층 계급은 감상을 위해 많은 훈련과 교양을 필요로 하는 클래식 음악과 같이 여흥을 위한 음악보다는 지적인 음악을 선호하는 경향이 있다. 상층 계급의 특권적 지위는 일반적으로 합당한 것으로 간주되는데, 그들의 클래식 음악에 대한 친숙성은 다양한 영역에서 기회와 성공을 용이하게 만들어주는 문화 자본으로 기여한다. 음악 감상과 청취 방식에서의 계급적 차이를 보여주는 프랑스의 연구 데이터로 무장한 부르디외(Bourdieu 1984: 18)는 "한 사람의 '계급'을 규정해주는 것, 그를 분명하게 분류해주는 것으로서 음악적 취향보다 더 확실한 것은 없다"고 주장한다. 그에게 있어서 음악적 선호와 사회적 계급 간의 상동성은 프랑스에서는 전반적인 것이다. 이런 상동성은 프랑스 밖에서도 문제가 될 수 있지만, 명확한 방식으로 드러나지는 않는다. 미국에서 문화 자본은 교육적 성공에 기여하고 있다. 그러나 문화 자본을 소유하고 그것으로부터 혜택을 입는 사람들은 그리 많다고 할 수는 없다(Aschaffenburg/Mass 1997; Dumais 2002).

구별에 대해 음악적으로 다리 놓기

"다리 놓기"(Bridging)는 개념적이고 사회적인 구별의 배열을 형성하는 또 다른 메커니즘이다(Roy 2002, 2004). 그것은 특정 사회집단에 의해서 수용되었던 하나의 음악 장르가 다른 집단에 의해서 수용될 때처럼 구별의 연결을 흐릿하게 한다(Lamont/Molnar 2002; Roy 2001; Zerubavel 1991). 이하에서 전개될 다리 놓기에 대한 우리의 논의는 경계 짓기와 비슷한 점이 있겠지만, 다른 점도 있다. 청중의 경우 다리 놓기는 배열을 상동성으로부터 멀어지게 해서 이질성에 가깝게 하는데, 거기서 개념적 구별은 특정한 사회적 구별과 덜 명확하게, 그렇지 않으면 더 복잡하게 연결된다(Coulangeon/Lemel 2007; Garcia-Alzarez et al. 2007).

초기에 미국 음악을 인종화하는 데 있어서 사업이 핵심적인 역할을 하긴 했지만, 나중에 흑인 음악(가들)과 백인 음악(가들)을 엄격하게 분리하는 경향은 사라졌다. 20세기 초부터 ASCAP(미국 작곡가, 작가, 출판인 협회)라는 하나의 단일 조직이 현장이나 방송을 통해 그들이 작곡한 것이 사용될 때 작곡가와 출판인에게 보상금을 확보해주기 위한 일을 했다. 그러나 그 지도자들은 인종 음악이나 남부 시골 음악(예를 들어 젤리 롤 모튼Jelly Roll Morton)을 취급하는 것을 거부했으며, 그 장르와 작곡가들을 위해 경제적인 대리역을 하지도 않았다. ASCAP가 부과한 요금에 화가 난 방송인들은 1939년에 BMI(Broadcast Music, Inc.)라는 자신들의 조직을 만들었다. BMI는 ASCAP가 무시한 장르를 공격적으로 방송에 내보냈고 1940년대 이후부터 그 장르의 싹을 키우기 위한 경제적 토대를 제공했다(Dowd 2003; Ryan 1985). 이 장르들은 20세기 중반의 레코드 회사가 앞선 시기의 엄격한 분류를 버리게 됨에 따라 경제적으로 혜택을 보게 되었다. 포크웨이즈 레코드(Folkways Records)사는 청중들에게 인종을 알리지 않고 의도적으로 흑인 연주자와 백인 연주자를 혼합해서 자신들의 핵심 음반을 냈다. 거대 레코드 회사들은 거기까지 가지는 못했으나, 그 대신 컨트리 음악과 R&B를 열심히 연구함으로써 팝 음악에 주목하기 시작했다. 더욱이 이들 회사는 흑인 연주자들이 백인 청중을 타깃으로 하는 팝 음악 시장에서 잘 나가는 것을 보고(예를 들어 냇 킹 콜) 크로스오버를 통한 성공의 가치를 곧 깨닫게 되었다(Dowd 2003, 2004; Peterson 1997; Skinner 2006). 경계가 느슨해지는 것은 20세기 중반 이후의 악기 연주자들에게도 영향을 주었는데, 그들의 협회는 컨트리 음악을 하는 사람들을 수용하기 시작했고, 결국에는 미국 도시에서 인종적으로 구별되어 있던 운영을 통합하기에 이른다(Dowd 2003; Dowd/Blyler 2002; Peterson 1997). 비록 미국 음악에서 인종화를 완전히 제거하지는 못했지만(Negus 1999) 그런 다리 놓기는 인종화를 덜 노골적인 것으로 만들었고 한때 주변에 머물러 있던 장르에 새로운 청중이 접근할 기회를 제공했다.

좋은 지위에 있는 개인들의 담론들도 구별을 가로질러 다리 놓기를 할 수 있다. 저 비열한 시대에서조차 노예와 음악의 관계는 복합적인 것이었다(Roy 2010). 노예주들은 노동 속도를 조절하고 백인이 주최하는 사회적 행사의 여흥을 위해 노예들의 음악을 사용했다. 그러나 그들은 종종 노예들이 매우 상징적이고 때로는 반항적인 방식으로 연주하는 영가를 소음으로 듣기도 했다. 노예폐지론자, 민속학자, 그리고 학자들은 몇몇 백인들에게 그 소음이 사실은 매우 중요한 음악이라는 것을 확신시켰다. 프레더릭 더글러스 등은 영가가 흑인의 인간성을 극화한 것이며, 신에 대한 그들의 관계를 드러내고, 그들이 동등하지는 않더라도 온전한 인간임을 묘사한 것이라고 주장했다(Cruz 1999). 그 이후의 시대에 비평가와 학자들은 흑인 음악가들과 연합된 다른 장르들—특히 재즈와 힙합—이 소음도 아니고 비도덕적인 것도 아니며, 세심하게 고려할 가치가 있는 떠오르는 예술 형식이라고 하는 사례를 백인들에게 보여주었다(Binder 1993; Lopes 2002; Lena/Peterson 2008 참조). 최근의 분석은 비평가들이 자신들의 리뷰에서 채택하고 있는 장르 라벨들이 종종 겹치며, 팝 및 록 장르와 R&B 및 힙합의 경계를 허물고 있다는 것을 보여준다(van Venrooij 2009). 장르와 인종의 배열은 많은 담론들 속에서 더 유동적인 것이 되고 있다.

최근에 학계는 청중들, 특히 높은 지위에 있는 개인들이 다양한 음악의 영역들을 자신들의 일상적인 경험과 결합시키면서 뚜렷한 다리 놓기에 관여하고 있다고 주장한다(Peterson 2005 참조). 이런 다리 놓기는 그러나 새로운 것이 아니다. 초기에 이루어진 인종 음악 및 남부 시골 음악에 대한 상업적 분류와 구별에도 불구하고 남부에서조차 당시의 많은 흑인 및 백인 음악가들은 서로에 대해 잘 알았으며, 서로로부터 배우고 서로의 노래를 불렀다(Roscigno/Danaher 2004; Roy 2002, 2010). 음악가와 학자 등은 그런 상업적 분류에 반대해서, 그리고 다양한 국가의 음악을 원형에 이르기까지 추적한다는 프로젝트의 일부로서 민속음악이라는 장르를 창조해냈다. 진정한 미국 민속음악이 영국의 산악지방의 발라드냐 아니면 노예들이 불렀던 혼성 영가냐 하는 논쟁이 있었기 때문에 인종이 특히 두드러져 보였다(Roy 2002, 2010). 1960년대 무렵 매우 복잡한 민속음악의 역사를 추적하면서, 미국의 도시 교양인들은 민속음악이 흑인이건 백인이건 공통의 국민음악이라는 이유에서 그것을 높이 평가했다. 그 음악의 제작자들이 더 주변적이고, 지위가 낮고, 덜 복잡할수록 민속음악 팬들에게는 더 좋게 여겨졌다(Roy 2002, 2010). 우리는 여기서 유리한 입장의 사람들이 불리한 입장의 사람들과 스스로를 동일시하는, 전도된 계급 시스템을 보게 된다.

민속음악 팬들에 의해 이루어진 과거의 이러한 다리 놓기는 여러 나라에서 활발히 전개되고 있는 최근의 다리 놓기 경향의 전조였다. 고급 교육을 받고 좋은 직업을 가지고 있는 네덜란드인들 중 어떤 사람들은 클래식 음악을 좋아하지만, 또 다른 사람들은 낮은 지위에 속한 사람들이 좋아하는 다양한 음악 장르에 친근감을 느끼는 것으로 나타났다(van Eijck 2001). 후자의 사람들이 가진 잡식성의 취향은 계층화를 복잡하게 만드는데, 왜냐하면 사회적으로 유리한 지위에 있는 청중 집단에게 있어서 사회적이고 상징적인 경계의 배열은 부르디외의 논증이 보여준 것보다 더 이질적이기 때문이다(Garcia-Alvarez et al. 2007). 프랑스에서조차 최근의 연구 결과는 "상동성을 통해 음악적 취향을 구분하려는 어떤 시도도 철저히 제거하고 있다. 즉 팝 음악이 더 이상 하층 계급의 음악이 아니듯이, 지식인용 음악도 더 이상 상층 계급의 음악이 아니다." (Coulangeon/Lemel 2007: 98-99) 그러나 음악 장르에서의 이러한 잡식성의 취향은 결코 계층화의 끝을 나타내는 것은 아니다. 오히려 이런 취향은 유리한 지위에 있는 사람들이 매우 개별적인 방식으로 분산될 수 있는 새로운 유포 형식을 나타낸다(Ollivier 2008; Savage 2006; Warde et al. 2008).

음악에 의해 결합되고 연결된 집단들이 사회적으로 동등한 경우는 별로 없기 때문에, 음악은 계층을 유지하고 재구성하는 데 매우 중요한 역할을 한다. 음악과 불평등의 관계가 음악사회학에서 이론적으로 풍부하게 그리고 가장 폭넓게 논의된 연구라는 것은 놀랄 일이 아니다. 이런 연구는 계층화를 연구하는 사람들에게 흥미 있는 주제가 될 것이다. 왜냐하면 그것은 인종, 성, 계급 등의 사회적 구별을 창조하고 특징짓는 일에 아무 도움이 안 될 것으로 여겨지는 것—음악적 취향과 선호—의 역할을 드러내기 때문이다.

결론

음악사회학은 사회학자들이 사회적 삶의 다양한 차원들을 연구하는 방식을 조명한다. 전인지적 상호작용이 우리가 서로 맺고 있는 관계 방식을 어떻게 형성하는가 하는 미시사회학적 관심에서부터 사회적 구별이 어떻게 구성되고 보강되는가 하는 거시사회학적 관심에 이르기까지, 음악사회학은 중요한 교훈을 제시한다. 우리가 할 수 있는 일이라고 해야 대담한 주장을 하는 것이겠지만, 우리는 비(非)음악사회학을 위한 가장 심오한 교훈이 음악의 독특한 성질 안에서 발견된다고 주장하고자 한다.

음악의 일반적인 성질에 대해서는 사회학의 다른 전문가들이 연구를 했지만(예를 들어 그 조직적, 상호작용적 측면에 대해), 그 독특한 성질에 대한 탐구는 당연하다고 여겨진 비음악적 상호작용의 성질을 눈에 뜨이게 만든다. 예를 들어 부르디외(Bourdieu 1984)는 음악의 추상적이고, 내용이 없는 성질들이 어떻게 문화 자본을 위해 음악을 전용되도록 하는가를 설명하고 있다. 이런 통찰은 셀 수도 없고 말로 할 수도 없는 것들을 포함하는 계층화 연구를 변화시켰다. 마찬가지로, 음악을 노예들에게 귀속시킴으로써 노예폐지론자들은 노예의 인간성에 대해 주장할 수 있었다. 영가의 기독교적 속성이 백인 청중들이 노예에 대해 느꼈을 동정심을 부추겼을 수도 있지만, 미개함의 이미지를 경감시켰던 것은 바로 음악을 만드는 행위였다. 크루즈(Cruz 1999)는 미국의 노예들을 인간화하기 위한 음악의 사용이 어떻게 그가 "민족공감"(ethnosympathy)—문화적으로 다르게 여겨지는 한 집단을 끌어안으면서 동시에 거리를 두는 것—이라고 부르는 지배집단과 피지배집단 간의 새로운 종류의 관계를 예언하는 일이 되었는지를 서술하고 있다. 따라서 계층화와 민족적 관계에 관한 연구는 음악이 의미작용의 또 다른 형식 혹은 시적 표현의 또 다른 매체로 간주되었을 때가 아니라, 사람들이 행하는 특별한 종류의 행위로 간주되었을 때 음악사회학으로부터 도움을 받게 되었다. 우리는 이 논문의 처음에 제시된 네 가지 물음에 답함으로써, 모든 종류의 사회학에 대해 음악이 갖는 함의를 보여주었으면 했다.

음악사회학자인 우리는 음악의 사회적 역학을 충분히 이해하기 위한 개념적이고 방법론적인 도구를 이제 막 개발하기 시작했다. 그러나 우리가 진전해 나감에 따라, 다른 학문 및 인간 지식의 창고 전반에 도움이 되리라 믿는다.

번역_이유선

참고문헌

Abbott, Andrew und Alexandra Hrycak 1990: Measuring Resemblance in Sequence Data. An Optimal Matching Analysis of Musician Careers, in: American Journal of Sociology 96. 1, 144–185.

Adorno, Theodor W. 1984 [1932]: Uber die gesellschaftliche Lage der Musik, in: Gesammelte Schriften 18: Musikalische Schriften V. Hg. von Rolf Tiedemann und Klaus Schultz. Frankfurt a. M.: Suhrkamp, 729–777.

Ahlkvist, Jahrl und Robert Faulkner 2002: "Will this Record Work for Us?". Managing Music Formats in Commercial Radio, in: Qualitative Sociology 25. 2, 189–215.

Alford, Robert R. und Andras Szanto 1996: Orpheus Wounded. The Experience of Pain in the Professional World of Piano, in: Theory and Society 25. 1, 1–44.

Allmendinger, Jutta und Richard J. Hackman 1995: The More, the Better? A Four-Nation Study of the Inclusion of Women in Symphony Orchestras, in: Social Forces 74. 2, 423–460.

Asai, Sumiko 2008: Firm Organisation and Marketing Strategy in the Japanese Music Industry, in: Popular Music 27. 3, 473–485.

Aschaffenburg, Karen und Ineke Maas 1997: Cultural and Educational Careers. The Dynamics of Social Reproduction, in: American Sociological Review 62. 4, 573–587.

Bayton, Mavis 1998: Frock Rock. Women Performing Popular Music. Oxford: Oxford University Press.

Becker, Howard S. 1982: Art Worlds. Berkeley, CA: University of California Press.

Becker, Judith und Alton Becker 1981: A Musical Icon. Power and Meaning in Javanese Gamelan Music, in: Wendy Steiner (Hg.): The Sign in Music and Literature. Austin, TX: University of Texas Press, 203–215.

Beer, David 2008: Making Friends with Jarvis Cocker. Music Culture in the Context of Web 2. 0, in: Cultural Sociology 2. 2, 222–241.

Bennett, Andy 2004: Consolidating the Music Scenes Perspective, in: Poetics 32. 3/4, 223–234.

Bennett, Andy 2006: "Punk's not dead". The Continuing Significance of Punk Rock for an Older Generation of Fans, in: Sociology 40. 2, 219–235.

Benzecry, Claudio E. 2006: Curtain Rising, Baton Falling. The Politics of Musical Conducting in Contemporary Argentina, in: Theory & Society 35. 4, 445–479.

Benzecry, Claudio E. 2009: Becoming a Fan. On the Seductions of Opera, in: Qualitative Sociology 32. 2, 131–151.

Berger, Karol 2007: Bach's Cycle, Mozart's Arrow. An Essay on the Origins of Musical Modernity. Berkeley, CA: University of California Press.

Berger, Peter und Thomas Luckmann 1969 [1966]: Die gesellschaftliche Konstruktion der Wirklichkeit. Eine Theorie der Wissenssoziologie. Frankfurt a. M.: Fischer.

Berliner, Paul F. 1994: Thinking in Jazz. The Infinite Art of Improvisation. Chicago, IL:University of Chicago Press.

Bevers, Ton 2005: Cultural Education and the Canon. A Comparative Analysis of the Content of Secondary School Exams for Music and Art in England, France, Germany and the Netherlands, 1990–2004, in: Poetics 33. 5/6, 388–416.

Binder, Amy 1993: Constructing Racial Rhetoric. Media Depictions of Harm in Heavy Metal and Rap Music, in: American Sociological Review 58. 6, 753–767.

Bohlman, Philip V. 1999: Ontologies of Music, in: Nicholas Cook und Mark Everist (Hg.): Rethinking Music. Chicago, IL: University of Chicago Press, 17–34.

Bourdieu, Pierre 1987 [1979]: Die feinen Unterschiede. Kritik der gesellschaftlichen Urteilskraft. Frankfurt a. M.: Suhrkamp.

Bull, Michael 2007: Sound Moves. iPod Culture and Urban Experience. London: Routledge.

Burnett, Robert 1996: The Global Jukebox. The International Music Industry. London: Routledge.

Cantwell, Robert 1997: When We Were Good. The Folk Revival. Cambridge, MA: Harvard University Press.

Cerulo, Karen A. 1995: Identity Designs. The Sight and Sounds of a Nation. New Brunswick: Rutgers University Press.

Chaves, Mark 2004: Congregations in America. Cambridge, MA: Harvard University Press.

Clarke, Eric F. 2005: Ways of Listening. An Ecological Approach to the Perception of Musical Meaning. New York: Oxford University Press.

Clawson, Mary Ann 1999: When Women Play the Bass. Instrument Specialization and Gender Interpretation in Alternative Rock Music, in: Gender & Society 13. 2, 193–210.

Cooke, Derrick 1959: The Language of Music. London: Oxford University Press.

Coulangeon, Philippe und Yannick Lemel 2007: Is "Distinction" Really Outdated? Questioning the Meaning of the Omnivorization of Musical Taste in Contemporary France, in: Poetics 35. 2/3, 93–111.

Coulangeon, Philippe, Hyacinthe Ravet und Ionela Roharik 2005: Gender Differentiated Effect of Time in Performing Arts Professions. Musicians, Actors, and Dancers

in Contemporary France, in: Poetics 33. 5/6, 369–387.
Cross, Ian 1997: Pitch Schemata, in: Irene Deliege und John A. Sloboda (Hg.): Perception and Cognition of Music. East Sussex: Psychology Press, 353–386.
Crossley, Nick 2009: The Man Whose Web Expanded. Network Dynamics in Manchester's Post/Punk Music Scene, 1976–1980, in: Poetics 37. 1, 24–49.
Cruz, Jon 1999: Culture on the Margins: The Black Spiritual and the Rise of American Cultural Interpretation. Princeton: Princeton University Press.
Curran, Geoffrey M. 1996: From "Swinging Hard" to "Rocking Out": Classification of Style and the Creation of Identity in the World of Drumming, in: Symbolic Interaction 19. 1, 37–60.
Dempsey, Nicholas P. 2008: Hook-ups and Train Wrecks. Contextual Parameters and the Coordination of Jazz Interaction, in: Symbolic Interaction 31. 1, 57–75.
DeNora, Tia 1986: How is Musical Meaning Possible? Music as a Place and Space for "Work", in: Sociological Theory 4. 1, 84–94.
DeNora, Tia 1991: Musical Patronage and Social Change in Beethoven's Vienna, in: The American Journal of Sociology 97. 2, 310–346.
DeNora, Tia 2000: Music in Everyday Life. New York: Cambridge University Press.
DeNora, Tia 2002: Music Into Action. Performing Gender on the Viennese Concert Stage, 1790–1810, in: Poetics 30. 1/2, 19–33.
DeNora, Tia 2003: After Adorno: Rethinking Music Sociology. Cambridge: Cambridge University Press.
Diederichsen, Diedrich, Dick Hebdige und Olaph-Dante Marx 1986: Schocker. Stile und Moden der Subkultur. Reinbek: Rowohlt.
DiMaggio, Paul 1982: Cultural Entrepreneurship in Nineteenth-Century Boston. The Organization of High Culture in the United States and the Classification and Framing of American Art, in: Media, Culture & Society 4. 1, 33–50.
DiMaggio, Paul 1987: Classification in Art, in: American Sociological Review 52. 4, 440–455.
DiMaggio, Paul 1991: Social Structure, Institutions and Cultural Goods. The Case of the United States, in: Pierre Bourdieu und James Coleman (Hg.): Social Theory for a Changing Society. Boulder, CO: Westview, 133–155.
DiMaggio, Paul 1992: Cultural Boundaries and Structural Change. The Extension of the High Culture Model to Theater, Opera, and the Dance, 1900–1940, in: Michele Lamont und Marcel Fournier (Hg.): Cultivating Differences: Symbolic Boundaries and the Making of Inequality. Chicago, IL: University of Chicago Press, 21–57.

DiMaggio, Paul 2006: Nonprofit Organizations and the Intersectoral Division of Labor in the Arts, in: Walter W. Powell und Richard Steinberg (Hg.): The Nonprofit Sector. A Research Handbook. New Haven, CT: Yale University Press, 432–461.

Douglass, Frederick 1991 [1845]: Mein Leben als Sklave in Amerika. Gottingen: Lamuv.

Dowd, Timothy J. 2003: Structural Power and the Construction of Markets: The Case of Rhythm and Blues, in: Comparative Social Research 21, 147–201.

Dowd, Timothy J. 2004: Concentration and Diversity Revisited. Production Logics and the U.S. Mainstream Recording Market, 1940 to 1990, in: Social Forces 82. 4, 1411–1455.

Dowd, Timothy J. 2007: Sociology of Music, in: Clifton D. Bryant und Dennis L. Peck (Hg.): 21st Century Sociology. A Reference Handbook, Band 2. Thousand Oaks, CA: Sage, 249–260, 440, 505–512.

Dowd, Timothy J. und Maureen Blyler 2002: Charting Race. The Success of Black Performers in the Mainstream Recording Market, 1940 to 1990, in: Poetics 30. 1/2, 87–110.

Dowd, Timothy J., Kathleen Liddle, Kim Lupo und Anne Borden 2002: Organizing the Musical Canon. The Repertoires of Major U.S. Symphony Orchestras, 1842 to 1969, in: Poetics 30. 1/2, 35–61.

Dowd, Timothy J., Kathleen Liddle und Maureen Blyler 2005: Charting Gender. The Success of Female Acts in the U.S. Mainstream Recording Market, 1940 to 1990, in: Research in the Sociology of Organizations 23, 81–123.

Du Bois, W. E. B. 2003 [1903]: Die Seelen der Schwarzen. Freiburg: Orange Press.

Duffin, Ross W. 2007: How Equal Temperament Ruined Harmony (and Why You Should Care). New York, NY: Norton.

Dumais, Susan A. 2002: Cultural Capital, Gender, and School Success. The Role of Habitus, in: Sociology of Education 75, 44–68.

Eijck, Koen van 2001: Social Differentiation in Musical Taste Patterns, in: Social Forces 79. 3,1163–1185.

Eyerman, Ron und Andrew Jamison 1998: Music and Social Movements. New York: Cambridge University Press.

Fabbri, Franco 1982: A Theory of Musical Genres. Two Applications, in: Philip Tagg und David Horn (Hg.): Popular Music Perspectives. Exeter: IASPM, 52–81.

Fabbri, Franco 1989: The System of Canzone in Italy Today, in: Simon Frith (Hg.): World Music, Politics and Social Change. Manchester: Manchester University Press, 122–142.

Feld, Steven 1984: Sound Structure and Social Structure, in: Ethnomusicology 28, 383–409.

Frith, Simon 1996: Performing Rights. On the Value of Popular Music. Cambridge, MA: Harvard University Press.

Garcia-Alvarez, Ercilia, Tally Katz-Gerro und Jordi Lopez-Sintas 2007: Deconstructing Cultural Omnivorousness 1982–2002. Heterology in Americans' Musical Preferences, in: Social Forces 86. 2, 755–764.

Gardner, Robert Owen 2004: The Portable Community. Mobility and Modernization in Bluegrass Festival Life, in: Symbolic Interaction 27. 2, 155–178.

Gibson, Will 2006: Material Culture and Embodied Action. Sociological Notes on the Examination of Musical Instruments in Jazz Improvisation, in: Sociological Review 54. 1, 171–187.

Glynn, Mary Ann 2000: When Cymbals Become Symbols. Conflict Over Organizational Identity Within a Symphony Orchestra, in: Organization Science 11. 3, 285–298.

Glynn, Mary Ann und Timothy J. Dowd 2008: Charisma (Un)bound. Emotive Leadership in Martha Stewart Living Magazine, 1990.2004, in: Journal of Applied Behavioral Science 44. 1, 71–93.

Glynn, Mary Ann und Christopher Marquis 2004: When Good Names Go Bad. Symbolic Illegitimacy in Organizations, in: Research in the Sociology of Organizations 22, 147–170.

Grazian, David 2003: Blue Chicago. The Search for Authenticity in Urban Blues Clubs. Chicago, IL: University of Chicago Press.

Griswold, Wendy 1987: The Fabrication of Meaning. Literary Interpretation in the United States, Great Britain and the West Indies, in: American Journal of Sociology 92. 5, 1077–1117.

Hanslick, Eduard 1854: Vom Musikalisch-Schonen. Ein Beitrag zur Revision der Aesthetik der Tonkunst. Leipzig: R. Weigel.

Hennion, Antoine 2001: Music Lovers. Tastes as Performance, in: Theory, Culture & Society 18. 5, 1–22.

Hesmondhalgh, David 1998: The British Dance Music Industry. A Case Study of Independent Cultural Production, in: The British Journal of Sociology 49. 2, 234–252.

Hesmondhalgh, David 2007: Aesthetics and Audiences. Talking About Good and Bad Music, in: European Journal of Cultural Studies 10. 4, 507–527.

Janssen, Susanne, Giselinde Kuipers und Marc Verboord 2008: Cultural Globalization and Arts Journalism. The International Orientation of Arts and Cultural Coverage in Dutch, French, German, and US Newspapers, 1955 to 2005, in: American Sociological Review 73. 5, 719–740.

Jeppesen, Lars Bo und Lars Frederiksen 2006: Why do Users Contribute to Firm-Hosted Communities? The Case of Computer-Controlled Music Instruments, in: Organization Science 17. 1, 45–64.

Johnson, Cathryn, Timothy J. Dowd und Cecilia L. Ridgeway 2006: Legitimacy as a Social Process, in: Annual Review of Sociology 32, 53–78.

Johnson, Victoria 2007: What is Organizational Imprinting? Cultural Entrepreneurship in the Founding of the Paris Opera, in: American Journal of Sociology 113, 97–127.

Kahn-Harris, Keith 2007: Extreme Metal. Music and Culture on the Edge. Oxford: Berg.

Katz, Mark 1998: Making American More Musical through the Phonograph, 1900–1930, in: American Music 16. 4, 448–476.

Khodyakov, Dmitry M. 2007: The Complexity of Trust-Control Relationships in Creative Organizations. Insights From a Qualitative Analysis of a Conductorless Orchestra, in: Social Forces 86, 1–22.

Killian, Caitlin und Cathryn Johnson 2006: "I'm Not an Immigrant". Resistance, Redefinition, and the Role of Resources in Identity Work, in: Social Psychology Quarterly 69. 1, 60–80.

Kremp, Pierre-Antoine 2010: Innovation and Selection. Symphony Orchestras and the Construction of the Musical Canon in the United States (1879–1959), in: Social Forces 88. 3, 1051–1082.

Kubrin, Charis E. 2005: Gangstas, Thugs, and Hustlas. Identity and the Code of the Street in Rap Music, in: Social Problems 52. 3, 360–378.

Lamont, Michele und Virag Molnar 2002: The Study of Boundaries in the Social Sciences, in: Annual Review of Sociology 28, 167–195.

Lena, Jennifer 2004: Meaning and Membership. Samples in Rap Music, 1979–1995, in: Poetics 32. 3/4, 297–310.

Lena, Jennifer und Richard A. Peterson 2008: Classification as Culture. Types and Trajectories of Music Genres, in: American Sociological Review 73. 5, 697–718.

Lenneberg, Hans 2003: On the Publishing and Dissemination of Music, 1500–1850. Hillsdale, NJ: Pendragon Press.

Levine, Lawrence W. 1988: Highbrow, Lowbrow. The Emergence of Cultural Hierarchy in America. Cambridge, MA: Harvard University Press.

Leyshon, Andrew, Peter Webb, Shaun French, Nigel Thrift und Louise Crewe 2005: On the Reproduction of the Musical Economy After the Internet, in: Media, Culture

& Society 27. 2, 177–209.

Lhamon, William T. Jr. 1998: Raising Cain. Blackface Performance from Jim Crow to Hip Hop. Cambridge, MA: Harvard University Press.

Lomax, Alan 1962: Song Structure and Social Structure, in: Ethnology 1, 1–27.

Lopes, Paul Douglas 2002: The Rise of a Jazz Art World. Cambridge: Cambridge University Press.

Lott, Eric 1993: Love and Theft. Blackface Minstrelsy and the American Working Class. New York, NY: Oxford University Press.

MacLeod, Bruce A. 1993: Club Date Musicians. Playing the New York Party Circuit. Urbana, IL: University of Illinois Press.

Maisonneuve, Sophie 2001: Between History and Commodity. The Production of a Musical Patrimony through the Record in the 1920–1930s, in: Poetics 29. 2, 89–108.

Marotto, Mark, Johan Roos und Bart Victor 2007: Collective Virtuosity in Organizations. A Study of Peak Performance in an Orchestra, in: Journal of Management Studies 44. 3, 388–413.

Martin, Peter J. 1995: Sounds and Society. Themes in the Sociology of Music. Manchester: Manchester University Press.

Martin, Peter J. 2006: Music and the Sociological Gaze. Art Worlds and Cultural Production. Manchester: Manchester University Press.

McClary, Susan 1991: Feminine Endings. Music, Gender, and Sexuality. Minneapolis, MN: University of Minnesota Press.

McCormick, Lisa 2009: Higher, Faster, Louder. Representations of the International Music Competition, in: Cultural Sociology 3. 1, 5–30.

McNeill, William Hardy 1995: Keeping Together in Time. Dance and Drill in Human History. Cambridge, MA: Harvard University Press.

Murninghan, J. Keith und Donald E. Conlon 1991: The Dynamics of Intense Work Groups. A Study of British String Quartets, in: Administrative Science Quarterly 36. 2, 165–186.

Negus, Keith 1999: Music Genres and Corporate Cultures. London: Routledge.

Ollivier, Michele 2008: Modes of Openness to Cultural Diversity. Humanist, Populist, Practical, and Indifferent, in: Poetics 36. 2/3, 120–147.

Peterson, Richard A. 1997: Creating Country Music. Fabricating Authenticity. Chicago, IL: University of Chicago Press.

Peterson, Richard A. 2005: Problems in Comparative Research. The Example of Omnivorousness, in: Poetics 33. 5/6, 257–282.

Peterson, Richard A. und Narasimhan Anand 2004: The Production of Culture Perspective, in: Annual Review of Sociology 30, 311–334.

Phillips, Damon J. und Young-Kyu Kim 2009: Why Pseudonyms? Deception as Identity Preservation Among Jazz Record Companies, in: Organization Science 20, 481–499.

Phillips, Damon J. und David A. Owens 2004: Incumbents, Innovation, and Competence. The Emergence of Recorded Jazz, 1920 to 1929, in: Poetics 32. 3/4, 281–295.

Pinheiro, Diogo L. und Timothy J. Dowd 2009: All that Jazz. The Success of Jazz Musicians in Three Metropolitan Areas, in: Poetics 37. 5/6, 490–506.

Prior, Nick 2008: Putting a Glitch in the Field. Bourdieu, Actor Network Theory and Contemporary Music, in: Cultural Sociology 2. 3, 301–319.

Regev, Motti 1998: Who does What with Music Videos in Israel?, in: Poetics 25. 4, 225–240.

Rodriquez, Jason 2006: Color-Blind Ideology and the Cultural Appropriation of Hip-Hop, in: Journal of Contemporary Ethnography 35. 6, 645–668.

Roman-Velazquez, Patria 1999: The Making of Latin London. Salsa Music, Place and Identity. Aldershot: Ashgate. Rosenblum, Barbara 1978: Style as Social Process, in: American Sociological Review 43. 3, 422–438.

Roscigno, Vincent J. und William F. Danaher 2004: The Voice of Southern Labor: Radio, Music, and Textile Strikes, 1929–1934. Minneapolis, MN: University of Minnesota Press.

Rossman, Gabriel 2004: Elites, Masses, and Media Blacklists. The Dixie Chicks Controversy, in: Social Forces 83. 1, 61–79.

Roy, William G. 2001: Making Societies. The Historical Construction of Our World. Thousand Oaks, CA: Pine Forge.

Roy, William G. 2002: Aesthetic Identity, Race, and American Folk Music, in: Qualitative Sociology 25. 3, 459–469.

Roy, William G. 2004: "Race Records" and "Hillbilly Music". The Institutional Origins of Racial Categories in the American Commercial Recording Industry, in: Poetics 32. 3/4, 265–279.

Roy, William G. 2010: Reds, Whites and Blues. Social Movements, Folk Music, and Race in America. Princeton, NJ: Princeton University Press.

Ryan, John 1985: The Production of Culture in the Music Industry. The ASCAP-BMI Controversy. Lanham, MD: University Press of America.

Salagnik, Matthew J. und Duncan J. Watts 2008: Leading the Herd Astray. An Experimental Study of Self-Fulfilling Prophecy in an Artificial Cultural Market, in: Social

Psychology Quarterly 71. 4, 338–355.
Sanjek, Russell und David Sanjek 1991: American Popular Music Business in the 20th Century. New York, NY: Oxford University Press.
Santoro, Marco 2002: What is a "Cantautore?" Distinction and Authorship in Italian (Popular) Music, in: Poetics 30. 1/2, 111–132.
Santoro, Marco 2010: Constructing an Artistic Field as a Political Project. Lessons from La Scala, in: Poetics 38. 6, 534–554.
Savage, Mike 2006: The Musical Field, in: Cultural Trends 15. 2/3, 159–174.
Scherer, Frederick M. 2001: The Evolution of Free-Lance Music Composition, 1650.1900, in: Journal of Cultural Economics 25. 4, 307–319.
Schmutz, Vaughn 2009: Social and Symbolic Boundaries in Newspaper Coverage of Music, 1995–2005. Gender and Genre in the US, France, Germany and the Netherlands, in: Poetics 37. 4, 298–314.
Schutz, Alfred 1972 [1951]: Gemeinsam Musizieren. Die Studie einer sozialen Beziehung, in: ders.: Gesammelte Aufsatze II. Studien zur soziologischen Theorie. Den Haag: MartinusNijhoff, 129–150.
Seeger, Anthony 2004: Why Suya Sing. A Musical Anthropology of an Amazonian People. Urbana, IL: University of Illinois Press.
Sewell, William H. 1992: A Theory of Structure. Duality, Agency and Transformation, in: American Journal Sociology 98. 1, 1–29.
Shepherd, John und Peter Wicke 1997: Music and Cultural Theory. Malden: Polity.
Skinner, Katherine 2006: "Must Be Born Again". Resurrecting the Anthology of American Folk Music, in: Popular Music 25. 1, 57–75.
Small, Christopher 1998: Musicking. The Meanings of Performing and Listening. Hanover, NH: University Press of New England.
Steinberg, Mark W. 2004: When Politics Goes Pop. On the Intersection of Popular and Political Culture and the Case of Serbian Student Protests, in: Social Movement Studies 3, 3–29.
Sudnow, David 1978: Ways of the Hand. The Organization of Improvised Conduct. Cambridge, MA: Harvard University Press.
Thornton, Sarah 1996: Club Cultures. Music, Media and Subcultural Capital. Hanover, NH: Wesleyan University Press.
Turino, Thomas 2008: Music as Social Life. The Politics of Participation. Chicago, IL: University of Chicago Press.
Turner, Bryan S. und Steven P. Wainwright 2006: "Just Crumbling to Bits?" An Exploration of the Body, Aging, Injury and Career in Classical Ballet Dancers, in: Sociol-

ogy 40. 2, 237–255.

Venrooij, Alex van 2009: The Aesthetic Discourse Space of Popular Music, 1985–86 and 2004–05, in: Poetics 37. 4, 295–398.

Venrooij, Alex van und Vaughn Schmutz 2010: The Evaluation of Popular Music in the United States, Germany and the Netherlands. A Comparison of the Use of High Art and Popular Aesthetic Criteria, in: Cultural Sociology 4. 3, 395–421.

Walser, Robert 1999: Running with the Devil. Power, Gender, and Madness in Heavy Metal Music. Hanover, NH: Wesleyan University Press.

Warde, Alan, David Wright und Modesto Gayo-Cal 2007: The Omnivorous Orientation in the United Kingdom, in: Poetics 36. 2/3, 148–165.

Watkins, S. Craig 2001: "A Nation of Millions". Hip Hop Culture and the Legacy of Black Nationalism, in: Communication Review 4, 373–398.

Weber, Max 1972 [1921]: Die rationalen und soziologischen Grundlagen der Musik. Tubingen: Mohr.

Weber, William 1984: The Contemporaneity of Eighteenth-Century Musical Taste, in: Musical Quarterly 70. 2, 175–194.

Weber, William 2006: Redefining the Status of Opera. London and Leipzig, 1800–1848, in: Journal of Interdisciplinary History 36. 3, 507–532.

Wuthnow, Robert 2003: All in Sync. How Music and Art are Revitalizing American Religion. Berkeley, CA: University of California Press.

Zerubavel, Eviatar 1985: The Seven Day Circle: The History and Meaning of the Week. Chicago, IL: University of Chicago Press.

Zerubavel, Eviatar 1991: The Fine Line. Making Distinctions in Everyday Life. New York, NY: Free Press.

WEST END

한국판 특집

무의식의 정치학

This Korean special edition is independently edited by Korean editorial staff irrespectively of German edition.

'한국판 특집'은 독일판 『베스텐트』와 별도로 한국 편집진이 독립적으로 편집하였습니다.

한국판 특집 / 무의식의 정치학

한국판 특집—무의식의 정치학

인간은 말 속에서 태어난다. 말에 의해 지칭되며, 말을 먹고 성장하며, 말로 자신의 육체를, 자신의 정체성을 구성한다. 요컨대 말은 의사소통의 도구를 넘어 인간이 생존하는 존재의 터전이다. 이렇듯 언어에 기거함으로써, 인간의 정신에는 의식이 통제하는 범위를 넘어서는 언어의 흔적이 새겨질 수밖에 없는데, 이것이 바로 프로이트가 지난 세기 이후로 개척한 '무의식'이라는 미지의 땅이다.

무의식이 인간이 타자의 언어에 기거함으로써 발생하는 효과인 한에서, 우리가 생각하고 욕망하는 것들 속에는 타자의 욕망과 언어의 흔적이 담겨져 있다. 무의식은 우리의 통제를 벗어난 곳에서 우리가 누구인지, 우리가 타자에게 무엇인지, 타자의 욕망에 대해 우리가 어떤 태도를 취하는지, 타자와 어떤 방식으로 관계를 맺는지를 결정짓는다. 바로 이런 연유에서 라캉은 무의식을 "타자의 담화"라고 규정했고, 욕망을 "타자의 욕망"이라고 규정한 바 있다.

무의식을 의식을 조종하는 불가해한 신비주의적인 힘이 아닌 전방위적으로 주체를 에워싸고 있는 "타자의 담화"라는 관점에서 접근한 라캉주의는 "무의식의 정치학"이라는 새로운 관점을 예고했다. 요컨대 무의식은 곧 주체가 타자의 욕망, 타자의 언어와 만나는 폴리스(polis)인 것이다. 시간을 초월해서 전수되는 만고불변의 원형적인 콤플렉스(융)가 아니라 인간이 역사라는 타자, 사회라는 타자, 언어라는 타자에 의해 관통되면서 주체가 되어가는 장으로서의 폴리스인 것이다. 정신분석학적인 의미에서의 증상은 타자의 욕망에 대한 주체의 포지션을 함축한다는 점에서 역사와 담화 속에 위치한다. 그런 점에서 무의식은 더없이 정치적이며, 결국 무의식을 탐구하는 정신분석학은 병리학을 넘어서 정치학과 수렴한다.

물론 무의식의 정치학, 그것은 단순히 어떻게 한 인간의 무의식이 정치적인 의미를 갖는지에 대한 문제로만 국한되지 않는다. 보다 근본적으로, 집단형성이나 문명과 죄의식의 내밀한 관계를 탐구한 프로이트의 정신분석에서부터 시작해, 심리내적인 관계뿐 아니라 사회적, 정치적 관계들까지 포괄해서 주체와 타자의 관계를 "네 가지 담화"라는 관점에서 이론화한 라캉주의로 완성되는 "집단심리학"으로서의 정신분석, 다시 말해 "정치적인 것의 무의식"에 대한 탐구로서의 정신분석의 역사가 있다. 요컨대 무의식의 정치학은 무의식이 정치적인 것이라는 테제를 넘어, 근본적으로 모든 정치적인 것은 또한 무의식적이라는 것을 함축한다. 가족, 사회, 국가를 관통하는 모든 관계들의 근원에는 무의식이 자리 잡고 있으며 그런 점에서 또한 모든 정치적인 관계의 핵심은 무의식적이라고 공식화할 수 있다는 것이다.

우리가 여기서 읽게 될 네 편의 논문은 각기 자신이 위치한 지점에서 이러한 “무의식의 정치학”이 무엇인지를 보여주면서 라캉 정신분석학의 정치철학적 함의를 모색한다. 철학자이면서 정신분석가인 홍준기는 “이웃사랑”이라는 정치신학적인 가치에 대한 정신분석학적 독해를 꾀하고 있으며, 사회학자 이만우는 라캉의 ‘환상’과 ‘향유’라는 개념을 사회정치연구의 핵심 범주로 위치시키면서 정치행위의 본질을 정신분석학적으로 규명하는 것을 목표로 하고 있다. 또 아동심리학자 박선영은 성적 정체성의 구성과 관련해서 라캉주의의 함의를 모색하고 있고, 정신분석가인 맹정현은 “전이 하의 실천”으로서의 정신분석이 제시하는 정치성이 어떤 지점에서 기존의 정치적인 담화들과 차별되는지를 보여주고자 한다.

이와는 별도로, 여기서 읽게 될 글들은 또한 국내에 만연해 있는 라캉 정신분석학의 오독에 대한 훌륭한 치료제로도 처방될 수 있는데, 특히 홍준기의 글은 최근 라캉에 대한 편향적인 독법으로 인해서 라캉주의가 국내에 올바르게 정착하는 데 걸림돌이 되고 있는 지젝류의 유사라캉주의적 독해를 라캉의 텍스트에 입각해 비판하고 있다는 점에서 눈여겨볼 만하다. 또 박선영의 글은 푸코적 관점에 입각해 성정체성의 구성주의를 주창하는 여성주의 철학자 주디스 버틀러에 의한 라캉 비판이 전제하고 있는 오독을 세밀하게 검토하고 있으며, 맹정현의 글은 “생산으로서의 욕망”이라는 개념을 통해 정신분석과 대결하고자 했던 들뢰즈/가타리를 그들이 오독한 라캉과 다시 대질시키면서 그들이 주창하는 분열분석의 허구성을 비판한다.

당연히 각각의 글은 “무의식의 정치학”의 구체적인 내용들과 관련해 합의점에 도달하진 않는다. 하지만 그럼에도 불구하고 이들은 정신분석학에 미래의 가능성으로서 열려 있는 다양한 정치적인 함의들을 각자의 입장 속에서 성실하게 담아냈다는 점에서, 앞으로 정신분석적 장과 공명하는 정치철학적 토픽들을 탐색하는 데 있어 하나의 입구가 될 수 있을 것이다.

맹정현

전이의 정치학

맹 정 현

분열분석의 과제

정신분석과 분열분석의 실천적 차이란 어떤 것일까? 먼저 들뢰즈/가타리의 분열분석이 지향하는 바를 정리해보자. 들뢰즈/가타리의 분열분석의 목표를 단적으로 규정한다면, 그것은 무엇보다 모든 욕망의 기저에 잠재되어 있다고 간주되는 욕망의 혁명적 본성을 되찾는 것이다. 다시 말해 '욕망하는 기계들'이 가지고 있는 '생산하는 욕망'이라는 본성을 되찾는 것이다.

'욕망하는 기계들'의 본성을 되찾는 작업은 먼저 인식론적으로, "사회적 장의 리비도 투자의 본성, 이러한 투자에서 발생할 수 있는 내적 갈등, 이러한 투자와 선의식적 투자의 관계, 이 두 가지 투자의 가능한 갈등들, 요컨대 욕망하는 기계들과 욕망의 억압 간의 상호작용 전체를 발견하는 것"을 요구한다.[1] 즉 총체적인 리비도 경제가 이루어지는 과정을 조망할 수 있어야 한다는 것인데, 이때 주안점은 주체에게 반욕망이 투자되는 과정을 분석하는 일에 놓인다. 이러한 인식론적 작업이 필요한 이유는 "어떻게 욕망하는 주체 속에서 욕망이 자기 자신의 억제를 욕망하도록 결정될 수 있는가를 밝혀야" 하기 때문이다.[2] 즉 주체가 반욕망을 욕망하는 지점, 주체의 욕망이 반욕망으로 반동적으로 굴절되는 지점을 드러내야 하는 것이다. 이런 관점에서 분열분석은 "오이디푸스를 인도하여 자기비판으로까지 몰고 간다는 의미에서 비판적 분석이다."[3]

그런데 문제는 이러한 인식론적 조망이 어떻게 오이디푸스를 자기비판으로 인도할 수 있는가라는 점이다. 어떻게 지식이 자신이 아닌 타자를 변화시킬 수 있을까? 어떻게 분열분석가의 인식론적 작업, 욕망의 기관에 대한 조망이 신경증 환자의 '치료'를 가능하게 할 수 있을까? 어떻게 신경증 환자로 하여금 욕망의 본성을 되찾도록 할 수 있을까? 이러한 질문을 우리가 제기하는 이유는 분열분석은 이 질문을 외면한 채 '지식'과 '타자의 변화' 사이에 놓인 깊은 골을 무시하고 그것을 곧바로 '가로지르기' 때문이다. 즉 분열분석은 신경증자를 변화시킨다는 명분에도 불구하고 전이를 활용하지 않고 스스로를 비판자의 위치에 올려놓는다. 이러한 주장의 전제는 지식이 곧바로 타자를 변화시킬 수 있다는 데 있다. 요컨대 욕망의 장 속에서 전이 과정이 없이 지식을 전수하

1 G. Deleuze & F. Guattari, *L'Anti-œdipe*, Minuit, 1972, 458쪽(국역본: 『안티 오이디푸스』, 김재인 옮김, 민음사, 2014, 627쪽. 이하 국역본의 쪽수는 괄호 안에 병기함).

2 같은 책, 124쪽(188).

3 같은 책, 130쪽(196).

는 것 자체가 곧바로 하나의 정치적 실천이 될 수 있다는 것이다.

전이에 대한 몰인식

이렇듯 분열분석이 정신분석의 '전이' 개념을 제쳐놓는 것은 두 가지 이유에서이다. 첫째, 분열분석은 실재를 주체와 타자의 관계 속에 위치시키지 않고 생산이라는 즉자적 과정과 그것의 물리적 힘으로서 규정하기 때문이다. 둘째, 전이에 대한 분열분석의 이해 자체가 잘못되었기 때문이다.

먼저 첫 번째 이유에 대해 좀 더 자세히 알아보자. 『안티 오이디푸스』에서 실재는 곧 힘이다. 실재를 생산적인 힘으로 규정하면서 분열분석은 정신분석이 애써 벗어나고자 했던 동력학적 관점으로의 회귀를 도모한다. 그리고 이러한 회귀의 대가는 욕망, 무의식, 충동을 뒤섞어버리는 것이다. 타자와의 관계로부터 이 세 가지 요소를 각각 도출해냈던 라캉의 정신분석과 달리, 동력학적 관점은 마치 무리 속에 뒤엉켜 있는 욕망의 실타래 속에서 활발히 움직이는 정자(精子)들의 운동만을 보는 것과 유사하다. 그들의 관점은 신체 속에서 기관을 들여다보는 내시경적 시선을 닮았으며 또 그 기관 속에서 다시 욕망의 입자들을 식별해내는 현미경적 시선을 닮았다. 하지만 그러한 입자들 속에 욕망, 충동, 무의식을 뒤섞어버리는 그들의 시야에 욕망들 사이에서 복잡하게 꼬여 있는 현실이 제대로 들어올지는 과연 의문이다.

물론 라캉에게는 욕망 개념만이 존재하는 것이 아님을 저자들이 모르고 있었다고 생각할 필요는 없다. 또 들뢰즈/가타리가 욕망, 충동, 무의식 개념을 동일시한 반면 라캉이 이 셋을 구분했다는 식의 지적도 양자의 관계를 가늠하는 데는 충분치 않다. 왜냐하면 문제는 용어 자체라기보다 용어들의 관계이기 때문이다. 실제로 『안티 오이디푸스』의 저자들은 욕망과 충동을 동일시했지만 그럼에도 라캉이 욕망과 충동 개념을 분할한 것과 유사한 구분을 욕망의 용법 자체 안에서 견지하고 있다. 라캉이 개념으로서 구분한 것을 저자들은 하나의 용어로 통합한 다음 그것의 용법의 차이로 구분하고 있는 것이다.

물론 이러한 차이는 사소한 것이 아니다. 왜냐하면 개념의 차이를 용법의 차이로 옮겨놓음으로써, 분열분석은 정신분석과 표면적으로 유사한 실천 목표를 수립하면서도 결국 그러한 목표를 실현하기 위해 전혀 다른 전략을 구사할 수밖에 없기 때문이다. 어떤 점에서 정신분석과 분열분석의 실천적 목표는 매우 흡사하다. 정신분석이 겨냥하는 바가 환상에 의해 지탱되는 욕망을 환상으로부터 떼어내 충동의 수준으로 고양시키는 것이라면, 분열분석은 반생산적 욕망을 생산적 욕망으로 전환하는 것을 목표로 하기 때문이다. 하지만 늘 그렇듯이 문제가 되는 것은 바로 '어떻게'이다. 결국 양자가 전혀 다른 길을 가게 되는 것은 목표의 수준에서라기보다는 그들이 수립한 실천적 전략의 수준에서이다. 그들의 전략은 전혀 다른 전제를 상정하고 있기 때문이다.

라캉이 욕망과 충동을 개념적으로 구분한 것은 인간이 어떻게 '충동의 무한성'을 '욕망의 유한성'으로 틀 짓고 있는가를 보여주기 위함이었다. 두 개념의 구분은 그가 신경증을 얼마나 현실적인 것으로 여기는가에 근거한다. 신경증은 이론적으로는 비난받아 마땅하지만 현실적으로는 벗어나기가 쉽지 않으며 그것을 위해 치러야 하는 대가 또한 만만치 않다. 반면 들뢰즈/가타리는 충동의 성질을 욕망 자체의 성질로 바꾸어 놓고, 라캉의 욕망 개념을 그것의 그릇된 용법으로 상정함으로써 실천을 훨씬 더 용이한 것처럼 보이게 만든다. 왜냐하면 그들은 욕망, 충동, 무의식을 힘의 관점에서 뒤섞으면서 그 힘을 본래적 상태, 다시 말해 생산적 힘의 상태로 돌려놓는 것을 그 힘 자체의 본성으로 간주하기 때문이다.

『안티 오이디푸스』에서 욕망은 그 자체로 생산적인 것이다. 심지어 욕망이 반생산으로 귀착할 때조차도 그것은 반생산의 생산으로 간주된다. 결국 욕망의 힘의 원점으로 되돌아갈 수만 있다면, 욕망은 그것의 모든 부정적 용법들을 떨쳐버릴 수 있다는 것이다. 자신의 반생산으로부터 벗어날 수 있는 방법이 그 자신의 본성 속에 있다는 동력학적 관점의 낙관적 믿음이 전이를 고려할 필요성을 못 느끼는 것은 당연하다. 힘 자체의 본성에 귀의함으로써 신경증을 극복할 수 있다고 보는 순간, 타자와의 관계 속에서만 고려될 수 있는 전이는 거추장스러운 액세서리에 불과할 것이기 때문이다.

동력학적 관점에서 욕망, 충동, 무의식 개념을 한데 뒤섞음으로써, 그리고 모든 것을 생산의 힘으로 돌려버림으로써 전이 개념을 불필요하게 만든 것이 분열분석이 전이를 제쳐놓는 첫 번째 이유라면, 이보다 더 간단한, 두 번째 이유는 그것이 전이를 이해하는 방식 자체에서 유래한다. 즉 분열분석은 전이와 실재의 연결고리를 파악하지 못하고 전이를 오로지 오이디푸스의 한 축으로만 이해한다는 것이다. 들뢰즈/가타리는 주체와 타자 사이에서 벌어지는 전이 현상을 정신분석이 오이디푸스화를 수행하기 위한 간편한 도구일 뿐이라 일축한다.[4] 하지만 전이가 오이디푸스화로 귀착하는 것은 전이를 그릇된 방식으로 사용하는

4 같은 책, 144쪽(216).

경우일 뿐이며, 따라서 그런 명목으로 전이를 비판하는 것은 전이에 대한 저자들의 인식 자체가 참되지 못하다는 것을 의미한다.

라캉 자신의 것도 아니고 또 라캉 자신에 의해 비난받았던 낡은 전이 개념을 가지고 라캉을 비판하는 것이라면 결국 그들이 하고 있는 것은 라캉에 대한 부정적 전이 외에 다름 아니다. 물론 그것보다 더 중요한 것은 그들이 그런 식의 개념으로 인해 전이를 자신의 이론으로부터 배제함으로써 발생하는 실천상의 문제들이다. 그들로 하여금 전이를 오이디푸스화의 도구로 간주하도록 만든 동기는 전이를 개입시키지 않고도 곧바로 사태에 개입할 수 있다는 믿음이다. 하지만 과연 실천을 통해 변화시켜야 할 현실이 욕망의 현실인 경우에, 게다가 그 욕망의 현실이 타자의 욕망과 연루되어 있음을 간과할 수 없는 경우에, 과연 그 믿음이 타자의 주체성, 다시 말해 신경증자의 현실을 변화시키는 데 얼마나 쓸모가 있을까?

비판의 호전성

전이 개념을 배제함으로써 들뢰즈/가타리의 분열분석이 처하게 되는 실천적 곤경은 그들이 다음과 같은 부정적 과업도 마다하지 않는다는 데서 분명해진다. 분열분석의 실천적 과제는 "무의식의 종합들을 내재적으로 사용하는 일이다. 탈(脫)오이디푸스화하는 것, 아버지-어머니의 거미줄을 해체하는 것, 신앙들을 해체해서 욕망하는 기계들의 생산에 그리고 경제적 및 사회적 공급들에 도달하는 것이다." 그리고 바로 이 지점에서 분열분석의 호전성이 드러난다. "파괴하라. 파괴하라. 분열분석의 과업은 파괴를 통해 이루어진다. 무의식을 완전히 청소하고 깨끗

이 소화함으로써 행해진다. 파괴하라, 오이디푸스를, 자아의 환영을, 초자아라는 꼭두각시를, 죄의식을, 법을, 거세를…….”[5]

물론 혹자의 눈에는 이러한 호전적 이미지에 수사법 이상의 의미를 부여하는 것이 지나친 일처럼 보일 수도 있을 것이다. 하지만 정신분석의 입장에서 지적할 수 있는 것은 이러한 호전성은 전이를 개입시키지 않고 '지식'과 '비판'을 곧바로 접속시키는 데서 비롯된 한 가지 징후라는 사실이다. 분열분석의 호전적 외관은 '지식'과 '비판'의 직접적 접속이 주체의 변화를 가능케 할 수 있다는 믿음에서 유래한다. 결국 그것은 '비판'이라는 용어가 갖는 전통적 의미를 그대로 보존할 수밖에 없다. '비판자'와 '비판받는 것'의 거리가 그대로 유지되고 지식이 아무런 매개도 없이 자신의 효과를 발휘할 수 있다는 믿음에 여전히 사로잡혀 있는 것이다.

하지만 분열분석의 이러한 과업은 말 그대로 '유토피아적'인 것이다. 정신분열증을 욕망의 근저에 위치시키고 그로부터 임상의 범주들을 도출시킨 분열분석은 적어도 '선'과 '악' 사이에서 무엇이 '선'인지를 말해줄 수 있을 것이다. 하지만 과연 그렇게 함으로써 신경증자에게 그 '선'을 납득시킬 수 있느냐 하는 것은 별개의 문제이다. 신경증자가 본인의 리비도적 구성의 역사를 '알게' 된다고 해서 순순히 그 구성을 변화시킬 수 있으리라고 생각하는 것은 또 다른 환상, 그것도 신경증적 환상에 불과하다. 결국, 지식을 실천으로 변형시켜야 하는 지점에서 분열분석은 일종의 '견본주의'로 빠질 수밖에 없다. 분열분석 자체가 본원적 욕망의 기저에 도달한 이론-실천의 견본이 되는 것이다. 요컨대 그들

5 같은 책, 371쪽(517).

이 그토록 찬양하는 정신분열증의 언어를 스스로 구현하고, 신경증자들이 그것을 따라할 수 있도록 모방의 대상으로서의 이론이 되어주는 것이다.

증상 속으로 들어가기

하지만 신경증자들이 그 모방을 통해 과연 무엇을 할 수 있을까? 신경증자들은 타자에 대한 신앙을 가지고 상징적 타자와 실재적 타자 간의 간극을 메우는 사람들이다. '환상'이란 바로 이러한 간극을 메우기 위해 신경증자들이 동원하는 개인적 신앙, "개인적 신화"이다. 타자에 대한 믿음을 가진 자, 자기 존재의 모든 내기를 그러한 믿음에 걸고 그 믿음을 중심으로 갖가지 증상들을 펼쳐놓는 이에게서 과연 그러한 믿음을 깨뜨릴 수 있는 방법은 무엇인가? 대상 a와 이상의 접속을 깨뜨리고, 그 둘의 간극을 벌려놓을 수 있는 방법은 무엇인가?

분열분석이라면 아마도 신경증자의 증상들이 사회적으로 투자되는 방식들을 해명하고 그것으로부터 '비판'의 실천을 작동시킬 것이다. 반면 정신분석 실천은 그러한 주체와 증상의 관계 '속'으로 깊숙이 들어가는 것에서 출발한다. '전이적 관계'를 통해 그러한 병리성 속으로 들어가 분석가가 스스로를 신경증자의 증상의 일부로 구성해내는 것이다. 물론 분열분석의 비판대로 전이는 '암시'(suggestion)나 '최면'과 혼동되면서 분석가의 '주인의 욕망'을 충족시켜줄 수도 있다. 하지만 전이는 '지식'으로부터 '주체의 변화'를 가능케 하는 계기를 마련해줄 수 있을 뿐 아니라 '지식'이 하나의 실천이 될 수 있게 해주는 조건이기도 하다. 전이는 환자의 리비도적 구조를 정신분석가와의 관계 속에서 현재화하는 정신분석의 핵심적인 축이다. 오이디푸스의 자기비판은 바로 이러한 현재화가 없이는 불가능한 것이다.

전이와 관련해 정신분석가는 대상 a의 상블랑(semblant)이 되어야 한다는 라캉의 진술은 바로 이런 관점에서 이해되어야 한다.[6] 즉 분석가 자신이 주체의 욕망의 원인이 되어 그 주체의 과거를 현재화해야 한다는 것이다. 개입은 전이 밖에서가 아니라 '전이 하에서' 이루어져야 한다. 전이적 관계 밖에서 (피)분석자를 어떤 목표로 이끄는 것은 그것이 혁명을 위한 것이든 반동을 위한 것이든 정신분석가 자신의 주인의 욕망을 표출하는 것에 불과하기 때문이다. 정신분석가는 주체의 병리성의 근원이 되는 욕망의 원인인 대상 a가 됨으로써 무의식 속에 자리 잡고 있는 병리적 현실을 재활성화시켜야 하는 것이다. 신경증자는 환상을 통해 자신의 욕망의 원인인 대상 a의 위치에 자아-이상을 올려놓음으로써 자신의 결여를 메워버리고자 한다. 따라서 신경증의 분석은 대상 a와 이상을 최대한 멀리 분리시키는 것을 목표로 해야 한다.

전이 하의 임상

'상블랑'이 된다는 것은 정신분석가가 최종적으로는 스스로를 대상 a와 혼동해선 안 된다는 것을 전제한다. 정신분석가는 주체의 대상 a 자체가 될 수 없으며, 다만 주체로 하여금 자신의 대상 a에 대해 다른 위치를 갖도록 만들기 위해 잠시 그것의 자리를 빌릴 뿐이다. 이를 통해 분석이 수행하는 작업은 오이디푸스를 덧씌우는 것이 아니라 오이디푸

6 J. Lacan, *Le Séminaire livre XXIII, Le sinthome*, Seuil, 2005, 124쪽.

스에 의해 지탱되는 환상을 관통하는 것이다. 최종적으로 분석은 상상적 시나리오에 의해 포장되어 있는 대상 a를 추출하는 것을 목표로 하기 때문이다. 이것이 바로 정신분석이 "전이 하의 임상"이며 분열분석과 같은 비판적 실천이 아닌 이유이다.

이러한 차이가 중요하게 지적되어야 한다면 이는 그 전략상의 차이가 실은 그 기원에서 상이한 윤리를 전제하기 때문이다. 어떤 면에서 정신분석과 분열분석은 모두 실재를 향해 나아가며 그런 점에서 동일한 목표를 향해 수렴한다고 할 수 있다. 하지만 '전이 하의 실천'이냐 '전이 밖의 실천'이냐는 문제는 양자가 '실재'에 대해 취하고 있는 윤리적 입장이 얼마나 다른지를 함축적으로 보여준다.

정치적으로 실재의 급진성에 매달린 분열분석은 윤리적으로 '비판하는 자'와 '비판받는 자,' '정상성'과 '병리성'의 변증법 속에서 주인의 욕망으로 나아갈 위험을 안고 있다. 그것은 '반동적 병리성'을 '비판받는 자'의 위치에 놓음으로써 그것을 치유하기보다는 소외시키는 결과를 낳는다. 욕망하는 기계들의 '파편'이 거대한 전체주의적 '덩어리'로 종합되는 것을 막고자 하지만, 자신의 욕망과 타자의 욕망 사이에서 벌어지는 무의식적 기호들의 교환은 전혀 고려하지 않기에, 자신에게는 '혁명에 대한 욕망'이었던 것이 부지불식간에 타인에게 '주인의 욕망'이 될 수 있다는 사실을 간과할 수밖에 없다. 반면 정신분석은 실재를 타자와 주체 사이에 위치시킴으로써 타자의 욕망과 주체의 욕망을 직접적으로 대결시킨다. 그리고 신경증자와 실재의 관계를 변화시키기 위해 몸소 그러한 욕망들의 틈 속에 끼어들어 자신을 증상 속에 위치시킨다. 병리성을 끌어안고 실재의 중핵으로부터 새로운 주체가 탄생하도록 이끄는 것이다.

바로 이러한 윤리적 차이로부터 파급되는 것은 결국 다른 출구, 상반된 출구이다. 분열분석은 그 '입구'에서는 혁명적인 이론이 될 수 있을지 몰라도 그 '출구'에서는 타자를 변화시키는 기술이 될 수 없다. 정신분석은 그 '입구'에서는 '주인의 욕망'처럼 보였지만 종국에는 '실재의 윤리'로 출구를 나서게 된다.

몽상가가 아닌 임상가로서의 라캉의 시선은 철저하게 낮게 비행한다. 신경증자의 시선을 따라 그의 눈에 비친 세계의 구조를 탐색하는 동시에 그 현실성의 한계를 간과하지 않는다. 그리고 그 너머에 자리잡고 있는 실재의 경계선을 더듬는다. 신경증자가 머뭇거리면서 선택했을 바로 그 실재의 언저리를 더듬으면서 그에게 또 다른 선택의 가능성을 열어주는 것이다. 왜냐하면 세계의 병리성은 그것이 '비판'이라는 초월적 시선에 의해 허구적인 것이라고 폭로된다고 해서 말소되는 것이 아니기 때문이다.

병리성은 좀 더 단단한 껍질을 가지고 있으며 그러한 병리성을 지탱하는 믿음과 신앙은 맹목적인 귀를 가지고 있다. 따라서 누군가가 그 믿음과 신앙의 일부가 되어주지 않는다면, 그러한 맹목적인 귀는 다시는 열리지 않을 것이다. 바로 여기에 라캉의 출구가 있다. 우리는 바로 이 출구로부터 시작해 역으로 입구 쪽으로 다시 들어갈 필요가 있을 것이다.

라캉과 버틀러, 위반과 전복의 담론
성정체성, 젠더 멜랑콜리, 오이디푸스 콤플렉스

박 선 영

1. 들어가면서: 문제의 제기

'라캉'의 이름으로 소환되는 다양한 층위의 사유가 현대사회의 대부분 담론 속에 배치되어 있다는 데는 누구도 이견이 없을 것이다. 그의 이름은 곧 '프로이트'를 배경에 두고 있고 이는 정신분석을 반드시 전경화해야 하며 온갖 다기하고 심층적인 사상체계를 종횡무진 횡단하고 담아낼 수 있을 때서야 힘들게 읽어낼 수 있는 기표이다. 인간과 세계를 관조하고 분석하고 재단하는 주요한 미시적, 거시적 담론체계로서 정신분석은 좁은 의미의 임상 영역을 넘어 문화, 문학, 사회, 예술, 정치 등의 모든 영역 곳곳에 포진되어 있다. 각각의 공간에서 차용되는 것들에서 무엇보다 중요한 것은 정신분석이 배태되고 담론화된 초석으로 작동하게 된 몇몇 주요 개념들이다. 그 개념들로부터 메타이론으로서 정신분석의 위상이 존재하는 만큼 이에 대한 비판과 견제는 언제나 존재한다. 프로이트를 비롯해 라캉의 사유와 독법에 대해 라캉 이후의 평자들이 보여주는 태도는 그들의 입장에 따라 지지 혹은 비판적 모습을 취한다. 하나의 텍스트에 대한 해석은 평자와 이론에 따라 다르게 독해되고 사유될 수 있기에, 사실 누군가의 해석이 맞다 틀리다를 단선적으로 논한다는 것은 그 자체로 위험한 발상이 될 수도 있다. 적어도 그 해석이 도출된 이론과 사상 체계 안에서의 내재적 독법을 인정한다면 말이다. 그런데 만일 그 내재적 독법 안에서 오류가 존재한다면 문제는 달라진다. 텍스트를 통찰하고 해석하는 수단으로 쓰여지는 메타이론 자체에 대한 오해석으로 인한 텍스트 해석은 타당하지 않기 때문이다(더욱이 그것이 반대 담론을 의식해서라면 더욱 그러하다). 더 나아가 자신들의 입장과 해석을 합리화하기 위한 하나의 방편으로 반대 담론을 오독하고, 자의적으로 비틀어버린 그 담론의 논리를 역이용해 자신들의 주장을 확증하려는 시도는 어쩌면 그들의 이론적 빈곤과 비일관적 독법을 반증한다고도 볼 수 있다.

이러한 견지에서 필자는 반정신분석적 담론 중 하나로 배치되고 있는 주디스 버틀러(Judith Butler)의 사유체계에 대해 언급하고자 한다. 버틀러의 이론과 사상의 급진성은 기존 페미니즘이 차지하고 있던 한정된 공간을 탈피해 페미니즘 이론의 외연을 확대시켜주었다. 버틀러 이론이 현재 국내외의 여성주의와 사회이론 맥락에서 기여하는 역할이 커짐에 따라 필자는 그녀가 제시한 나름대로의 학문적 공헌과 실천적 관심에 공감하면서도 그녀의 이론에 대해—정확히는 '라캉'과 관련한 그녀의 이론과 독법을—비판적으로 고찰할 필요가 있다고 생각한다. 그렇다면 버틀러의 라캉 독법의 무엇이 쟁점이 되는가? 그녀가 프로이트와 라캉의 이름을 빌려 정신분석적 사유 과정을 밟아가면서 프로이트와 라캉을 비판하는 그 논리에 모순이 있으며, 그녀가 비난하는 (프로이트와 라캉에게서 존재한다는) 정신분석 이론의 오류는 역설적으로 정신분석에 대한 그녀의 오독에서 기인한다는 것이다. 그녀는 자의적 관점으로 프로이트와 라캉을 읽어내면서, 편의에 따라 왜곡 혹은 오용을 하고 있다. 프로이트와 라캉에 대해 그녀가 품고 있는 적대감은 초기의 『젠더 트러블』(*Gender Trouble*, 1990 [2008])에 비하면 이후 『권력의 심리적 삶』(*The Psychic Life of Power*, 1997)에서 완화된 것으로 보이지만,[1] 정신분석은 이성애와 팔루스중심주의를 표방한다고 여전히 공격의 끈을 놓지 않는 데서 여실히 드러난다. 이러한 버틀러의 태도는 프랑스 여성주의와 달리 정신분석 토대가 협소한 영미권 여성주의와 이를 계승하는 국내 여성주의 풍토에 반정신분석 담론의 한 축을 형성하는 데 일조한다고 해도 무방할 것이다.[2]

1 『젠더 트러블』이 처음 출간되었던 1990년과 달리 1999년에 덧붙인 개정판 서문에서 버틀러는 확실히 이전보다 정신분석으로 더 지향하게 되었으며, 『권력의 심리적 삶』(1997)에서는 푸코의 시각으로 정신분석을 바라보고 있음을 고백하고 있다(Butler 1990 [2008]: 69-70 참조).

2 정신분석에 대한 버틀러의 비판적 태도는 『안티고네』 텍스트의 해석에서도 마찬가지로 보전되고 있다. 그녀에게 안티고네라는 똑같은 인물을 두고 40여 년 전 '빛나는 숭고미의 주체'로 승격시킨 라캉은 구조주의 유물을 벗어나지 못하는 남근로고스주의자이며, 안티고네는 모호한 젠더를 가지고 상징계의 문턱에 갇혀 있는 우울증자에 불과한 인물일 뿐이다. 물론 버틀러는 안티고네를 단순히 우울적 주체로만 간주하지는 않는다. 만약 안티고네가 애도에 실패한 멜랑콜리자일 뿐이라면 버틀러가 단순히 라캉을 위시한 정신분석에 반기를 들고자 안티고네에 대한 글을 쓸 이유는 크지 않을 것이다. 흥미로운 점은 『안티고네의 주장』(*Antigone's Claim*, 2000) 중반부까지 버틀러가 기술하는 안티고네는 나약하고 순수하지 못한 우울적 주체로서의 모습이 크게 부각되지만 후반부에 가서는 남자 못지않은 여자, 즉 젠더 역전의 전형으로 '갑자기' 탈바꿈된다는 점이다. 이로써 안티고네는 남자도 못하는 충정과 의리를 지키며 아버지 오이디푸스를 돌보는 남자 같은 여자, 어떤 남자도 사랑할 수 없는 존재, 남자보다 더 남자다운 여자, 요컨대 '레즈비언 팔루스'가 된다. 버틀러가 안티고네에 대해 진정 얘기하고 싶은 것은 바로 이것이 아니겠는가!

그렇다면 정신분석적 담론과 관련해 버틀러가 주장하는 것은 무엇인가? 그녀는 첫째, 정신분석이 이성애 헤게모니를 견지(堅持)하고 있으며, 둘째, 라캉이 상징계를 무시간성과 비역사성의 절대적 위치로 승격시켰다고 비판한다. 이 두 가지 핵심 테제는 라캉 및 프로이트와 버틀러가 화해하기 어려운 심급으로 마주하고 있다는 사실을, 그리고 역설적으로 버틀러의 라캉 오독과 그녀 주장의 빈 구멍을 노출한다. 젠더 형성과 재의미화 등에 대한 그녀의 주장이 여성주의 담론으로서 나름의 의미를 가질 수는 있겠으나 그 담론 안에서 또다시 재구축되는 동성애중심의 성적 근본주의는 결국 그러한 순기능적 가능성을 탈구시킨다. 이에 첫 번째 쟁점은 이와 관련된 정신분석적 사유와 버틀러 이론에 걸친 논증으로 이어지며, 이는 성정체성과 오이디푸스 콤플렉스 등에 대한 고전적 논쟁을 다시금 끌어올 수밖에 없다. 또 라캉을 비롯해 현대 사상의 주요 테제 중 하나였던 주체의 정립에 대해 그녀가 차용하는 정신분석 이론의 논변들, 예컨대 멜랑콜리, 성적 주체 형성, 동일화, 동성애 메커니즘, 팔루스의 문제 등에 대한 깊은 논의를 요구한다. 이는 버틀러의 이론이 이성애중심주의를 비판하면서 모순적으로 동성애를 특권화시키는 또 다른 성적 패권주의와 근본주의의 한계를 지니고 있다는 사실과 맞물린다. 두 번째 쟁점은 라캉이 언급하지 않은 상징계의 절대성을 라캉에게서 찾아내려는 그녀의 고투가, 라캉을 구조주의의 유산으로 치부하면서 구조주의의 시발격인 레비-스트로스(C. Lévi-Strauss)와 등치시켜 놓고 라캉을 해석하려는 접근과 연동된 것이라는 점에서, 라캉과 레비-스트로스 간의 비교 분석을 필요로 한다. 이에 본 논문에서는 우선적으로 이 두 테제와 관련한 이론적 문제들을 고찰하고자 한다.

2. 젠더 멜랑콜리: 이성애에서 동성애 헤게모니로

버틀러는 특히 『젠더 트러블』에서 주체 형성에 대한 푸코의 전제를 프로이트의 정신분석적 사유 속에서 확인하였고, 『권력의 심리적 삶』에서 주체 형성, 성정체성의 형성에 대한 자신의 이론적 지향을 프로이트의 논거에 비추어 정립했다. 버틀러가 프로이트를 기반으로 삼아 자신의 동성애 이론을 특권화시키는 관계로 본 논문에서도 버틀러가 프로이트를 전유하는 과정을 자세하게 따라갈 필요가 있다. 먼저 잘 알다시피 버틀러는 프로이트의 「나르시시즘의 도입을 위하여」(On narcissism, 1914), 「애도와 멜랑콜리」(Mourning and melancholia, 1917 [1915]), 『자아와 이드』(*The Ego and the Id*, 1923)를 독해하는 과정에서 자신이 기획하는 주체 형성 메커니즘을 빌려온다. 프로이트는 「애도와 멜랑콜리」에서 대상 상실에 대한 주체의 두 가지 태도를 논한다. 애도와 멜랑콜리를 구분하는 기준으로 프로이트의 견해를 간략히 살펴보면 애도에서는 상실 대상이 무엇인지 확실하고 현실 검증을 통해 대상의 상실을 받아들이며 이 대상에 집중되었던 리비도는 다른 대상으로 전이된다. 반면 멜랑콜리에서 상실은 무의식적으로 발생하며 심각한 자기비난과 자아의 빈곤을 초래한다. 멜랑콜리의 형성은 "대상 상실, 사랑과 증오의 양가성, 자아로의 리비도 퇴행"(Freud 1917 [1915]: 258)의 과정을 거친다.[3] 그런데 프로이트는 「애도와 멜랑콜리」에서는 애도와 멜랑콜리 간에 구분을 두었으나 이후 『자아와 이드』에서는 멜랑콜리적 동일시가 자아 형성에 등록되는 구조를 논하고, 여기에서 상실한 애정대상과의 멜랑콜리적 동일화가 애도의 전제조건이 된다고 본다. 즉 프로이트에 따르면 멜랑콜리는 애도를 가능케 한다.[4]

어떤 사람이 성적 대상을 포기해야 할 때는 멜랑콜리에서 발생하듯 이 대상을 자아 안에 설치하는 것으로 기술될 수 있는 자아의 개조가 빈번하게 발생한다. 이 대체(substitution)의 정확한 본질은 아직 알려지지 않았다. 구순기 메커니즘으로의 퇴행의 일종인 이 내사(introjection)에 의해서 자아는 대상을 더 쉽게 포기할 수 있고 그 과정이 더 가능해질 수 있는 것 같다. 이 동일화는 이드가 대상을 포기할 수 있는 유일한 조건인 것 같다. 어쨌든 특히 초기 발달 국면에서 그 과정은

3 멜랑콜리에서 대상 상실은 사실상 자아와 관련된 상실감이라고 프로이트는 말한다. 대상에 대한 카텍시스는 외적 대상 대신 자아 안으로 들어와 상실된 대상과의 동일화에 이용되고, 포기된 대상의 그림자는 자아에 드리워진다. 그러므로 멜랑콜리자의 자기비난은 사랑대상에 대한 비난이다. 대상 상실이 자아 상실로 진행될 수 있는 것은 대상 선택이 나르시시즘을 토대로 이루어지고, 대상에 대한 카텍시스는 다시 나르시시즘으로 퇴행할 수 있기 때문이다(특히 구순기로의 퇴행이 특징적이다). 자아 상실로 바뀌면서 자아와 사랑대상과의 갈등은 자아의 비판적 행위와 동일화로 인해 변형된 자아 사이의 균열로 바뀐다. 또 사랑대상의 상실은 양가감정이 분명하게 표출될 수 있는 계기로 작동한다(양가감정은 기질적인 것 혹은 사랑관계에서 나타나는 요소 혹은 대상 상실의 위험으로 등장한 경험들에서 비롯된 것일 수 있는데, 이 때문에 일반 애도와 비교해 멜랑콜리의 발생 원인이 보다 더 광범위한 것이다). 멜랑콜리에서 대상에 대한 리비도를 분리하려는 증오와 이런 공격에 대해 리비도를 고수하려는 사랑이 대립하며, 이러한 분투가 발생하는 장소는 다름 아닌 무의식이다. 그러므로 이 양가감정은 멜랑콜리가 발병하면서 리비도의 퇴행으로 인해 의식으로 전경화된다고 볼 수 있다. 프로이트는 더 나아가 멜랑콜리 이후에 발생할 수 있는 조증(mania)이 이 양가감정에서 기인한 것일지도 모른다고 덧붙여 말한다. 또 더불어 멜랑콜리 작용이 끝난 뒤 나르시시즘적인 리비도 퇴행에서 조증이 시작될 수도 있음을 밝힌다(256-258). 동일화는 대상 선택의 준비단계로서 자아가 양가감정의 방식으로 대상을 선택하는 최초의 방식이다. 양가감정에 의한 갈등은 멜랑콜리의 전제조건이므로 멜랑콜리자의 자기비난은 일견 만족을 느끼는 것으로 비춰진다. 멜랑콜리자가 보여주는 대상에 대한 성애적 카텍시스는 동일화로의 퇴행, 양가감정에 따른 갈등 속에서 사디즘적 단계로 퇴행하는 것과 같다(249-252). **'동일화가 대상 선택의 결과가 아니라 먼저 발생하는 과정'**이라는 사고는 이후 『자아와 이드』에서 주장하는 논제를 사전에 선취하는 것이다. 위에서 말했듯이 『자아와 이드』에서 프로이트는 동일화를 단순히 멜랑콜리 구조에만 한정되는 것이 아니라 성격 형성에서 보편적으로 발생하는 메커니즘으로 설명한다. 그리고 버틀러는 이러한 메커니즘을 차용해간다.

4 그리고 버틀러도 이 전제를 그대로 수용한다. "멜랑콜리는 인정할 수 없는 상실의 효과이다. (…) 멜랑콜리는 애도를 가능케 한다."(Butler 1997: 170)

상당히 빈번하며, 자아의 성격이 포기된 대상 카텍시스의 침전물이고 그러한 대상 선택의 역사를 담고 있다고 가정할 수 있도록 한다.(Freud 1923: 29)

이 멜랑콜리적 동일화에서 대상에 부착되었던 리비도는 다른 대상으로 전이되는 대신 주체 내부로 선회한다. 상실한 대상의 내사는 점차 자아의 성격을 형성하게 되고 자아의 심리적 지형이 바뀌어 자아이상(ego-ideal)이 구성되고, 더 나아가 이 과정에서 젠더정체성이 형성된다. 바로 여기에서 버틀러가 프로이트로부터 멜랑콜리적 동일화를 끌어와 젠더정체성을 이야기하는 이유를 찾을 수 있다. "상실한 사랑의 내면화 과정은 젠더 형성에 꼭 들어맞는다. 그것은 근친상간의 금기가 다른 어떤 역할보다도 에고의 사랑대상의 상실을 가르친다는 것과, 이 에고가 금지된 욕망의 대상을 내면화함으로써 비로소 상실로부터 회복된다는 것을 깨닫게 될 때가 그렇다."(Butler 1990 [2008]: 199) 그리고 버틀러는 이 상실한 사랑의 내면화 과정을 젠더 형성 과정과 병치시켜 놓는다. 특히 대상 상실은 무엇보다 프로이트에게서 근친상간 금지로 인한 애정대상의 상실과 등치되기 쉽다는 점에서 버틀러는 근친상간 금지가 초래하는 대상 상실이 어떤 성의 부모이며 이것이 남아와 여아에게 어떻게 작동하는가를 묻는다. 자아이상이 내부에 설정되면서 오이디푸스 콤플렉스가 해소되고 남아와 여아는 각각 남성적 동일화와 여성적 동일화를 통해 젠더정체성을 형성한다. 버틀러는 자아 혹은 주체로 대표되는 정체성 형성과 젠더정체성을 이 상실된 대상과의 멜랑콜리적 동일화의 구조 속에서 분석한다. 선험적 주체의 부재, 결여를 배태한 주체, 대상과 타자에 언제나 개방되어 있는 자아의 내부와 외부, 자아를 구성하는 이물질로서의 대상과 타자 등 프로이트와 라캉적 사유는 젠더의 형이상학적 본질을 해체하려는 버틀러의 기획과 그 이론을 설파하는 데 유용한 메커니즘으로 작동했다.

이런 관점을 견지하면서 버틀러는 자아 혹은 주체는 프로이트의 '상실한 대상과의 동일화', 즉 멜랑콜리적 동일화를 근거로 그 동일화가 일어나기 전의 자아의 존재로부터 형성된다는 것, 요컨대 주체 형성의 메커니즘을 『권력의 심리적 삶』에서 논한다. 이는 주체가 권력 담론의 효과로 구성되는 것에 대한 설명이면서, 동시에 이성애 본질주의를 타파하기 위한 기본 전제이기도 하다.

> 대상에서 자아로의 방향전환은 그들 간의 구분을 가능케 하며 분열, 분리 혹은 상실을 명시하고 우선 자아를 형성한다. 이런 의미에서 대상으로부터 자아로의 전환은 대상을 자아로 대체하는 데 실패하지만 둘 간의 분할을 명시하고 영속시키는 데 성공한다. 그리하여 방향전환은 자아와 대상 간에, 추정되는 내부와 외부 세계 간에 구분을 만들어 낸다.
>
> 만약 먼저 구성된 자아가 대상으로부터 그런 전환을 할 수 있다면 그 자아는 먼저 구성된 외적 현실로부터 내적 현실로 전환해야 할 것으로 보인다. 그러나 그런 설명은 그것이 의존하는 내부와 외부 간의 바로 그 분할을 설명할 수 없다. 그런 분할이 멜랑콜리에서 맥락과는 별도로 이해될 수 있는 것은 분명치 않다. (…) 만약 멜랑콜리적 방향전환이 내부 세계와 외부 세계 간의 구분이 설정되는 메커니즘이라면, 멜랑콜리는 심리적인 것과 사회적인 것의 가변적인 경계, 사회적 통제의 지배적 규준과 관련해 심리적 영역을 배분하고 규제하는 경계선을

만들어낸다는 것을 말하고 싶다.(Butler 1997: 170-171)

주체 형성에 대한 정신분석적 접근과 유사한 궤적을 따르면서 버틀러는 궁극적으로 멜랑콜리가 젠더를 형성하는 방식, 즉 이성애적 젠더가 어떻게 형성되는가에 논점을 둔다.[5] 여기에서 버틀러가 성적 근본주의를 비판하기 위해 기획한 젠더의 정치학이 갖는 함의와 함께 그녀의 이론 속에 내재된 특권화된 (여자)동성애 우선성의 오류를 해명한 홍준기의 분석을 보자. 그는 버틀러의 접근이 상징계와 상상계가 도입한 결여를 받아들임으로써 주체와 주체의 현실이 비로소 형성된다는 라캉의 접근방식과 유사하다고 피력한다(홍준기 2007: 45). 즉, 버틀러가 논하는 자아는 라캉적 의미의 주체에 상응하는 것으로, 부모와의 동일화를 포기하면서 상실이 각인되고 이 상실을 수용하는 데서 결여가 생기며 종국에는 주체가 형성된다는 라캉적 견해와 상통한다.[6] "멜랑콜리적 방향전환"(melancholic turn)(Butler 1997: 171)을 통해 생성되는 것들은 오이디푸스 콤플렉스를 통과하는 작업에서 발생되는 것들이다. 또한 멜

5 버틀러는 균열을 배태하지 않은 총체적 심급으로서의 자아는 존재할 수 없음을 피력한다. 결핍과 균열에서 출발하는 주체의 생존은 그러한 결핍을 수용하는가의 여부와 관련 있다. 가령 『권력의 심리적 삶』에서 다음과 같이 말한다. "생존은 자율적 자아가 상쇄하는 세상과의 직면에서 자율성을 행사하기 때문에 일어나지 않는다. 반면 자아는 그런 세상에 대한 참조를 고무하는 것을 제외하고는 나타날 수 없다. 생존은 자신의 출현을 개시하는 상실의 흔적을 인정하는 문제이다."(Butler 1997: 195). 버틀러는 또한 이어서 타자에 대한 동일화의 침잠이 이루어지는 주체 혹은 자아는 결코 자율적 존재로 치환될 수 없는 것, 주체는 처음부터 구성되는 것, 권력(power)의 효과임을 분명히 한다. "그런 상황에서 삶을 주장하는 것은 의지의 행위가 아니라 사회성과 그런 행위를 가능케 하는 언어적 삶에 대한 종속에 의해 정당한 심리와 경쟁하는 것이다. 그것[종속]은 자아의 경계와 자아의 '자율성'을 초월한다. 자신의 존재를 주장하는 것은 처음부터 완전히 자신의 것이 아닌 사회적 조건들(social terms)에 의해 자신이 주어졌음"(197)을 의미한다. 버틀러의 이러한 논변은 구성되는 것으로서의 주체, 궁극적으로는 동성애 금지를 기반으로 한 이성애 주체성의 해체를 위한 해명의 토대이기도 하다.

랑콜리가 "사회적 통제의 지배적 규준과 관련해 심리적 영역을 배분하고 규제하는 경계선"(Butler 1997: 171)을 만들어낸다는 것은 "젠더를 고정된 영구불변의 본질로 간주하는 성적 본질주의를 해체하는 것"(홍준기 2007: 46)이다. 요컨대 이러한 버틀러의 문제제기는 무엇보다 이성애적 성적 본질주의를 해체하고 고정되고 확정된 실체로서의 젠더 개념을 타파하기 위한 포석을 준비하는 기획으로 던져진 논제이며, 여기에서 그녀는 프로이트의 멜랑콜리적 동일화 개념을 전유하는 것이다.

자아 혹은 주체가 처음부터 고정되고 단일한 심급으로 존재하는 것이 아니라 끊임없이 외부 대상의 상실과 이에 대한 동일화의 작용으로 구성되는 것이라면, 마찬가지로 젠더 역시 늘 '과정 중의 주체'로서 구성되는 것이다. 주체가 고정불변의 실체가 아니라는 것은 이미 주체의 죽음을 고했던 20세기 사조의 주요 흐름이었고 버틀러가 제기하는 '본질의 형이상학'의 문제가 독창적인 것도 아니지만, 여하튼 그녀는 수행성 이론을 차용해 주체를 구성하는 중요한 범주로서 젠더의 실체가 '수행적으로' 구성된다고 주창한다. 그녀는 『젠더 트러블』에서 다음과 같이 말한다.

젠더는 명사가 아니며, 자유롭게 떠도는 일군의 속성도 아니다. 우리

6 잘 알다시피 버틀러의 주체 형성은 주체가 종속되는 대상에 대한 '열정적 애착'(passionate attachment)을 철회하는 것에 달려 있다(Butler 1997: 7 참조). 프로이트에게서도 (멜랑콜리적) 동일화는 주체 형성에 관여되는 하나의 메커니즘이고, 라캉은 여기에서 더 나아가 주체 형성을 대상 *a*, 상징계의 잉여와 결여의 관점에서 논한다. 버틀러는 프로이트의 멜랑콜리 개념을 주체 형성의 필수적 조건으로 전제하지만 라캉적 주체가 상징계에 포섭되지 못하는 '잉여'를 전제한다는 사실을 수용하지 않기 때문에 주체 형성과 성정체성 형성에 대한 설명에서 모순을 범할 수밖에 없었다. 이런 관점에서 레스투치아도 버틀러가 주체 형성에서 멜랑콜리적 상실과 라캉적 결여를 혼동했다고 지적한다(Restuccia 2000: 351).

는 이제 젠더의 본질적 효과가 젠더 일관성의 규제적 관행 때문에 수행적으로 생산되고 강제된다는 것을 알게 되었기 때문이다. 결국 본질의 형이상학이라는 물려받은 담론 안에서 젠더는 수행적이라는 것이 입증되었다. 여기서 수행적이라는 의미는 목적한 정체성을 스스로 구성한다는 뜻이다. 그런 의미에서 젠더는 언제나 행위이다. 비록 그 행위에 앞서 존재하는 것으로 여겨지는 어떤 주체에 의한 행위는 아니지만 말이다.(Butler 1990 [2008]: 130-131)

지금까지 버틀러가 프로이트의 이론으로부터 출발해서 젠더가 어떻게 수행적으로 결정되는가를 논했는지 살펴보았다. 다음에는 그녀가 주장하는 이성애와 동성애의 발달경로가 어떻게 되는지 살펴보자.

3. 남녀의 이성애적 젠더 형성, 그리고 이에 대한 비판

페미니즘적 시각을 투영하는 문화주의적 관점은 남녀의 속성을 사회적, 문화적 담론의 효과로 구성되는 것으로, 이데올로기적 질서의 생성물로 치부한다. 그러나 모든 존재 자체와 실체를 부유하는 허구성으로 환원시켜버린다는 점에서 그러한 입장의 정치사회적 함의를 인정한다 하더라도 결국 그들이 문제를 제기한 성차, 성정체성 등의 본질에 대한 적확한 해명은 이루어지지 못한다는 오류가 생겨난다. 이런 문화주의적 관점을 고수하는 버틀러의 특징적인 모순들 중 하나는 (젠더)정체성이 수행적 동일화로 구성된다고 극단적으로 비약시켜버리고 동성애를 특권화시키며 이성애를 부차적인 이물질로 만들어버린다는 점, 즉 젠더정체성을 강제적 이성애의 효과로 제한한다는 점이다.[7]

그렇다면 버틀러가 보는 이성애와 동성애는 어떻게 형성되는가? 이 물음에 대한 설명을 그녀는 프로이트의 이론에 준거해서 개진한다. 프

7 이러한 사고를 바탕으로 다음의 사실을 보자. 프로이트는 『자아와 이드』에서 오이디푸스 콤플렉스의 결과가 양성성으로 인해 다른 결과들로 생산될 수 있으며, 이것이 다른 요인들보다도 더 중요한 함의를 가질 수 있음을 피력했다. "최초의 대상 선택과 동일화와 관련해서 명확한 사실에 대한 견해를 갖는 것을 어렵게 만드는 것은 바로 양성소질(bisexuality)이 가져온 이 복잡한 요소이다. 부모에 대한 관계에서 나타나는 양가감정은 양성소질에 귀속되어야 하며 위에서 제시했듯이 경쟁의 결과로 동일화에서 발전된 것은 아닌 것 같다."(Freud 1923: 33) 그런데 프로이트의 이 문장을 직접 인용하면서 버틀러는 다르게 이해하는 듯하다. 그녀는 프로이트가 일반적인 섹슈얼리티를 구성하는 기본 토대 중 하나로 '기질' 혹은 '성향'을 가정하는데, 이를 "'기질'(disposition)이라는 언어는 거짓 근본주의로서, 금지의 결과를 통해 정서적으로 형성되거나 '고정'된다. 그 결과 기질은 심리의 근원적인 성적 사실이 아니라, 에고 이상의 공모와 가치 전환의 행위 및 문화가 부과한, 법으로부터 생산된 효과이다. (…) 분명한 젠더정체성과 이성애를 생산하고 규정하는, 내면화된 법의 결과물이며 (…) 강제된 성적 금지의 역사적 흔적이고, (…) 기질에 대한 가정과 더불어 시작되는, 젠더 획득에 대한 서사적 설명은 사실상 서사의 출발점을 배제해버린다" (Butler 1990 [2008]: 207-208)고 공격한다. 같은 맥락에서 프로이트가 섹슈얼리티의 발달에서 양성성(bisexuality)을 가정한 것도 버틀러를 비롯해 그녀의 추종자들에게는 집요한 공격거리로 지속적으로 등장한다. 같은 책에서 그녀는 양성성이 상징계의 외부에 있으면서 전복의 장소로 일컬어진다는 것을 인정하면서도, 여전히 그것이 인식 가능성의 모태에서 배제되었다는 것은 아니라고 주장한다(231). 젠더가 구성된다는 입장에 비추어 소질이 동일화의 원인이기보다는 동일화의 결과로 파생되는 효과일 뿐이라는 것이다.
그렇다면 프로이트에게서 양성성은 어떻게 이해할 수 있는가? 이는 뒤에 나올 성정체성 형성에 대한 프로이트 및 라캉의 견해와 연속선상에 있는 논의라 할 수 있다. 먼저 간략히 정리하면 프로이트에게 인간은 유기체적 본능이 아닌 '충동'의 존재로 배치되고 있기에 그는 생물학적 결정론과 자연과학적 인과론을 '철저하게' 배격했으며 통상적 의미에서 여성성, 남성성을 전제하지 않았다. 세르쥬 앙드레(S. André)는 프로이트의 천재성은 바로 해부학적 요소가 별 도움이 안 된다는 것을 파악한 것에 있다고 말한 바 있다. 이에 대한 프로이트, 라캉의 논의를 지면상 충분히 다룰 수는 없지만 버틀러의 정신분석 비판의 맹점을 이해하는 데 필수적인 작업이므로 간략하게나마 언급하지 않을 수 없다(무엇보다 이에 대해서는 탁월한 해명을 보여준 세르쥬 앙드레의 『여자는 무엇을 원하는가?: 히스테리, 여자동성애, 여성성』(아난케, 2010)을 참조할 것을 권한다).
프로이트는 먼저 「유아의 성이론」(1908)에서 성이 해부학적 기관을 넘어 '실재'를 겨냥하고 있음을 처음 피력했고, 「유아 생식기의 조직화」(1923)에서는 '팔루스의 우위'를 명확히 하며 여성성을 팔루스의 존재와 관련된 부재로 정의했다. 「양성 간의 해부학적 구분의 심리적 결과들」(1925)에서는 팔루스의 우위가 두 성에게 드러나는 상이한 메커니즘을 해명하였고, 이후 「여자의 성」(1931)과 「여성성」(1933)에서 '거세에 대한 분석적 설명과 지식'

로이트에 따르면 근친상간 금지가 작동하기 때문에 사랑대상으로서 부모는 포기되고, 그 포기된 대상이 자아 내부로 병합되고 동일화되면서 멜랑콜리적 자아가 생성될 수 있다. 먼저 여자아이의 경우 이성애

이 여성성을 해명하는 것과 직결됨을 주장했다. 또 『성에 관한 세 논문』(1905)에서는 양성성을 생물학적 성차가 아니라 능동성과 수동성 차원으로 설명하려고 시도하면서 생물학적 성차와 거리를 두는 인식으로서 오직 '하나의 리비도만이 존재'한다는 전제를 전경화했다. 이어 「히스테리적 환상과 양성성에 대한 그 환상의 관계」(1908)에서는 양성성을 히스테리 환상의 본질로 간파하면서 양성성은 두 개의 향유임을 언급한다. 양성성이라는 기표는 프로이트가 플리스(W. Fliess)의 해부학적 양성성 개념을 전적으로 배격하고 그와 거리를 두는 데 결정적인 작용을 한다. 플리스는 인간(의 성)을 규범화되고 실체적인 것으로 간주했으며, 모성을 우주의 근원으로 확대하며 성이 배제된 자가출산까지 강조하는 등 망상증적 과학으로까지 확대하였다. 프로이트는 처음에 성차의 대칭성을 전제하는 플리스의 양성성 개념을 받아들였으나 곧 이를 벗어나게 되는데, 바로 이 거리두기의 과정이 플리스에 대한 전이를 해소하면서 동시에 진정한 정신분석의 출발이 구체화되는 노정이었다. 플리스의 이론과 결별하고 곧 '이르마(Irma)의 주사'에 대한 자신의 꿈을 분석하면서 프로이트는 히스테리를 이해하고 이른바 '이름 붙일 수 없는 것'으로서의 여성성에 대해 천착할 수 있게 된다.

프로이트는 **거세를 중심으로 구성되는 무의식적 지식**, 즉 거세를 받아들이는 주체의 태도에서의 분열을 전제하고 기표로서의 남성과 여성을 정의하기 시작한다(즉 **주체 분열의 문제는 거세를 둘러싼 역동**이다. 한 예로 도착적 구조의 주체는 어머니의 거세에 직면해서 거세 자체를, 어머니의 남근 부재를 부인하지 않는가. 즉 옥타브 마노니(O. Mannoni)의 유명한 '나는 잘 알고 있다…하지만…'의 전략이 도출된다(조엘 도르, 『라캉과 정신분석임상: 구조와 도착증』, 홍준기 옮김, 아난케, 2005).

거세를 통해 여자의 성은 존재의 흔적, 즉 '부재'로 정의된다. 그러므로 여성은 팔루스와 관련해서 '완곡어법'(André 1995 [2010]: 49)으로만 정의될 수 있다. 알다시피 라캉은 팔루스의 문제를 더 발전시켜 여자와 남자, 그리고 그들의 향유를 설명하고 프로이트를 보완, 발전시킨다. 성차는 오직 팔루스의 역동, 거세와 관련해서만 규정될 수 있다. 인간의 섹슈얼리티는 해부학적 성구분이 없으며 팔루스는 무 자체인 기표일 뿐이다. 팔루스에 포섭되는 부분이 남성성이고 팔루스가 무라는 것을 알면서도 은폐하는 존재가 남자라면, 팔루스의 작용을 넘어서고 팔루스가 구멍이라는 사실을 알면서 드러내는 존재는 여성성으로 사유된다. 그러므로 여자는 알 수 없는 존재, 존재할 수 없는 '비존재의 존재'이다. 여기에서 팔루스나 여성성, 남성성이 생물학적 범주를 전제하지 않는 것이라는 것은 누구나 다 알고 있을 것이다. 프로이트는 여자의 성은 거세 콤플렉스로 인해 만들어지는 것이지 존재하는 것이 아님을 분명히 했고, 이 모색과 함께 여성성에 대한 프로이트의 논제는 라캉에게서 '여자는 존재하지 않는다', '성관계는 없다'라는 저 유명한 도전적 명제로 귀착되는 것이다.

가 되는 논리는 최초의 사랑대상인 어머니에 대한 동성애적 애착을 포기하고 어머니를 동일화해서 남자(아버지)를 사랑대상으로 상정하는 것이며, 버틀러의 견해도 이런 프로이트와 다르지 않다. 이성애적 여아는 동성애 금지를 받아들여 어머니를 포기하지만 금지된 대상인 어머니는 애도되지 못하고 "멜랑콜리적 동일화"(melancholic identification) (Butler 1997: 136)를 통해 여아 내부로 들어온다. 이성애자는 최초 사랑대상인 동성의 어머니에 대한 '애착을 부인'하고 '애도하기를 거절'함으로써, 즉 "그녀를 결코 사랑하지 않았고 결코 상실한 적도 없는"(138) 여자가 된다. 다시 말하면 여아는 최초 사랑대상에 대한 애착을 '부인'하고 그 사랑대상의 상실에 대한 애도를 '부인'한다. 이러한 "이중의 부인" (double disavowal)(138)이 이성애적 주체를 만들어내며 버틀러는 이성애적 정체성을 형성하는 이 멜랑콜리를 "멜랑콜리 젠더"(melancholy gender, 혹은 젠더 멜랑콜리)(140)로 부른다. 버틀러는 다음과 같이 말한다. "이성애적 동일시가 설정되는 이성애적 근친상간 금기의 경우, 상실은 슬픔으로 태어난다. 그러나 동성애적 근친상간을 금지하는 경우, 상실은 우울증적 구조를 통해 유지된다. 이성애적 대상의 상실은 그 대상의 대체로 귀결되는 것이지, 이성애적 목적의 대체로 귀결되지 않는다고 프로이트는 주장한다. 반면 동성애적 대상의 상실은 목적과 대상의 상실 둘 다를 요구한다. 대상만 상실되는 것이 아니라 욕망도 완전히 부인되는 것이다."(Butler 1990 [2008]: 216)[8] 이러한 입장은 『권력의 심리적 삶』에서도 다시 한 번 정리된다.

> 이성애는 금지를 통해 이루어지고 이런 금지는 동성애적 애착을 금지 대상의 하나로 취하며 따라서 그런 애착의 상실의 상실을 강요한다.

만약 여자아이가 아버지로부터 대체 대상으로 사랑을 전이해야 한다면 프로이트의 논리에 따르면 그녀는 먼저 어머니에 대한 사랑을 포기해야 하는데 목적과 대상 모두가 배척되는(foreclosed) 그런 방식으로 포기해야 한다. 그녀는 동성애적 사랑을 대체적 여성 인물에게 전이해서는 안 되며 동성애적 애착의 가능성 자체를 포기해야 한다. 오직 이러한 조건 하에서만 성적 지향이라 부르는 이성애적 목적이 정립된다. 또 오직 이러한 동성애 배척이라는 조건 하에서만 아버지와 아버지 대체자는 욕망의 대상이 되고 어머니는 동일화를 위한 불편한 장소가 된다.(Butler 1997: 136-137)

잘 알다시피 '배척'(foreclosure)은 정신병 구조를 설명하는 라캉의 개념이다. 버틀러는 이 개념을 전유해 동성애는 억압된 것이 아니라 '처음부터 배척된 것'이라는 논리를 구성하는데, 이는 곧 동성애를 실체적, 선험적 구조로 배치하기 위한 기본 전제이다.

이제 남자아이의 이성애적 젠더 형성을 살펴보자. 남아에게 최초 사랑대상(어머니)은 동성이 아니라 이성이므로 여자아이와는 다른 논리로 설명된다. 남아는 최초 사랑대상을 상실한 후 이 대상과의 '멜랑콜리적

8 또한 버틀러는 이성애적 멜랑콜리와 동성애적 멜랑콜리는 분명 다른 것이라고 규정한다. "이성애자가 근본적으로 동성애적 애착의 인식을 거부하는 것은 우울증적 동성애의 경우와 달리 동성애 금지에 의해 문화적으로 강제된다는 점이다. 다시 말해, 이성애적 우울증은 문화적으로 제도화된 것이고 반대편 욕망과 관계 맺고 있는 안정된 젠더정체성을 그 대가로 지불해야만 유지되는 것이다."(Butler 1990 [2008]: 218) 이는 본질적으로 이성애보다 동성애를 특권화시키고 있는 그녀의 입장을 여실히 드러낸다. 그리고 이러한 사고는 이후 『권력의 심리적 삶』에서 권력구조를 재배치할 수 있는 멜랑콜리의 전복성에 커다란 가치를 두면서 단순히 병리적 증상으로서의 멜랑콜리가 아닌 변혁과 혁명적 토대로서의 멜랑콜리를 주창하는 맥락과 접속한다. 물론 이러한 바람직한(?) 멜랑콜리는 무엇보다 동성애적 멜랑콜리 속에 배태되어 있다는 것이 버틀러의 생각이다.

동일화를 거부'함으로써 이성애자가 되어 여자를 욕망한다. 여자가 동성애적 사랑대상과의 멜랑콜리적 동일화를 통해 이성애자가 된다면, 남자는 이성애적 사랑대상과의 동일화를 거부함으로써 이성애자가 되는 것이다. 최초 사랑대상은 그에게 동성이 아니므로 그는 멜랑콜리적 동일화를 할 수 없다. 이에 대한 버틀러의 언급을 보자.

> 이 논리에서 '남자'가 되는 것은 성적 욕망의 이성애화와 그 욕망의 근본적인 양가성의 전제조건으로서 여성성을 거부할 것을 요구한다. (…) 여성성에 대한 욕망은 그런 거부에 의해 각인된다. 그는 결코 자신이 될 수 없는 여자를 원한다. (…) 그녀는 그의 거부된 동일화이다(그가 동일화하기도 하고 욕망대상으로서 유지하기도 하는 거부). (Butler 1997: 137)

그런데 이 설명과 함께 버틀러는 남자는 처음에 여자가 되는 것을 거부하지만 이후 여자와 마찬가지로 원래 남자를 사랑하지도 애도하지도 않았다는 '이중의 부인'을 통해 이성애자가 된다는 주장을 '슬며시' 한다. 즉 한편으로 남자는 먼저 사랑대상으로 이성(어머니)을 간주하나 이 사랑대상을 포기하고(그렇지만 어머니와의 동일화를 거부한다) 이성애자(즉 남자)가 된다. 다른 한편으로 "'나는 그를 결코 사랑하지 않았고 결코 상실하지도 않았다'라는 이중 부인"(138)이 이성애적 남성 주체에게도 적용된다. 즉 "결코-결코~않는"(never-never)(140)이 이성애적 주체를 형성하는 것이다. 지금까지 살펴본 그녀의 논변을 정리한다면 동성애 금지는 근친상간 금지보다 우선하고 강박적 이성애는 원초적 동성애가 있음을 전제한다. 그러므로 '가장 진실한'(truest) 레즈비언 멜랑콜리자는 여자 이성애자이고 '가장 진실한' 게이 멜랑콜리자는 남자 이성애자인 것이다(146-147). 이렇게 본다면 버틀러는 남성성과 여성성을 고정된 구성물로 전제하면서 서로를 보완할 수 있는 실체적 개념으로 간주하는, 프로이트가 일찌감치 거리를 두고 비판적으로 재단했던 플리스가 주창한 성관계에 대한 망상적 과학의 충실한 계승자가 아닌가? 일례로 『생물학적 의미에서 본 코와 여자 생식기의 관계』(1897)에서 플리스의 생물학적 망상적 사고는 잘 드러난다. 그에게 생물학적 성차는 처음부터 주어진 것으로 여기에서 이후 모든 남녀 차이가 비롯되는 것이며, 남성과 여성은 대칭적 관계, 좌우의 대립적 개념으로 배치된다(André 1995 [2010]: 85-87). 그러나 앞의 각주에서 논증했듯이 프로이트는 팔루스의 우위를 중심으로 펼쳐지는, 통상적으로 얘기되는 남성과 여성의 생물학적 성차를 전제하지 않는 남아와 여아의 **본질적인 비대칭성**을 해명하였다. 프로이트에게 양성성은 앙드레가 말하듯이 "개인의 총체성의 표식이 아니다. 이와 반대로 그것은 **근본적인 불화(부조화)**의 요소이다. 프로이트에게 성은 외상적인 것으로 남아 있다. 우리가 심리적 양성성에 대해 말할 수 있다면 그것은 (…) 치료 불가능한 분열이라는 의미에서이다."(André 1995 [2010]: 87. 강조는 필자)

버틀러의 사유에 대해 비판적 입장을 표명하는 레스투치아(Restuccia)는 "만약 동성애자가 상실된 대상이라면 왜 주체는 대상 *a*의 형태로 그 상실된 대상을 추구하지 않는가, 즉 왜 모든 이성애적 주체는 상실한 동성애적 사랑을 찾지 않는가?"(Restuccia 2000: 352)라고 질문한다. 또 레스투치아는 동성애의 배척이 어떻게 남녀에게서 이성애적 젠더를 만들어내는가를 버틀러가 제대로 해명하지 못했음을 지적한다.

이제 이러한 멜랑콜리적 동일화 혹은 젠더 멜랑콜리를 포함한 젠더 형성에서 버틀러가 보여주는 불명확한 논변과 오류의 구체적 내용이 무엇인지 고찰해보자. 이에 대한 논의는 앞서 언급했듯이 프로이트와 라캉의 관점에서 버틀러의 문제점이 무엇인지 분석한 홍준기의 논증에 준거하여 전개하고자 한다. 홍준기는 동성애 우선성의 비논리성과 남자이성애의 설명에서 나타나는 형식주의적 접근을 논증한다.

첫째, 버틀러에게서 여아의 경우 동성애 금지가 근친상간 금지보다 발생적으로 우선하지만 이를 근거로 일관된 동성애 우선성을 논하는 것이 가능할 수 있는가 문제를 제기할 수 있다(남자의 경우는 동성애 금지가 근친상간 금지보다 우선하지 않는다). 유감스럽게도 버틀러는 금기의 법이 욕망을 금지한다는 것은 밝히고 있지만 유독 동성애가 이성애보다 우선한다는 주장을 논변하지 못하고 있다. 프로이트적 입장에서 충동은 성구분이 없기 때문에 생후 초기 여아는 성구분을 알지 못하며 따라서 성정체성도 없다. 프로이트가 「여자동성애의 심리발생에 관하여」(1920)에서 밝혔듯이 여자동성애는 어머니의 거세를 인식하고 아버지에게로 돌아섰지만 아버지로부터 거절당한 이후 그 아버지와의 동일화를 통해 다시 최초의 사랑대상인 어머니로 되돌아가는 것이다. 엄밀한 의미에서 여아가 동성애자가 되는 것은 순수한 이자관계에서의 어머니에 대한 배타적 애착이 아니라 남근선망과 오이디푸스 콤플렉스에서의 사랑과 좌절을 경유해서 '사후적으로' 이루어진다. 여아의 동성애는 단순히 출생 후 최초로 만나기 쉬운 어머니에 대한 '원초적 동성애'가 아니라, 프로이트가 지적했듯이 '반작용'(reaction) 혹은 '행위하기'(acting out)인 것이다. 그러나 버틀러는 어린 주체는 성구분을 알지 못한다는 사실을 간과하고 어머니와 아이만의 이자관계에서의 애착을 곧바로 동성애로 치환시켜버리는 데서 오히려 생물학적 젠더를 염두에 두고 있는 모순을 드러낸다. 홍준기는 이 점에 대해 다음과 같이 말한다.

> 아이에게 동성애라는 것이 의미를 가지는 것은 이성애 개념이 생기고 난 이후이다. 바로 여기에서 프로이트의 사후성의 논리는 중요한 역할을 한다. 프로이트, 라캉적 관점에 따르더라도 주체의 성적 정체성 성립에서 동성애가 '발달적으로 볼 때' 이성애에 선행한다고 말할 수는 있겠지만 동성애가 개인적, 사회적으로 유의미한 주체적 입장으로 뿌리를 내리기 위해서는 주체가 이성애적 구조에 직면할 것이 필요하다. 이렇게 본다면 동성애와 이성애는 공시적으로 작용하면서 각 주체를 동성애자 혹은 이성애자로 이끌어가는 것이라고 할 수 있다.(홍준기 2007: 50)

동성애의 우위를 증명할 수 없다면, 즉 이성애는 동성애 금지를 기반으로 형성된다는 그녀의 연역적 추론을 귀납적으로 확증할 수 없다면, 역으로 동성애는 이성애 금지를 전제조건으로 한다는 형식논리도 타당하지 않겠는가? 프로이트와 라캉은 그녀가 오해하듯이 이성애와 동성애 중 하나에 가치판단을 두지 않았으며 이러한 성적 취향과 정체성은 동등한 존재론적 가치를 부여받는다. 그러나 버틀러는 오히려 자신이 비난하는 성적 근본주의 속에 함몰되어 동성애, 특히 여자동성애를 특권화한다. 따라서 이러한 논증은 버틀러에 반대해 단순히 이성애 우위를 주장하는 것이 아니라, "이성애와 동성애 모두를 주체가 택할 수 있는 가능한 실존 형태로 간주하는 것이 더 민주적이고 다원적인 접근 방식"(홍준기 2007: 51)일 수 있다는 사실을 표명한다.

둘째, 남아의 이성애 형성에 대한 버틀러의 주장은 자신의 논리 안에서도 다소 일관성이 없다. 버틀러가 제시하는 남아의 이성애 형성에는 두 가지 경로가 존재할 수 있다. 첫째, 남아는 여아와 달리 첫 번째 사랑대상(어머니)과의 멜랑콜리적 동일화를 거부해서 이성애자가 된다(그러나 중요한 점은 상실한 대상과의 동일화가 왜 남자에게는 발생하지 않는 것인가에 대해 그녀는 아무런 설명을 제시하지 못한다는 사실이다). 더욱이 이것은 첫 번째 사랑대상이 이성(어머니)이기 때문에 여아와 달리 처음부터 남자는 이성애가 동성애보다 우선하는 결과를 보여준다. 따라서 버틀러는 이성애는 동성애를 금지로 부차적으로 생겨난다는 자신의 형식주의적 논제를 남아에게도 일관적으로 적용시키기 위해서 '이중의 부인' 논리를 억지스럽게 짜맞추지만 이에 대한 논리적 설명은 부재한다.[9] 여하튼 남자이성애의 경우 사랑대상이 어머니일 경우 멜랑콜리적 동일화가 일어나지 않으며, 그 대상이 남자일 경우는 멜랑콜리적 동일화가 일어나고 이중의 부인이 생겨난다. 요약하면 여아와 달리 남자이성애자는 멜랑콜리적 동일화를 경험하지 않음에도 이중의 부인으로 인해 이성애가 된다고 주장하나, 이 논리에는 **남아가 사랑대상으로서의 어머니(여자)를 포기하는 정확한 이유가 결정적으로 빠져** 있다. 그녀는 남아가 여아처럼 동성애 금지 때문에 이성애자가 된다고 주장하지만 어머니를 포기하는 이유를 제시할 수는 없었다. 그 포기의 배경에 근친상간 금지가 있다면 정작 동성애 금지가 근친상간 금지보다 더 선재한다는 그녀의 주장을 무화시키는 논리가 되기 때문이다.

9 버틀러는 다음과 같이 말하면서 이에 대한 해명을 회피한다. "나는 경험적 주장을 하지 않을 것이며 젠더와 섹슈얼리티, 멜랑콜리에 대한 현재의 정신분석 학계를 개관하려 하지 않을 것이다. 단지 애도되지 못하고 애도될 수 없는 상실에 대한 프로이트의 사고와, 큰 어려움을 가지고 동성애적 애착의 상실을 애도할 수 있는 문화 속에서 사는 것의 곤경 간의 어떤 생산적인 수렴을 단지 제안하고자 한다."(Butler 1997: 138)

우리는 이를 어떻게 봐야 할 것인가? 라캉적 관점에서 이는 동성애 금지 혹은 이성애 금지가 아닌 **'이자관계 금지'의 구조 속에서 발생하는 논리**로 치환될 수 있다. 이미 구조적 관점은 동성애와 이성애를 모두 포괄할 수 있는 보편성을 내포한다. 정신분석은 동성애와 이성애를 고정된 성적 범주가 아닌 오이디푸스 콤플렉스와 팔루스의 의미작용을 중심으로 공전하며 배치되는 지향성으로 전제할 뿐이다. 잘 알다시피 버틀러는 남자동성애보다 특히 여자동성애에 특권성을 부여하며 여자와 달리 남자의 이성애 형성에 대해 논리적 해명을 제대로 하지 못했는데, 이는 역으로 남자동성애 설명도 빈곤할 수밖에 없음을 반증한다. 버틀러의 남자이성애 추론에 따른다면 남자동성애는 어머니와 동일화해서 여성적 주체가 되는 것이다. 그렇다면 라캉과 프로이트에게서 남자동성애는 어떤 위치로 배치되는가? 거세불안을 가진 주체는 '팔루스를 가진 여자(어머니)'라는 표상에 고착되어 어머니의 거세를 부인한다. 도착적 주체로서 남자동성애는 바로 여기에서 출발한다. 남자동성애적 주체는 거세불안을 방어하고자 고착과 부인 메커니즘을 통해 나르시시즘적 방어를 작동시킨다. 앞서 설명했듯이 성차로서의 실재가 환기시키는 불안과 직면해 **팔루스의 의미작용에서 주체로서의 자신의 위치를 배치시키는 과정**에서 이성애뿐 아니라 동성애의 심리구조가 출발하는 것이다. 프로이트는 다음과 같이 말한다.

> 어린아이였을 때 남근을 가진 여자라는 표상에 '고착'된다면, 나중의 삶으로부터 오는 모든 영향에 저항하며 그로 하여금 성적 대상에서 남근이 없는 사람과는 성행위를 할 수 없도록 만들고, 이러한 사람은 성생활의 다른 측면에서는 정상적일지라도 동성애자가 되어 다른 면

에서는 여자 같은 느낌을 환기시키는 육체적 심리적 특징을 가진 남자 가운데서 성적 대상을 찾는다. 이러한 사람은 여자를 남자의 존재보다 더 나중에 알게 되는데 실제 여자는 그에게 본질적인 성적 자극을 주지 못하므로 불가능한 성적 대상으로 남는다. 심지어는 유아기의 다른 인상들과 관련해서 그에게 혐오의 대상이기 때문이다. (…) 나중에 여자의 생식기 부분이 거세된 것으로 지각되고 인식될 때 그것은 거세위협을 환기시키며 이러한 이유로 동성애자에게 쾌락 대신 공포를 자극한다.(Freud 1908: 216-217)

4. 버틀러의 성적 근본주의: 팔루스에서 레즈비언 팔루스로

이제 정신분석이 성적 근본주의를 표방한다는 버틀러의 비판을 해명해 보자. 이에 대한 논의는 반정신분석과 버틀러 이전의 페미니즘 담론과의 쟁투 속에서 정신분석이 줄기차게 밝혀온 낯설지 않은 기획이지만, 본 논문의 흐름을 위해서 다시 한 번 논점을 밝힐 필요가 있다. 먼저 결론을 요약한다면 성정체성은 아이들은 일정 시기(남근기)가 되면 하나의 성기관만을 알게 된다는 남근일원론을 가지고 설명할 수 있다. 물론 남근은 생물학적 기관을 넘어선 라캉적 팔루스로서 주체에게 충족과 결핍을 채워주는 보증으로서의 기표이다. 아이가 이자관계에서 타자 혹은 어머니의 상징적 거세와 결여를 인지하고 그녀의 욕망에 눈뜨는 것은 성차를 인식하는 것과 같이 발생한다. 그러나 생물학적 성차의 인식이 아이의 심리적 성정체성 형성으로 단선적으로 직결되는 것이 아니라 성정체성은 오이디푸스 콤플렉스의 지난한 역동을 거쳐 확정된다는 사실이 중요하다.

이른바 프로이트의 남근일원론에 대한 논의는 이미 1920-30년대 정신분석 학계에서 클라인(M. Klein)과 존스(E. Jones), 호나이(K. Horney) 등을 통해 구체화되었다. 클라인은 프로이트를 의식해서 자신의 초기 오이디푸스기를 상정하는 기본 전제로 '질에 대한 무의식적 인식', '타고난 내재적 지식'이 있음을 주장했으나, 이러한 입장은 결국 여자와 남자에 대한 생물학적 성차를 전제해버리는 환원주의를 표방하기 쉬운 것이었다. 물론 클라인은 '결합된 부모 이마고'(combined parental imago) 개념을 도입해 '여성적 위치'(feminine position), '초기 오이디푸스기'에 대한 자신의 다소 모순적인 해명을 극복한다.[10] 존스도 마찬가지로 여자의 남근기는 오이디푸스적 좌절에 대한 퇴행적 방어로서 부차적으로 나온다는 주장을 내세운다. 존스에 따르면 여아는 성적 만족 능력의 소멸을 의미하는 '아파니시스'(aphanisis)에 직면해서 질(vagina)을 포기하고 아버지와 동일화한다(Jones 1927: 464). 존스는 (프로이트가 생물학적 의미에서 사용했다고 자신이 생각하는) 거세불안에 견주어 오이디푸스적 욕망을 좌절시키는 것이 생물학적 기관의 상실로 인한 거세불안이 아니라, 이와는 무관한 아파니시스라고 생각했다. 그러나 그는 자신의 논제에 대한 타당한 임상증거를 제시하지 못했을뿐더러 생물학적 의미의 거세와 아파니시스를 등치시켜놓고 설명하는 모순을 드러낸다. 급기야 그는 주장의 오류를 봉합하기 위해 '태초에 신은 인간을 남자와 여자로

10 즉 클라인을 생물학적 결정론자나 프로이트와 대적하는 여성주의 분석가로 단순 범주화해서는 안 된다. 여기에서 자세히 논할 수 없지만 그녀의 이론 전반은 프로이트를 보완, 계승하는 것이었고 그러한 사유는 라캉적 사유를 통해 재조명된다. 이에 대한 자세한 논의는 박선영, 「클라인의 초기 오이디푸스와 여성성: 원초적 여성성과 다른 향유」, 『한국 라깡과 현대정신분석』 9권 1호, 2007; 홍준기, 『오이디푸스 콤플렉스, 남자의 성, 여자의 성』, 7장, 아난케, 2005 참조.

창조했다'는 극단적인 자기모순적 명제를 주장하기에 이른다. 요컨대 존스는 남근일원론, 버틀러의 표현대로라면 성적 본질주의를 표방한다고 비난하는 프로이트의 이론을 나름대로 벗어나려 했으나, 역설적으로 여성성과 남성성을 선험적 위치로 승격시키고 생물학적 성차 속으로 침몰해버렸다.

> 라캉은 존스가 아파니시스란 상징계 속의 주체에 부가되는 '거절'로부터 발생하는 구조적 사실이라는 것을 파악하지 못했기 때문에, (…) 욕망과 결여의 관점에서 제대로 해명하지 못했다고 비판한다. (…) 아파니시스는 '성적 욕망의 전적인 소멸'이 아니라 주체가 자신의 존재결핍을 극복하기 위해 대상을 통해 자신을 고정시킬 때, 즉 대상에 고착될 때 이 대상 속에서 자신을 망각하는 현상, 그리하여 '자신의 욕망이 사라지는 것', 즉 '욕망을 포기하는 것'을 의미한다.(홍준기 2005: 204-205)

이제 성차와 관련하여 프로이트와 라캉의 논증은 어떻게 기획되는가 보자. 프로이트는 성구분을 알지 못하는 주체가 오이디푸스 콤플렉스를 거치면서 어떻게 성정체성을 획득해 나가는가를 분석하며 남근우월주의나 생물학적 결정론과 철저하게 거리를 둔다. 그는 『억제, 증상, 그리고 불안』(1926)에서 거세불안이 단순히 생물학적 기관과 관련한 불안이 아님을 역설했다. 남근은 어머니와의 분리를 재결합하는 상징적 심급이며 완전한 만족을 보증하는 상징적(상상적) 기관으로서 프로이트도 남근을 라캉적 의미의 팔루스로 간주하고 있다는 것이다. 팔루스 개념은 어린 주체뿐 아니라 대타자 혹은 어머니나 아버지 자신도 상징적 거세를 당한 존재로서 이 결여를 채우길 욕망하는 결핍된 주체임을 보여준다. 잘 알다시피 정신분석적 거세는 언제나 상징적 거세로서 언어의 세계, 상징계로 들어온 주체가 필연적으로 감당해야만 하는 숙명이고 존재론적 결핍이다. 그것은 상징계 속의 모든 주체가 원초적 욕망대상인 어머니(의 육체), 사물(das Ding)을 상실했고 따라서 완전한 향유를 누리지 못하며 오직 '조각난 향유', '파편화된 향유'만을 부분적으로 영위할 수밖에 없다는 구조적 개념이다. 거세된 주체는 원초적 어머니를 상실한 어머니로서만, 달리 말하면 상징으로서만 다시 전유(긍정)할 수 있다. 그는 이제 '존재로서의 팔루스'가 아니라 '팔루스의 소유를 욕망하는 자'로서 자신을 언표해야 하며 **'사물'에 대한 '부정'**(negation)을 연출해야 한다. 마찬가지로 주체의 거세환상도 (생물학적 의미의) 거세가 존재하지 않는다면 어머니와 아이와의 불가능한 결합이 가능할 것이라는 근원적 합일에의 환상의 표현이며, 주체가 자신의 존재결여(manque-à-être)를 채우려는 상상적 노력이라는 의미를 담지하고 있다. 그러므로 프로이트의 남근선망은 생물학적 기관에 대한 소망이기보다는 거세된 주체의 결핍을 메우고자 팔루스를 가지고 있다고 생각하는 **타자에 대한 동일화 욕망**인 것이다. 팔루스는 주체 안에서 어머니의 젖가슴과 질 등으로 다양하게 등치될 수 있는 순수기표이며, 상징적 거세 그 자체, 부분충동의 통합불가능성, 결여의 극복불가능성, 상징계의 한계를 체현할 뿐이다.

다시 요약하면 남자와 여자는 처음부터 남자와 여자로 존재하는 것이 아니다. 성차를 알지 못하는 어린 주체는 생물학적 남근 혹은 질의 유무를 발견하면서 성구분과 자신의 생물학적 성을 인식한다. 남근은 고정화된 성차를 확증하는 절대 기관이 아니라 '차이'를 폭로하는 상징,

즉 라캉적 팔루스일 뿐이다. 알다시피 정신분석은 생물학적 차이가 인간의 (성)정체성을 온전히 확정한다고 보지 않으며, 이 해부학적 차이에 대한 주체의 심리적 정체성과 역동에 관심을 두며 성적 정체성은 이 심리적 정체성에서 비롯된 것임을 명확하게 해명하고 있다. 인간은 남근의 존재와 부재를 발견하고 팔루스가 자신에게 어떻게 의미화되는가에 따라 그 팔루스를 가지고 있다고 상상하는 주체와 동일화하면서 자신을 남자로, 혹은 여자로 배치한다. 클라인적 관점에서도 젖가슴을 가진 어머니는 동시에 '남근적 어머니'(phallic mother)로서 생물학적 기관을 소유한 주체가 아니라 전능한 팔루스를 소유한 주체로 아이에게 인식된다.[11] 가령 신경증은, 아이가 생물학적 성차를 기반으로 결여를 감지하고 이 결여를 메울 상상적 대상을 욕망하는데, 특히 기표로서의 기관일 뿐인 특정 신체기관에 과도한 의미를 부여하고 자신의 존재결핍을 채울 대상으로 상정할 때 발생하는 것이다.

앞서 각주에서도 피력했듯이 여자와 남자의 성은 팔루스의 의미작용, 거세와 관련해 배치된다. '여자를 나타내는 기표는 없다'는 라캉의 전제는 프로이트가 천착해온 존재로서의 여성성이 아닌 **'생성으로서의 여성성'**, 요컨대 구멍, 결핍, 무로서의 사유 대상을 표면화한다. 라캉은 1960년에 향유 개념을 도입하면서 이른바 '다른 향유'로 대변되는 '존재의 향유'를 기표에 우선하는 것으로 보았으나 1972년 『세미나 20: 앙코르』에서는 반대로 기표가 존재에 선행함을, 기표와 팔루스가 구멍을

11 오이디푸스 콤플렉스를 설명하는 과정에서 아이가 어머니로부터 아버지에게로 돌아서는 메커니즘을 프로이트가 남근 결여로 분석한다면, 클라인은 젖가슴의 좌절로 설명한다. 그렇지만 젖가슴과 남근은 모두 순수기표로서 서로 등치될 수 있다는 점에서 오이디푸스 상황에 대한 프로이트와 클라인의 접근은 다르지 않다.

만들어냄을 역설했다. 팔루스의 작용은 실재, 여자 자체, 존재 자체를 주체화한다. 라캉은 『세미나 11』에서 다음과 같이 말한다. "그렇다면 그 밑바탕은 무엇일까요? 부재일까요? 아닙니다. 오히려 결렬, 균열, 열림의 흔적이 부재를 나타나게 하지요. 외침이 침묵을 배경으로 해서 나타나는 것이 아니라 오히려 외침 때문에 침묵이 침묵으로서 솟아나듯 말입니다."(Lacan 1973 [2008]: 46) 외침이 침묵을 만들어내듯이, 존재가 부재를 현존화하고 기표가 무를 창시하고 **팔루스의 작용이 여성성을 등장시키는 것이다.**

결국 이러한 노정은 주체가 오이디푸스 콤플렉스를 어떻게 통과하는가와, 오이디푸스적 역동 속에서 주체의 위치가 어떻게 구조화되는가와 직결된다. 특히 정신분석을 비난하는 입장은 이 오이디푸스 콤플렉스를 생물학적 성차를 기반으로 한 자연주의, 환원주의로 조망하는 경향이 지배적이다. 그들은 대개 충동, 환상 등과 같은 메타심리학적 개념을 간과하고 남근기에 남아는 어머니를, 여아는 아버지를 사랑하도록 이미 결정되었다고 오이디푸스 콤플렉스를 표면적으로 읽어낸다. 가령 버틀러는 오이디푸스 구조가 이성애를 전제로 한 것이라고 단정한다. "오이디푸스적 갈등은 이성애적 욕망이 이미 확립되었음을, 동성애와 이성애 간의 구분이 강제되었음을 가정한다(결국 필연성이 없는 구분이다). 이런 의미에서 근친상간에 대한 금지는 이성애에 대한 금지를 전제하는데 왜냐하면 그것은 욕망의 이성애화를 전제하기 때문이다."(Butler 1997: 135) 그러나 이 '오이디푸스'로부터 정신분석의 모든 사유가 배태되었음을 고려할 때 이는 보다 철저한 이해를 필요로 한다. 결국 오이디푸스 콤플렉스와 성차의 문제로부터 우리가 볼 수 있는 다양한 임상이 출발한다. 예컨대 앞에서도 언급했던 프로이트의 「여자동성애의 심리발생에 관하여」(1920)에서 여자동성애자는 이성애자로 태어났으나 어머니에 대한 원초적 사랑으로 인해 동성애자가 된 것이 아니라, 오이디푸스 콤플렉스 역동을 통과하면서 사춘기 이후에 동성애자로 자리매김했다. 프로이트의 분석에 따르면 그녀는 어머니와 아버지 모두에 대한 사랑의 거절과 아이를 갖고 싶은 소망의 좌절 이후에 남성 혐오자가 되었고 여자를 사랑의 대상으로 선택한다. 특히 남자동성애와 달리 잠재해 있던 동성애적 소질이 외상, 즉 아버지의 사랑에 대한 좌절에 대한 '반작용'으로 표면화되어서 남자가 되어 최초의 사랑대상인 여자로 되돌아간다. 여자동성애와 유사한 심리 메커니즘을 가지고 있는 히스테리의 경우에도 전오이디푸스적 어머니뿐 아니라 오이디푸스적 아버지에게도 상당한 고착이 있은 다음에, 거세당한 어머니로부터 결여의 체험과 아버지에 대한 사랑의 상상적 거절을 겪으면서, 다시금 최초의 대상으로 향한다. 히스테리를 포함해 강박증과 도착 등 정신분석에서 이른바 증상들은 외상에 대한 주체의 심리적 반응이 구체화된 것으로, 결국 **상징적 세계 속에 존재하므로 근원, 실재로부터 분리된 어린 주체가 자신의 '결여'를 메우기 위해 '상징적 관계를 실재적, 육체적, 직접적 관계로 다시 환원하려는 시도**'라고도 할 수 있다.

지금까지 살펴본 프로이트와 라캉의 정신분석적 접근은 버틀러가 비판하는 성적 본질주의에서 아이러니하게도 그녀의 맹점을 폭로한다. 그녀는 젠더 또는 젠더에 선행하는 섹스 자체를 해체하고자 했으나 사실상 이성애와 동성애를 해명하는 시도 속에서 생물학적 성차를 전제할 수밖에 없었다. 이성애를 타파하고 동성애의 우선성을 주창하기 위해서는 이미 형식주의로나마 이성애와 동성애에 대한 구성적 개념을 재배치시켜야 할 필요가 요구된다. 이에 그녀가 라캉의 팔루스를 패러

디해 만든 '레즈비언 팔루스'는 이러한 모순을 보여주는 대표적 개념일 것이다. 버틀러는 무의미한 기표일 뿐인 팔루스를 남성적 속성으로 바라보기 때문에, 그리고 정신분석 이론과 달리 여자도 남자처럼 남근(팔루스)을 가지고 있기 때문에 통상적인 남근선망을 가질 필요가 없다는 점을 주장하기 위해 레즈비언 팔루스를 도입했다. 물론 버틀러도 팔루스가 그저 상징일 뿐이고 아무도 그것을 갖지 못한다는 것을 잘 알고 있다. 팔루스는 생물학적으로 범주화된 남성성의 우위를 보여주는 것 같지만 궁극적으로 그것은 아무것도 아닌 무(無)의 공허한 기표라는 무의미함을 드러낼 뿐이다. 그럼에도 불구하고 남성의 기관으로 암시되는 팔루스는 육체의 다른 부분들(가령 팔, 혀, 손, 골반, 무릎 등등)로 '충분히' 대치될 수 있으며, 레즈비언 팔루스를 통해 여성은 라캉이 구분을 둔 '팔루스 갖기'(to have phallus)와 '팔루스 되기'(to be phallus)의 경계를 아우르는 존재가 되어 남근선망과 거세불안을 모두 겪을 수 있는 주체가 된다는 것이 그녀의 생각이다(Butler 1993: 84-90 참조). 이는 버틀러가 '기표로서의 팔루스'를 차용했다는 점에서 라캉적 팔루스 개념을 수용한 것이지만 정신분석이 이성애중심주의이고 남근중심주의라는 그녀의 비판적 주장을 여과 없이 드러내고 있다. 라캉에게서 팔루스는 성차가 존재하지 않으며 생물학적 남자나 여자가 모두 똑같은 이유로 소유할 수도 소유하지 못할 수도 있는 것이지만, 버틀러는 (라캉의) 팔루스를 생물학적 남성의 속성으로 치부하며 거기에 담겨 있다고 '자신이 생각하는 특권성'을 가져와 자신의 레즈비언 팔루스에 부여해서 이를 패권적 기표의 자리로 승격시킨다. 성적 범주를 무화시키는 팔루스가 오히려 그녀의 이론에서는 여자들이 가지고 있는 고유한 기표로 재의미화되는 것이다.

리비에르(J. Rivière)가 「가면쓰기로서의 여성성」(Womanliness as a Masquerade, 1929)에서 피력한 '진정한 여성성과 가면쓰기는 결국 같은 것'이라는 논제에 대해 버틀러는 젠더 수행성을 읽어낸다. 버틀러는 본질 자체의 여성이 아닌 수행과 모방, 반복적 행위를 통해 구성되고 획득되는 여성성일 뿐이라는 자신의 주장을 뒷받침하는 실례를, 리비에르의 임상에서 추출해내었다. 그러나 라캉은 그 임상 사례를 단순히 젠더 수행성만으로 해명하는 차원에서 더 나아가 그녀가 그토록 비판하는 팔루스적 질서를 뛰어넘는 '다른 향유'의 옷으로 재단한다. 진정한 여성성과 가면쓰기의 등치는 여자는 두 가지 이질적인 향유를 동시에 추구하고 누릴 수 있다는 것을, 즉 가면쓰기가 관련을 맺고 있는 팔루스적 향유와 (비)존재가 위치하는 다른 향유가 하나의 같은 여자 속에 공존한다는 사실을 함축한다. 가면쓰기(가상) 속에 비존재로서의 여성성이 현시된다는 것은 여자의 다른 향유는 팔루스 질서와 무관한 초월적 체험이 아니라 팔루스 질서와 더불어 존재한다는 것을 의미한다. 여자는 개별자로 존재하고 그 개별자의 일부분만 팔루스적 질서를 넘어서므로, 전체로서 팔루스 질서를 넘어서는 여자는 하나도 없다(pas-une, not-one, $-\exists x\ -\Phi x$). 그러나 동시에 여자는 팔루스적-상징적 동일화를 벗어나는 '비전체'(pas-toute, not-all, $-\forall x\ \Phi x$)로 존재한다. 여자는 자기 속에서의 분열, 차이, 비동일성을 받아들이는 (비)존재인데, 정확히 그러한 이유로 각 여자는 자신 속에 팔루스적 부분과 비팔루스적 부분을 동시에 지닌다. 달리 말하면, 여자는 팔루스적 향유를 누리는($L/a \rightarrow \Phi$) 동시에 그것을 벗어나는, 팔루스적 질서에 완전히 포섭될 수 없는 다른 향유를 누리는 존재이다($L/a \rightarrow S(\not{A})$)(박선영 2010: 211). 그렇다면 **여자동성애는 레즈비언 팔루스를 향유하는 주체가 아니라 '다른 향유'를 전유하는 주체**이다. 오히려 그들은 대타자 속의 결여의 기표를 받아들임으로써 대타자의 질서를 넘어서는, **팔루스적 질서를 전복시키는 주체**인 것이다.

5. 보편성과 우연성, 그리고 라캉과 레비-스트로스의 오이디푸스 콤플렉스

앞에서 말했듯이 버틀러가 정신분석에 대해 가지고 있는 적대심은 정신분석이 이성애를 패권화시켰다고 주장하는 데서 드러난다. 버틀러는 프로이트와 라캉의 이론과 설명의 과정을 따라가면서 어떻게 그들이 이성애 헤게모니(?)를 주장하는지 밝히려고 하는데, 여기에는 오이디푸스 콤플렉스, 상징계, 아버지의 법 등에 대한 그녀의 왜곡된 관점이 내포되어 있다. 알다시피 오이디푸스 콤플렉스는 생물학적 개념이 아니므로 동성애나 이성애 등에 대한 선험적 자리를 배치하지 않는다. 버틀러도 이미 이 당연한 논제는 충분히 인식하고 있으며 상징계의 보편성에 대한 라캉의 논거가 어떻게 기획되는가를 알고 있다. 그럼에도 불구하고 그녀가 라캉의 상징계와 오이디푸스 콤플렉스가 배태하는 보편성과 우연성의 개념을 자의적으로 다르게 해석하고 있다는 사실이 문제의 출발점인 것이다. 버틀러는 『권력의 심리적 삶』에서 라캉의 이론이 패배주의라고 일거에 치부해버린다. 그녀가 보기에 상징계의 불변적 구조로 인해 이에 대한 모든 저항은 언제나 패배주의에 함몰될 수밖에 없다는 것이다(Butler 1997: 88). 이러한 주장은 이후에도 유지되어 상징계와 이에 연동된 오이디푸스 콤플렉스 자체에 대한 비판으로 이어진다. 가령 버틀러는 『안티고네의 주장』에서 다음과 같이 말한다.

> (…) 여기서 우연성을 주장한다고 해서 상징계 자체의 작동에서 보편

적인 효과가 의문시되는 것은 결코 아니다. 따라서 상징계로 만들어진 친족의 구조는 어떤 보편화의 효과를 계속해서 산출한다. 이런 조건에서 어떻게 보편성의 효과가 우연적인 것 (…) 으로 생각될 수가 있겠는가?

(…) 오이디푸스 콤플렉스는 어디에서나 진리인 것처럼 보인다. 그런 의미에서 오이디푸스 콤플렉스는 구체적으로 구현되지도, 구현이 가능하지도 않은 어떤 보편성이다. (…) 사실상 보편성의 구체화는 그 자신을 몰락시킬 수도 있다.(Butler 2000 [2005]: 80-81)

이러한 버틀러의 주장은 어디로부터 기원하는가? 그녀는 레비-스트로스의 구조주의 인류학에서부터 출발해서 상징계와 오이디푸스 콤플렉스의 보편성을 문제 삼는다. 버틀러가 보기에 레비-스트로스의 친족구조에 대한 분석을 포함해 구조주의 담론과 소쉬르의 언어 이론 등은 섹스와 젠더의 이분법적 구조를 보편적 구조로 전제하였고, 여기에서 이러한 담론들이 가지고 있다고 자신이 생각하는 문제점들을 '여성성이 배치될 수 있는 자리는 부재한다'는 식으로 『젠더 트러블』에서 지적한다. 레비-스트로스에 의하면 결혼과 친족체계는 여성의 교환을 중심으로 이루어지고 근친상간 금지가 이러한 결혼 시스템을 설명한다. 문제는 버틀러가 보기에 결혼의 규칙은 오직 이성애의 족외혼에 한정되었고, 근친상간 금지는 남성 중심의 이성애 사회의 담론을 옹호하는데 이용되었으며 자연과 문화의 이분법적 구조와 보편성을 전제하며, 상징계는 언제나 초월적이고 정신분석의 출발점인 오이디푸스 콤플렉스는 근친상간 금지와 이성애중심주의를 지탱하는 중핵이라는 점이다. 그러므로 이러한 구조주의를 충실히 계승한다고 그녀가 생각하는 정신분석과 라캉의 이론은 그녀의 비판에서 자유로울 수 없다. 버틀러는 상징계와 오이디푸스 콤플렉스의 패권주의를 전복함으로써 배제된 여성성과 동성애적 가족구조를 전경화할 수 있다고 주장한다. 그러나 필자가 앞에서 충분히 논의했듯이 버틀러의 젠더 이론은 라캉적 비본질주의를 비판하는 개념으로 수행성 개념을 차용하고 있으나, 오히려 생물학적 성차 속으로 침몰되고 무의미한 팔루스를 패권화하면서 동성애적 구조를 최우선적 행태로 간주해버리는 모습을 보여준다.

프로이트와 라캉의 오이디푸스 콤플렉스는 레비-스트로스의 구조주의 체계와 연접해 있으며 라캉은 초기에 신화에 대한 레비-스트로스의 인류학적 접근을 수용할 것을 고려하였다. 그러나 라캉이 이론을 발전시켜 나가는 과정에서 점차 이와 거리를 두었고 그러한 구조주의적 체계를 벗어났음은 주지의 사실이다. 그렇다면 여기에서 우리는 레비-스트로스와 라캉이 어느 지점에서 만나고 돌아서는가를 확인할 필요가 있다.

• 오이디푸스 콤플렉스에 대한 라캉과 레비-스트로스의 비교: 라캉은 초월적 구조로서 상징계를 제시했는가?

잘 알려져 있듯이 레비-스트로스의 근친상간 금지가 자연에서 문화로의 전환을 이루는 연결점이라는 전제를 라캉은 문화의 가능성을 담지하는 상징계로 차용한다. 버틀러는 여기에서 오이디푸스 콤플렉스를 해결하고 법의 영역으로 치환되는 상징계를 보편적이고 무시간적인 것으로 간주하면서 라캉주의가 상징계를 사회적 영역과 분리시킨다고 공격한다(Butler 2000 [2005]: 36). 그러나 버틀러의 이러한 개념 설정과 범주화 자체는 모호할뿐더러 라캉에게서 상징계는 상상계와 실재와의 중첩 관계 속에서 설정되기 때문에 문화와 사회적 규범에 종속되는 것이 아니라 '해방'시키는 개방적 기능도 지니고 있음을 간과하고 있다. 이 전복적 기능을 수행할 수 있는 것이 실재라면 이것이 배치되는 공간이 상징계인 것이다. 즉 그녀는 레비-스트로스의 관점을 적용해 라캉이 상징계의 총체성과 보편성을 전제한다고 비판하고 있으나, 라캉의 **상징계는 닫힌 구조가 아니라 외부로 개방된 열린 공간**이라는 점을 우리는 주목해야 한다.

레비-스트로스는 오이디푸스 신화를 포함해 여러 신화들에게서 공통적으로 발견되는 구조 속에서 인간의 기원이 하나인가 둘인가에 대해 고대 그리스인들이 가지고 있었던 난제를 추출해낸다.[12] 그는 오이디푸스 신화를 일종의 논리적 도구로 차용해서 이러한 해결 불가능한 난제에 대한 나름대로의 답을 제시한다. 요컨대 레비-스트로스는 대답 불가능한 문제에 대해 그 모순 자체를 드러내면서 봉합해주는 메커니즘으로 오이디푸스 신화의 내용이 아니라 '구조'를 차용한다. 오이디푸스 신화는 인간사의 다층적인 갈등의 해결에 관해 '근친상간 금지'를 내세워 이를 타개하려 하지만 근친상간(금지)이 차지하는 존재론적 위치로 인해 결국 해답은 없다는 구조적 논리적 사실을 드러낸다.[13] 이러한 입장은 정신분석에서 오이디푸스 콤플렉스가 '구조적' 심급으로 간

12 이를 보여주는 도표의 구조와 설명은 홍준기, 「정신분석학의 위기와 라캉」, 『라캉과 현대철학』, 문학과지성사, 1999; Russell Grigg, "Beyond the oedipus complex", *Jacques Lacan and the Other Side of Psychoanalysis*, Duke U. P., 2006 참조.

13 오이디푸스 콤플렉스를 실체주의적, 자연주의적으로 보면서 문화의 부산물로 간주한 말리노프스키(B. Malinowski)와 반대로 레비-스트로스는 이를 문화의 근원으로 바라보고 있다는 점에서 프로이트의 관점을 적극적으로 수용하였으며, 이는 다시 라캉의 오이디푸스 콤플렉스론으로 연동된다.

주되는 것으로 연동된다. 그리고 잘 알다시피 라캉은 신화에 대한 레비-스트로스의 인류학적 분석을 정신분석에 접목시켜 구조주의 해석을 시도한다. 이후 라캉은 『세미나 17』에서 오이디푸스 콤플렉스는 프로이트의 꿈으로서 그 자체가 해석되어야 하며 꿈은 신화가 아니라고 간주한다. 왜냐하면 오이디푸스 콤플렉스가 최후의 이론적 심급이 아니며 '증상 자체'이기 때문이다. 라캉은 1958년 '아버지의 은유'를 고안하고 1970년대 은유와 환유에 대한 사유를 거치면서 레비-스트로스와 분기되어 갈라진다. 레비-스트로스에게 신화적 사고와 과학적 사고는 유사하지만 라캉에게 레비-스트로스의 신화적 사고는 과학보다는 환상에 더 가깝다. 그릭(R. Grigg)이 말하듯이 프로이트의 오이디푸스 콤플렉스에 대한 레비-스트로스의 분석은 "양날의 칼"(double edged)(Grigg 2006: 54)일 수 있다. 즉 정신분석적 오이디푸스 콤플렉스의 보편성은 한편으로 신화의 또 다른 판본일 뿐이기에 신화의 진리를 드러내지 못하고 선회하며, 앞서 말했듯이 인간의 기원에 관한 문제는 여전히 난제로 존재한다. 더 나아가 라캉은 프로이트적 오이디푸스 콤플렉스의 장

13 "이 어려움은 극복 불가능하다. 그러나 오이디푸스 신화는 일종의 논리적 도구를 제시한다. 즉 인간은 하나로부터 태어나느냐 아니면 둘로부터 태어나느냐는 최초의 문제와, 이렇게 표현해도 좋다면, 자기는 자기로부터 태어나느냐 아니면 타인으로부터 태어나느냐라는 파생된 문제 사이에 다리를 놓아주는 논리적 도구이다."(레비-스트로스, 홍준기 1999: 249-250에서 재인용). **근친상간(금지)은 궁극적으로 '실재'와의 조우에서 드러나는 문제**이기에 결코 완전한 해결방식이 될 수 없다.
그리고 **구조적 사실**로서의 오이디푸스 콤플렉스는 타자가 아닌 우리 자신에 대한 성찰과 반성을 드러낸다고 레비-스트로스는 파악하고 있다. "모든 것을 객관적인 구조에 의해서 결정되어 있는 것으로 간주함으로써 인간 주체의 책임성을 말살하려는 이론이 아니다. (…) 그것은 현대 사회나 원시 사회 혹은 동양 사회나 서양 사회를 가릴 것 없이 모든 형태의 사회들에 내재하고 있는 공통의 '모순적 구조', 공통의 내적 '논리'를 밝히는 것을 주안점으로 삼는다. 그리고 구조주의는 타인이 아니라, 바로 '우리'가 지옥임을 고백하는, 타문화 존중의 윤리학이다."(홍준기 1999: 252-253)

소에 대해 레비-스트로스와는 다른 견해를 취하고 있음을 그릭도 역설한다.

> 그[라캉]는 신화의 중심부에는 불가능성의 지점, '모순'이 있다는 데 동의한다. 이 불가능성을 라캉은 실재(real)로 명명하며, 오이디푸스 콤플렉스에서 이 '실재의 작은 조각'은 남성과 여성 간의 어떤 성적 관계도 불가능하다는 것이다. 그런데 그는 그것에 '의미의 조각'을 부여함으로써 신화가 이 불가능성의 조각을 덮는다고 생각한다는 점에서 레비-스트로스와 달라진다. 이로써 신화는 이 불가능성, 실재의 지점 주위에서 짜여진 허구적 소설이고, 이것은 라캉이 신화에 정말로 진리(truth)가 있으나 허구의 구조를 가지고 있는 진리라고 말하는 이유이다.(Grigg 2006: 55)

인간의 기원에 관한 물음은 불가능성의 장소를 겨냥하고 이 불가능성은 막연한 것이 아니라 의미를 부여함으로써 진리를 태동시킬 수 있는 모태이지만, 신화는 이 불가능성의 지점을 덮는다(55). 그러나 "과학은 이 불가능성을 증명하고 드러내기 위해 그것이 할 수 있고 행하고 상징적 수단을 사용하는 것에서 신화와 다르다. 반면에 신화는 대답이 없는 질문을 풀려는 반복되는 시도에서 불가능성의 주위를 선회한다." (55-56) 이 **'실재'**에 대한 대답에서 신화와 정신분석이 갈라서고 정신분석은 보다 더 과학적일 수 있다. 표명될 수 없는 불가능한 실재에 대해 신화와 달리 정신분석은 그것을 상징화하고 언표화하려 한다는 점에서 더욱 논리적이고 체계적이다. 이 '실재' 개념은 라캉과 레비-스트로스가 갈라설 수밖에 없는 핵심 지점인데, 버틀러는 이 실재 개념을 부정하기 때문에 그녀에게 라캉과 레비-스트로스는 사실상 같은 패러다임에 속하는 사상가로 간주될 수밖에 없는 것이다.

근친상간 금지가 실현되는 이유로 레비-스트로스는 명확한 교환체계를 기반으로 한 족외혼을 이야기하지만, 알다시피 프로이트나 라캉의 오이디푸스 콤플렉스에서 근친상간 금지는 **아버지 혹은 제3자를 중심으로 발생하는 결여를 중심으로 설명**된다. 레비-스트로스의 신화론에서 한 체계 내는 언제나 평형과 항상성이 유지되고 다른 체계와의 교환 구조에서 배제되는 잉여는 없다. 그러나 이 지점에서 라캉은 잉여가 존재하는 구조 밖의 세계, 대상 *a*와 실재를 포착해 타자성과 욕망의 불순물로 채색된 주체 개념을 이끌어낸다. 근친상간 금지란 우리에게 완전한 욕망 충족은 불가능하다는 것을 의미하며 이로써 욕망의 대상이자 원인으로 기능하는 상징계의 잔여물인 대상 *a*를 허용한다. 근친상간 금지, 아버지의 이름과 연동되어 있는 팔루스적 기표는 생물학적 성차를 넘어 남성과 여성 모두에게 적용되므로 이를 거부하는 주체는 상징계의 질서 속으로의 편입을 거부하고 상상적 이자관계에 매몰된다. 그렇다면 **근친상간 금지는 상상적 이자관계를 해체하며 영원한 낙원과 완전한 총체성이 부재함을 폭로하고 그것을 파괴하는 전복적 기능을 수행**하는 것이다. 레비-스트로스의 구조주의 인류학과 달리 "정신분석은 주인 담론의 통제 속에 있는 주체의 욕망을 전복하고 궁극적으로 사회의 변혁(transformation)을 꾀할 수 있다는 전복적 성격"(Dunand 1996: 99-100)을 갖는다.

> 우리 시대의 인류학이 집요하게 연구했던, 자연과 문화의 접합의 지점에서 **정신분석**만이, 사랑이 항상 파기하거나 잘라내야 하는 **상상적 예**

속의 매듭을 인식한다. (…) 우리가 모든 주체를 위해 보존하고 있는 수단을 통해 정신분석은 '너는 이것이다'라는 황홀경적 극단—이 속에서 환자의 죽음의 운명의 암호가 그에게 계시된다—에 이르기까지 환자의 동반자 역할을 할 수 있다.(Lacan 1948 [2006]: 80-81. 강조는 필자)

오이디푸스 콤플렉스가 보편적이고 논리적인 구조라는 점에서 레비-스트로스와 프로이트 및 라캉은 일치하지만, 레비-스트로스의 오이디푸스 콤플렉스가 은유와 환유, 응축과 전치의 과정을 거치지 않는 데 반해 정신분석적 오이디푸스 콤플렉스는 무의식의 산물이기에 번역되고 해석될 수 있다는 차이를 보인다. 신화가 그 사회의 어떤 에피스테메를 담고 있는 담론이고 특정 언어를 취하지 않으므로 보편적이며 그렇기 때문에 번역될 수 없다면, 꿈은 개인적 우연적 산물이기에 신화와 달리 분석되고 해석될 수 있다. 라캉은 이러한 맥락 속에서 『꿈의 해석』『토템과 터부』『문명과 그 불만』『모세와 일신교』를 독해하며 '아버지'와 '오이디푸스 콤플렉스'가 어떻게 추론되고 배치되는가를 분석한다. 특히 『세미나 17』에서 라캉은 오이디푸스 신화에는 존재하지 않는 **'거세 콤플렉스'**를 오이디푸스 콤플렉스와의 관계에서 어떻게 설명할 것인가를 해명한다(라캉은 『세미나 5』에서 오이디푸스 콤플렉스의 마지막 단계에서 이 거세 콤플렉스가 개입한다고 말한다). 이제 오이디푸스 역동은 이 거세 콤플렉스를 중심으로 공전한다. 거세는 생물학적 사실로 환원될 수 없는 것으로 실제적 구체적 사건과 환상이 아니라 **상징계의 언어에 의해 유발되는 내재적 원인으로서 실재적 작용을 야기**한다. 라캉은 『토템과 터부』를 재해석해 **'실재적 아버지'**에 명확한 의미를 부여하고 오이디푸스 콤플렉스를 담론 개념으로 대체한다. 오이디푸스 신화에서 부친살해는 향유의 불가능성을 은폐하는 향유의 금지인 데 반해 『토템과 터부』에서 부친살해는 근친상간 금지와 완전한 향유의 불가능성을 보여주는 일종의 환상이다. 전자에서 상징적 거세가 은폐된다면 후자에서 실재적 아버지는 거세된 주체로서의 제한된 향유를 누리며 그 향유 방식을 아들에게 전달한다. 『세미나 17』에서는 이전과 달리 기표와 향유가 결합하면서 아버지는 상징적 아버지에서 실재적 아버지로의 역할이 강조된다. 라캉 이론의 초기와 후기의 분기점이 될 수 있는 실재적 아버지의 새로운 개념에서 인격적 요소는 더욱 사라지고 그것은 향유와 결합된 언어 자체로 재설명된다. 이 실재적 아버지는 이미 거세된 주체로서 나름대로의 향유를 누리는, **향유의 금지자이면서 아이가 만나는 최초의 향유의 전수자**로서 기능한다. 이 아버지가 원초적인 상상적 아버지의 무한한 향유에 한계를 도입한다. 따라서 실재적 아버지도 '아버지의 이름', 즉 기표이며, 동시에 향유와 결합된 기표로 존재한다. 이렇듯 거세당한 죽은 아버지는 실재의 향유의 불가능성을 체현하는 장소, 실재의 지점으로서, 라캉은 프로이트의 상상적, 생물학적 거세의 개념을 넘어 상징적 거세의 의미를 보다 명확히 규정한다(홍준기 2010: 218-219 참조).

레비-스트로스의 오이디푸스 신화에는 부재하는 거세 콤플렉스가 어떻게 인간과 사회, 문화적 삶을 구성하는가를 해명하기 위해 이처럼 라캉은 **'구조적 조작자'(라캉)로서의 실재적 아버지**의 개념을 도입한다. 따라서 여기에서 중요한 것은 상징적 거세를 행하는 언어의 효과로서 이 실재적 아버지가 '보편적' 작인으로 기능하는 동시에 '우연적' 대리인이 되기 때문에, 많은 임상 사례들에서 볼 수 있듯이 실재적 아버지의 작용방식은 서로 다르고 그에 따른 주체의 구조도 다르다는 사실이다.[14] 그러므로 오이디푸스 콤플렉스는 형이상학적 구조주의 안으로 절대적으로 포섭될 수 없으며 보편적인 언어의 작용을 담당하는 특정 대리인, 실제적으로 존재하는 수많은 기표와의 우연적 조우들로 인해 그 상징적 거세의 효과가 달라지게 된다. 라캉이 실재적 아버지라고 부른 것은 주체가 거세와 직면하게 되는 우연성을 설명하는 데 필수적인 인물이다. 그릭도 지적하듯이 이 아버지는 보편적 작용을 수행하는 우연적 대리인으로서 수많은 사례들을 가로지르는 동일성이 왜 부재한지, 왜 언어의 보편성에서 우연성이 있는지를 설명해줄 수 있다(Grigg 2006: 60). 그리고 이런 이유로 라캉은 우리는 실재적 아버지에 대해 알 수 없다고, **실재적 아버지는 분석할 수 없다**고 말하는 것이다.

라캉의 오이디푸스 콤플렉스는 이처럼 보편적 구조인 동시에 무의식의 형성물이므로 우연성을 담지한다. 이런 맥락에서 우리는 오이디푸스 콤플렉스를 구조주의의 산물로서 규격화하는 버틀러의 해석적 오류 혹은 왜곡을 읽어낼 수 있다. 또 버틀러는 오이디푸스 콤플렉스가 이성애중심주의를 표방하기 때문에 구현될 수 없는 초월적인 보편성이라고 잘라 말한다. 그러나 줄곧 설명했듯이 오이디푸스 콤플렉스는 보편적 현상이지만 어떤 실재적 아버지를 만나느냐에 따라 여러 가지의 우연적 모습들로 귀결될 수 있다. 보편적 구조로서 상징계가 실현되는 방식은 역사적 개인적 관계 속에서 이루어지므로 우연적일 수밖에 없다. 또한 오이디푸스 콤플렉스는 신화도 환상도 아닌 언어적 삼각구조 속에서 발생하는 사건으로 이성애와 동성애 자체의 구분을 전제하지 않으

14 예컨대 라캉이 『세미나 4』에서 분석한 한스의 경우 실재적 아버지는 존재했음에도 불구하고 상징적 거세자로 기능하지 못했다. 한스의 아버지는 막연하나마 거세의 상징적 측면을 한스에게 도입했지만 더 강력한 어머니의 거세불안을 극복하기에 충분치 못했다. 이를 포함해 한스 사례에 대한 라캉의 해석에 대해서는 홍준기, 「유아 신경증: 한스 사례에 대한 프로이트와 라깡의 해석」, 『라깡과 현대정신분석』, 2010 참조.

며, 양자를 위시해 모든 관계 구조를 포함하고 있다. 버틀러는 상징계를 아버지의 이름과 등치시키는 데서 라캉의 이 개념이 어머니(여성)가 배제된 남성중심주의라고 공격한다. 그러나 그녀는 이 **아버지의 이름을 도입하는 존재는 다름 아닌 (상징적) 어머니**라는 사실을 놓치고 있다. 라캉은 생물학적 성차이를 초월적 구조로 전제하지 않으므로 어머니(여자)도 아이를 상징계로 인도할 수 있는 상징적 거세의 작인으로 기능한다. 그러므로 어머니와 아버지를 포함해 상상적 타자들에 대한 상상적 동일화를 금지하는 아버지는 궁극적으로 상징적 질서를 구조화하는 심급, '순수차이'일 뿐인 것이다.[15]

버틀러는 사회적, 문화적인 것을 보편적, 구조적인 것과 대립시키면서 라캉의 상징계가 우연성을 지양하면서 변화를 배제하는 보편적, 구조적, 초월적 구조라고 비판한다. 또 라캉에게서 전복은 이미 대타자가 허용하고 있는 것이므로 상징계 안에 있는 한 진정한 전복은 일어나지 않는다고 비판한다. 그러나 라캉은 『세미나 2권』의 「상징적 우주」(The Symbolic Universe)에서 상징계가 초월적이라는 이폴리트(J. Hyppolite)의 논평에 대해 상징계의 보편성과 우연성을 말하며 그것이 초월적인 구

15 이와 관련해 필리프 쥘리앵의 말을 빌려보자. "어머니는 끊임없이 왔다 갔다 한다. 왜? 대답은 어머니로부터 온다. 아버지의 이름의 기표를 통해 어머니 속에, 대타자 속에 있는 결핍이 무엇을 의미하는지 주체에게 해답이 주어진다. 아버지의 이름의 기표가 어머니의 욕망이라는 수수께끼 같은 기표를 대체한다. 그리하여 어린아이에 대해 의미, 즉 팔루스의 의미가 생겨난다. (…) 하나의 기표가 다른 기표로 대체됨으로써 의미가 생성된다. 이것이 은유이다. 이제 여기서 우리는 아버지의 은유에 관해 말할 수 있다. 주체에 대해 아버지의 은유의 작용을 허용해주는 것은 아버지의 이름이다. 그런데 아버지의 은유가 작동할 수 있는 것은 결국 어머니 덕택이다. **어머니가 이름으로서의 아버지를 창립**하기 때문이다. (…) 어린아이는 원래 어머니가 위치해 있던 곳에서 대타자의 팔루스가 되고 싶어 하기 때문이다."(필리프 쥘리앵, 『노아의 외투: 아버지에 관한 라캉의 세 가지 견해』, 홍준기 옮김, 한길사, 2000: 74-75)

조가 아님을 역설한다. 즉 **상징계는 주체를 벗어나는 것이지만 동시에 주체의 내부에서 작동**한다. 상징계는 구체적 역사와 맞물려 있다는 것이다. 또한 중요한 사실은 라캉에게서 버틀러가 말하는 전복은 사실 진정한 전복이 아니라는 점이다. 버틀러가 말하는 전복은 상징적 질서를 전제한 젠더 차원에서 이루어지는 것이기 때문이다. 그러나 **라캉에게 진정한 전복은 바로 상징계, 법을 넘어서는 것**이다. 라캉적 관점에 따르면 버틀러의 문제제기 자체가 이미 문제의 핵심을 벗어나고 있다고 말할 수밖에 없다.[16] 버틀러는 라캉의 상징계 이론이 정치적, 사회적 변혁과 함의를 담아내지 못한다고 비판하나 일찍이 알튀세르(L. Althusser)는 라캉이 상징계 이론을 문화적, 정치적 차원과 연결시키는 이론적 공적을 세웠음을 인정한 바 있다.[17] 그럼에도 불구하고 버틀러는 다양한 수사학적 언술들로 상징계가 초월적 위치로 존재한다고 비난한다. 버틀러에 대한 이러한 비판적 관점은 이미 지젝뿐 아니라 라클라우(E. Laclau)에서도 충분히 개진되었다. 라클라우는 버틀러 및 지젝과 같이 쓴 대담집에서 버틀러가 라캉에게 제기하는 문제 자체에 대해 실상 그녀가 그것을 어떻게 개념화하고 있는가를 구체적으로 해명하지 못하고 있음을 날카롭게 지적한다. 라클라우는 버틀러가 역사주의에 함몰되어 라캉의 실재

16 분명 라캉은 이폴리트의 문제제기가 옳지 않음을 분명히 했고, 상징계의 초월성을 부정하며 주체는 상징계 안에 존재한다는 점을 단언했다. 그런데도 버틀러는 라캉의 말들을 전체 맥락을 보기보다는 단편적으로 해석하면서 비판한다. 이에 대한 버틀러의 라캉 오독은 특히 『안티고네의 주장』(2000 [2005]) 2장 참조.

17 "의심할 여지없이 이것[질서의 법칙]이 라캉의 작품 중에서 가장 독창적인 부분이다. (극단적인 경우에는 순수한) 생물학적인 존재로부터 인간적 존재(인간의 아이)로의 변화는, 내가 문화의 명령이라고 부르고자 하는 질서의 법칙 하에서 수행되며, 이 질서의 법칙은 형식적으로 언어의 질서와 융합되어 있다는 것을 라캉은 보여주었다."(루이 알튀세르, 「프로이트와 라캉」, 『아미엥에서의 주장』, 김동수 옮김, 솔, 1991: 34)

개념을 제대로 이해하지 못했음을 다음과 같이 피력한다.

> 이것이 버틀러의 논변이 실로 놓치고 있는 지점이다. 실재의 표상이 전적으로 상징계 외부에 있는 무언가의 표상이라면, 이처럼 표상할 수 없는 것을 표상할 수 없는 것으로 표상함으로써 실로 모든 것이 포함될 것이다—예컨대 헤겔은 이런 방식으로 자신의 논리 체계 내부에 '우연적인 것'을 포함할 수 있었다. 그러나 표상되는 것이 표상 과정 그 자체의 내적 한계라면 내부와 외부의 관계는 뒤집힌다. 실재는 자기 자신의 충만함을 성취하지 못하는 다름 아닌 상징계의 실패를 지칭하는 이름이 된다. 그런 의미에서 실재는 상징계의 실패에 따른 소급적 효과가 될 것이다.(Laclau 2000 [2009]: 106)

지금까지 살펴봤듯이 버틀러는 라캉 이론을 도식적으로 역사성과 비역사성, 보편성과 우연성으로 이분화하는데 이는 무의미한 구분일 뿐이다.[18] 라캉에게 보편성은 우연성과 맞물려 존재하며 상징계는 우연성을 넘어선 초월적 구조가 아니다. 그러나 버틀러는 라캉이 분명히 거리를 둔 레비-스트로스를 라캉과 '손쉽게' 동일한 것으로 간주하면서 라캉의 보편성 개념을 외면한다. 그리고 그녀는 비본질주의를 표명하면서 문화주의적 시각으로 성차와 상징계, 실재에 대한 라캉적 관점을 왜

18 "버틀러는 시종일관 자신의 텍스트에서 한편으로 그녀가 구조적 제약의 장이라 부르는 것과 다른 한편으로 '사회적'인 것, '문화적'인 것 또는 맥락 의존적인 것이라 지칭하는 것 사이에 일군의 대립을 설정한다. 버틀러는 '사회적'인 것 또는 '문화적'인 것이라는 말을 자신이 어떻게 이해하는지 전혀 밝히지 않는데—오히려 그녀는 그것들을 순전히 지시적인 방식으로 가리킬 수 있는 자명한 현실로 받아들인다—바로 그 때문에 이 구별에 대해 논평하기는 어려운 일이다."(Laclau 2000 [2009]: 252)

곡한다. 버틀러는 라캉의 실재 개념을 상징계와 분리된 것으로 간주하고 있지만 라캉에게 실재는 상징계 속에 존재하는 상징계의 근원적 한계, 실패의 지점 그 자체, 혹은 '적대'(라클라우)인 것이다.

6. 결론을 대신하여

지금까지 프로이트 및 라캉과 관련한 버틀러 이론의 오류를 살펴봤다. 버틀러는, 말하는 주체는 언어로 인해 자신의 기원에 관해 이야기할 수 없고 억압된 리비도의 근원에 닿지 못한다는 라캉의 주장을 비판하면서 인간은 그런 메타역사를 논할 수 있어야 한다고 말한다(Butler 1990 [2008]: 211). 이것이 라캉이 주체의 기원에 대한 논의 자체를 포기했음을 주장하는 것이라면 이 주장은 지금까지 논의했듯이 타당하지 않다. 버틀러는 상징계 개념에 잘못된 해석을 가하는데, 라캉에게 상징계는 실재와 상상계와의 삼위체 속에서 존재하고 해명되어야 한다는 사실이 중요하다. 그녀는 성차를 문화적 담론의 효과로, 젠더를 수행적으로 구성되는 것으로 바라본다. 따라서 담론 내부로 포섭될 수 없는 외부를 배제하는 그녀의 시점에서 **담론과 상징계의 불확실성을 상징계 자체의 근본적 한계로 간주하는 라캉적 실재 개념**이 그녀의 이론 안에 제대로 배치될 수 없는 것은 결코 우연이 아니다. 버틀러에게 사회문화적 담론과 권력 안에서 구성되는 모든 것들은 임의적이고 불안정한 본질 자체이며, 이를 벗어나는 어떤 잉여적이고 무의식적 차원의 설정은 해체되어야 할 또 다른 본질주의, 형이상학적 근본주의일 뿐인 것이다. 버틀러가 본질적 근본주의를 주창하고 있으며 젠더의 수행성만으로는 설명할 수 없는 잉여가 존재한다는 반론은 이미 여성주의 내부에서도 제기되었다. 버틀러는 『의미를 체현하는 육체』(*Bodies That Matter*, 1993)와 『권력의 심리적 삶』에서 상징계와 상상계의 구분과 실재의 존재에 지속적으로 의문을 제기한다. 물론 자신의 입장을 수정해서 '구성적 외부'(constitutive outside) 개념을 제시하고 있으나 그럼에도 불구하고 여전히 실재, 외상과 잉여의 차원을 배제하려는 반정신분석적인 역사주의적 환원주의적 태도를 고수하는 것으로 보인다.

이상 라캉에 대한 버틀러의 논점을 요약하면, 그녀는 이성애 담론이 아닌 동성애 담론을 중심 영역으로 배치하기 위해 사실상 자신이 비판하는 생물학적 성차를 기반으로 한 성정체성 형성을 논하며, 상징계와 오이디푸스 콤플렉스의 보편성을 문제시하고 있다. 그러나 버틀러는 라캉의 이론이 그녀가 주장하는 근본주의를 '이미' 비판하고 논의를 새로운 차원으로 이끌었다는 것을 간과하고 있다. 버틀러는 팔루스라는 순수기표, 무 자체일 뿐인 기표를 자신의 레즈비언 팔루스로 대체하고 동성애를 특권화하려는 욕망에 의거해 논의를 진행한다. 그녀가 주장하는 젠더적 실천은 다른 의미에서의 성적 근본주의일 뿐이다. 라캉은 남녀가 존재하지 않는 상태에서 어떻게 남자와 여자가 되어 가는지를 설명하고자 하지만 버틀러는 이미 남자와 여자의 젠더적 대립관계를 전제한 상태에서 논의를 진행하고 있을 뿐이다. 그러므로 버틀러는 실재로서의 성차라는 개념, 즉 성정체성 형성 문제와 관련되어 있는 비본질주의적 정신분석이론을 받아들이지 못하고 오히려 자기모순적 순환궤도에 갇히고 만다. 라캉이 좁은 의미의 임상이론을 뛰어넘어 이것이 사회, 문화, 정치 영역으로 폭넓게 확장될 수 있음을 보여준 혁명적 실천가라는 것을 애써 외면한 채 말이다.

참고문헌

박선영 2007: 「클라인의 초기 오이디푸스와 여성성: 원초적 여성성과 다른 향유」, 『라깡과 현대정신분석』 9권 1호, 73-111.

박선영 2008: 「여자는 어떻게 존재하는가: 라깡에서의 다른 향유와 사랑」, 『라깡과 현대정신분석』 10권 1호, 105-128.

박선영 2010: 「라깡과 클라인: 주체 형성의 변증법」, 홍준기, 라깡과현대정신분석학회 편, 『라깡, 사유의 모험』, 마티.

홍준기 1999: 『라캉과 현대철학』, 문학과지성사.

홍준기 2005: 『오이디푸스 콤플렉스, 남자의 성, 여자의 성』, 아난케.

홍준기 2007: 「라깡의 임상철학과 정신분석의 정치성」, 『라깡과 현대정신분석』 9권 1호, 41-71.

홍준기 2010: 「후기 라깡과 보로매우스 매듭, 그리고 조이스의 증상」, 『안과밖』 28권, 199-229.

André, S. 1999: Que veut une femme?. 『여자는 무엇을 원하는가?: 히스테리, 여자동성애, 여성성』, 홍준기, 박선영, 조성란 옮김, 아난케, 2010.

Butler, J. 1993: Bodies That Matter: On the Discursive Limits of 'Sex', New York: Routledge.

Butler, J. 1997: The Psychic Life of Power: Theories in Subjection, Stanford U. P.

Butler, J. 1999 [1990]: Gender Trouble: Feminism and the Subversion of Identity, New York: Routledge. 『젠더 트러블』, 조현준 옮김, 문학동네, 2008.

Butler, J. 2000: Antigone's Claim: Kinship Between Life and Death, New York: Columbia U. P. 『안티고네의 주장』, 조현순 옮김, 동문선, 2005.

Butler, J., Laclau, E., Žižek, S. 2000: Contingency Hegemony Universality: Contemporary Dialouges on the Left, Verso. 『우연성, 헤게모니, 보편성: 좌파에 대한 현재적 대화들』, 박미선, 박대진 옮김, 도서출판 b, 2009.

Dunand, A. 1996: "Lacan and Levi-Strauss", Eds. R. Feldstein, B. Fink & M. Jaanus, Reading Seminars Ⅰ and Ⅱ: Lacan's Return to Freud, State University of New York Press, 98-108.

Freud, S. 1908: "On the sexual theories of children", SE. Ⅸ, London: Hogarth Press, 207-226.

Freud, S. 1917 [1915]: "Mourning and melancholia", SE. XⅣ, London: Hogarth Press, 243-258. 「슬픔과 우울증」, 『무의식에 관하여』, 윤희기 옮김, 열린책들, 1996.

Freud, S. 1920: "The psychogenesis of a case of homosexuality in a woman", SE. XⅧ, London: Hogarth Press, 147-172.

Freud, S. 1923: "The Ego and the id", SE. XIX, London: Hogarth Press, 13-66. 「자아와 이드」, 『쾌락원칙을 넘어서』, 박찬부 옮김, 열린책들, 1996.

Grigg, R. 2006: "Beyond the oedipus complex", Eds. J. Clements & R. Grigg, Jacques Lacan and the Other Side of Psychoanalysis, Duke U. P., 50-68.

Jones, E. 1927: "The Early development of female sexuality", International Journal of Psychoanalysis, VIII.

Lacan, J. 1949 [2006]: Ecrits, Trans. Bruce Fink, W. W. Norton & Company.

Lacan, J. 1957-1958: The Seminar of Jacques Lacan Book V: The Formations of the Unconscious, Unpublished manuscripts.

Lacan, J. 1969-1970: The Seminar of Jacques Lacan Book XVII: Psychoanalysis upside-down. The reverse side of psychoanalysis, Unpublished manuscripts.

Lacan, J. 1973: Les quatre concepts fondamentaux de la psychanalyse. 『세미나 11: 정신분석의 네 가지 근본 개념』, 맹정현, 이수련 옮김, 새물결, 2008.

Lacan, J. 1972-1973 [1998]: The Seminar of Jacques Lacan Book XX: Encore, Ed. Jacques-Alain Miller, Trans. Bruce Fink, New York: Norton.

Lacan, J. 1986 [1992]: The Seminar of Jacques Lacan Book VII: The Ethics of Psychoanalysis, Ed. Jacques-Alain Miller, Trans. Dennis Porter, Tavistock/Routledge.

Restuccia, F. L. 2000: "The subject of homosexuality: Butler's elision", Ed. J. -M. Rabaté, Lacan in America, New York: Other Press, 349-360.

Rivière, J. 1929: "Womanliness as a masquerade", International Journal of Psycho-Analysis 10, 303-313.

라캉 정신분석과 정치적 주체성

사회적 실천에서의 '환상'과 '향락'

이 만 우

"오류를 범하지 않는 무결점의 존재로 자신을 남들에게 드러내고자 하는 자는 마치 그리스 신화의 수호신(*daimon*)처럼 인물 그 자체로부터 숨겨져 남는다. [마치 환상처럼] 그는 전 생애에 걸쳐 항상 배후에서 만나는 사람들을 주시함으로써 그들과 함께 한다."(Arendt 1958: 180-81)

Ⅰ. 서론

정치적 주체성에 대한 정신분석적 관심은 경험과학의 '객관주의 이데올로기'가 사회제도나 문화형태 연구에서 압도적인 주도권을 얻으려는 바로 그 맥락에서 비판적 가치를 지닐 수 있다. 라캉에 따르면 현대 경험과학적 연구의 실행자들이 '주체의 드라마'를 적극적으로 망각하거나 주체를 폐제(廢除)시켜버린다고 한다(Lacan 1989: 17-8). 이는 경험과학이 '주체의 분열'을 봉합하여 지식을 형성해왔음을 암시할 뿐 아니라 '주체의 원인'에 대한 탐구를 망각하고 있음을 폭로하는 것이다. 이러한 '능동적 망각'으로 인해 우리가 치러야 할 대가는 과학철학사에서 단골메뉴로 등장한 실증주의와 해석학의 대립으로 상세히 기록되었을 뿐 아니라 다양하고 근본적인 위기의 형태로 드러난—라캉의 표현 그대로 '추론과학'(conjectural science)의 성립으로 이어지는—'주체의 회귀'이다(이만우 2008: 285-90).

사회정치연구가 주체를 폐제하는 방법론을 보증하는 경험과학을 모방한다면, 그 경험과학의 위기에 필적하는 또 다른 위기에 봉착하게 될 것이다. 우리가 폐제된 주체에 주의를 기울이는 바로 그때 라캉은 그것을 조장하는 과학철학자들 또는 사회과학 연구자들의 과학적 열망을 현실과 동떨어진 공상적인 것이며, 심지어 위험스럽기까지 하다고 말한다(Lacan 1989: 11-3). 우리는 우리의 의도가 무엇이든 간에 항상 연구대상에 '침입'하는 주체성을 심각하게 고려해야 한다.

이 논문에서 필자는 정신분석적 정치이론에서 주체성의 이론적, 경험적, 그리고 비판적 잠재력을 탐구, 발굴하고자 한다. 이러한 작업은 환상과 향락 개념으로의 이론적 회귀를 통해 주체성에 호소함으로써 파악할 수 있는 정치행위의 본질을 보다 정확히 규명함으로써 가능한 것이다.[1] 일차적으로 정치행위의 조직화된 또는 제도화된 사회적 실천에서 환상이 '이미 항상' 개입되는 방식을 밝히고자 한다. 그리고 더불

1 물론 이것은 환상과 향락의 개념적 범주들이 정치이론이나 사회정치연구에서 주체성에 대한 라캉 정신분석의 접근이 가져다주는 통찰력을 드러내는 유용한 매체임을 보여주는 작업이다.

어 '향락의 주체'에 대한 라캉적 접근이 어떻게 이러한 환상의 기능화에 대한 설명을 보충할 수 있는가를 설명하고자 한다.

II. 라캉 정신분석적 정치이론의 핵심 개념들

1. 사회정치연구의 일 범주로서의 환상: 사례연구

오늘날 정신분석적 인류학, 정신분석적 인문지리학, 정신분석적 문화연구, 정신분석적 정치경제학, 그리고 정신분석적 사회학 등과 같은 학분 분과들의 자율성이 증대됨에 따라 오히려 정신분석 그 자체 내의 주목할 만한 관심사가 나타난다. 특히 환상의 정치이론적 의미가 이 학문 분과들의 문헌들에서 직접적으로 드러나지 않을 지라도, 하나의 아이디어로서 환상은 엄청난 영향을 발휘한다. 반면에 주류 정치이론에서는—비록 부재하는 것은 아닐지라도—환상의 범주가 좀처럼 나타나지 않는다.

물론 환상의 유사 용어가 등장했다고 말할 수는 있을 것이다. 예를 들어 정치학에서 유토피아적 전통을 생각해보자. 이 대목에서 흔히 사회적 적대를 해소하고 인간생활을 완벽하게 만드는 조화에 대한 '장미빛 미래'로 여겨지는 것이 경우에 따라서는 일종의 '환상'으로 기술되어 왔다(Stavrakakis 1999; 이만우 2001, 2000). 이렇게 정치이론에서 환상 또는 그 유사 용어들에 관심이 있었다고 할지라도 그 관심은 명백하게 주변적이었다.

그렇지만 보다 넓게 보면, 특별한 사회적 실천에 관계하여 환상 개념을 끌어들인 학자들의 몇몇 흥미로운 질적 연구가 있었다. 사회적 실천을 구조화하는 데 있어서 환상의 역할이 지니는 정치이론적 의미가 철저하게 탐구되지 않았음에도 불구하고, 이 노선을 따라 보다 체계적인 발전을 도모하기 위해 주목해볼 만한 영역이 있다. 일례로 일상생활에서의 사회적 실천에서 개인의 환상에 초점을 맞춘 몇몇 연구들을 생각해볼 수 있다(Gabriel 1997; Walkerdine 2005; Byrne/Healy 2006; 이만우 1999). 이러한 연구들은 일상생활에서의 환상 내용을 기록하고 있다는 점에서 의미가 있는데, 사회적 실천이 어떻게 조직화되고 지탱되며 또는 잠재적으로 변형되는가를 우리가 이해하는 데 중요한 시사점을 제공해준다. 환상은 강력한 지도자나 기관 및 조직들—정치사회의 정당 및 공공기관들이든 시민사회의 노동조합 등 각종 이익단체들이든—의 정치행위의 조직화에 지대한 영향을 준다는 것이다.

예를 들어 야니스 가브리엘은 노동현장의 이해관계에서 개인의 환상이 가지는 역할을 탐구하였다(Gabriel 1997). 그는 조직구성원들의 '좋은 몫'이 리더십 환상, 즉 조직의 상사에 대한 개인의 환상이 된다는 것을 발견하였다. 그는 신비롭게 '밀봉된' 계급으로 추락하기보다는 이러한 리더십 환상이 각각 강조점이 다름에도 불구하고 조직구성원들 각자의 사회적 실천(또는 정치행위)을 혼합시키고 중첩시키는 형상을 보인다고 말한다(Gabriel 1997: 337). 그러므로 그는 '우리가 무엇을 하는가'라기보다는 '우리가 무엇인가'를 인식하고 보상하는 "보호형 지도자", "접근하기 용이한 친교형 지도자", "전지전능형 지도자"[2], 그리고 "권위주의형 지도자"에 대한 환상을 발견한다. 더군다나 이렇게 부각된 '선량한' 지도자들은 이에 상응하는 '끔찍한' 측면을 가질 수밖에 없다. 다시 말해, 고용인들을 도구화하는 "무례한 지도자", 속기 쉬운 "소원하고 불가

2 여러 가지 지도자에 대한 환상 중에서 가브리엘이 가장 일반적인 환상이라고 본 것이 바로 '전지전능한 지도자'이다(Gabriel 1997: 339).

사의한 지도자" 또는 "사기꾼으로서의 지도자" 등이 바로 그것이다. 또한 이러한 환상들의 '선량한' 또는 '끔찍한' 측면은 특별한 정동의 경험을 이끌어낸다. 실제로 가브리엘은 지도자의 주입된 전능성에 대응한 대중의 모멸과 냉소를, 또는 지도자에게 투사된 돌봄의 미덕을 적절하게 드러내는 대중의 분노와 상처받은 자존심을 확인한다(Gabriel 1997: 340).

마찬가지로 발레리 워커딘은 노동현장의 사회적 실천에서 일련의 환상 내용을 목록화한다(Walkerdine 2005). 노동자들의 실천을 유형화하면서, 그녀는 "라이프스타일 환상", 즉 의미 있는 대타자의 시선 하에서 우리가 어렵게 번 현금을 어떻게 소비해야 하는가의 문제가 운과 기업가적 영리성이 조합되어 성공적인 미래를 어떻게 스스로 일구어 나갈 것인가에 대한 "자기충족적 환상"과 결합되는 방식을 발견한다.

이러한 특수한 환상은 어떤 여성 노동자의 전화판매 업무를 꼼꼼히 조사함으로써 드러나는데, 그녀는 사장이 요청하지도 않은 일을 150% 이상 달성한다. 이러한 작업률은 그녀의 노력이 오랫동안 갈망해왔던 아버지의 인정에 의해 언젠가는 보상받을 것이라는 환상에 호소함으로써 이루어진 것이다. 이러한 환상을 기록하면서 워커딘은 주체의 환상이 지닌 규범적 의미에 대한 관심을 명확히 한다. 우선, 그녀는 종종 언급되는 우울증의 확산과 항우울제 판매의 상승은 개인들이 그 누군가의 힘이 미치는 범위 내에 있다는 성공하지 못한 실패에 부분적으로 기인하고 있음을 암시한다.

다음으로, 그녀는 정동의 표현과 의미를 세부화하여 환상이 하는 역할을 암시적으로 지적한다. 예를 들어 누군가가 필요로 하는 자리에 판매라인을 관리하는 감독자를 배치하는 것이 분노보다는 공감을 불러일으켜 착취관계를 전복시킬 수 있다고 한다(Walkerdine 2005: 53). 덧붙여 그녀는 자신이 논의한 환상은 "노동자의 성격에 일에 대한 책임이라는 부담"(Walkerdine 2005: 50)을 위치시키는 지배적 경향을 강화한다고 말한다. 환상은 곤궁한 임금과 노동조건, 또한 이를 가능케 하는 광범위한 사회문화적, 정치경제적 조건을 포함한 직업적 불안전성과 착취의 의미를 간과하게 만드는 경향이 있다는 것이다.

이 환상의 마지막 형상, 오히려 환상에 대한 사회관계의 특수한 유형은 '이상화'(idealization)를 향한 경향과 관련된다. 이러한 경향은 종종 양극화된 반응으로 그 자체를 표현하는데, 한 사람 또는 한 상황이 고도로 이상화된 기준들에 접할 때 나타난다. 여기서 그 반응은 이상으로부터의 가장 사소한 수렴조차도 인지되거나 아니면 그 반대, 다시 말해 우리가 맞닥뜨린 이상이 아무리 결여되어 있을지라도 무조건적인 수용일 것이다. 공장 생활에서 이러한 종류의 반응은 쉽게 발견된다.

예를 들어 우리나라 1990년대 마르크스주의 노동운동에 대한 사례 연구에서 필자는 환상 수준에서 '피해 불안'(persecutory anxiety)과 '우울 불안'(depressive anxiety)을 다루는 무의식적 방어기제의 작용을 보여주었다(이만우 1999). 경영자와 노조 대표 사이의 대화의 발달을 추적하여 경영관리자가 적대적인 노동자를 오히려 이상화하고, 노동자가 경영관리자에 대한 의심의 태도를 버리는 '탈근본화'[3]의 경향을 확인하였다. '분열'과 '투사적 동일시'라는 무의식적 기제들이 구체적으로 작용하는 맥

3 마르크스주의적 노동운동의 '근본화' 테제에 따르면, 노동자는 자본가에 대한 적대적 투쟁과 투쟁의식을 노동현장을 넘어 사회관계에서 구조화해야 하지만, 1990년대를 넘어서면서 우리 사회의 노동운동의 발전 맥락에서 그러한 근본주의적 적대관계의 완화 또는 변형이라고 할 수 있는 '탈근본화'의 경향이 나타났다고 생각한다.

락에서 이러한 '탈근본화'는 노동자들이 경영자와 노조 대표 사이에 구조화된 환상의 사회관계에 자신들의 불안을 몰고 들어감으로써 그 불안을 해소하는 데 도움을 주었다. 이러한 방식으로 불안이 일상적 노동 상황에서 제거되어 세부적인 작업과제가 달성되면서 '좋은' 노사관계의 성립을 유도하였다(이만우 1999: 245).

이러한 '탈근본화' 경향은 국가기구(노동조합 포함)에 대한 마르크스주의적 비판에서 그 교조적 '순수성'을 상실한 것이다. 그러나 보다 세밀하게 살펴보면, 필자는 이러한 판단이 1980-90년대 마르크주의 노동운동의 '순수성'에 뿌리박혀 있는 '근본주의'에 대한 비판에 근거하고 있음을 보여준 것이다. 즉 국가기구의 다양한 채널의 남근추구적 논리에 의해 오염된 사고로부터의 벗어남을 강조한 것이다.

2. 주체성과 환상에 대한 라캉적 접근

'환상' 범주를 불러내온 앞의 연구뿐 아니라 이와 유사한 민족지적 분석도 그것의 경험적, 방법론적, 비판적 관점으로부터 사회정치연구에서 정신분석적 통찰력의 풍부한 근원이 되어왔다(Walkerdine et al 2002). 이러한 통찰력은 환상과 향락에 대한 라캉적 접근이 정신분석적인 비판적 사회심리학자들이 수행한 관찰과 상술한 관심사를 어떻게 재구조화하는가를 탐구하는 데 일종의 영감을 줄 수 있다.[4] 보다 특수하게 우리는 후기구조주의적 정치이론과 정신분석을 체계적으로 연계시킨 기존 연구들과 관련하여 환상의 논리를 상술할 수 있다(Laclau/Mouffe 1985; Laclau 1990, 1995; Stavrakakis 2005; Glynos/Howarth 2007). 이러한 연구들

4 라캉의 환상 개념이 노동현장의 사회적 실천에 적용된 사례연구로 다음을 참조. Fleming/Spicer 2003; Byrne/Healy 2006; Contu/Willmott 2006.

을 숙고함으로써 우리는 환상이 가지는 정치적, 이데올로기적 함의를 보다 명확하게 끄집어내고, 존재론적 축과 방법론적 축을 교차시켜 이론적 질문들을 재구성할 수 있을 것이다. 이러한 함의와 질문은 광범위한 사회제도와 문화형태의 변형에 환상이 기능적으로 작용하든 아니면 방해하든 간에 중요한 분석틀을 제공할 것이다. 이러한 잠재적 가능성을 탐구하기 위해, 필자는 먼저 주체성과 환상에 대한 라캉적 관점을 제시한 후, 다음으로 환상에 대한 분석적 비판의 '신랄함'을 끄집어내고자 한다.

주체성과 환상에 대한 라캉적 관점을 발전시키고자 우선 프로이트의 '분열'(Spaltung) 개념으로부터 시작하고자 한다. 이 개념은 라캉의 주체 개념을 형성하기 때문에 매우 중요한데, 특히 주체성의 존재론적 조건으로 나타난다. 라캉에 따르면, 이러한 구성적 분열의 함의를 무시하는 것은 정신분석에 대한 배반에 이를 수밖에 없다. "우리가 프로이트가 발견한 진리, 다른 말로 사람이 직면하는 자기(self)의 근본적인 탈중심성을 무시한다면, 정신분석적 사색의 질서와 방법들을 왜곡할 것이다." (Lacan 1977: 171) 그러므로 정신분석의 주체는 탈중심적 주체, 즉 근본적인 분열을 둘러싸고 구조화된 것이다.

이러한 개념화에 따라 생기는 여러 가지 이점이 있는 듯하다. 첫째, 사회과학의 객관주의적 해석이 주체를 폐제한다면, 정신분석은 그와 상이한 길을 걷는데, 이는 주체성에 대한 환원주의적 설명을 정당화하지 않는다. '진정한 욕구' 또는 '본래의 합리성'과 같은 실체적으로 정의된 '본질'을 주체성에 속성부여하지 않기 때문이다.

둘째, 정신분석은 주체성의 사회상징적 의존성을 철저하게 인정한다. 결여로서의 주체 개념은 표상의 수준에서 주체의 실체적(상징적-상상적)

정체성을 확인하거나 또는 정체성을 재구성하려는 지속적인 동일시 행위를 통해 표상의 수준에서 이 구성적 결여를 메우려는 주체의 시도와 분리될 수 없다. 이러한 결여는, 예를 들어 정치이데올로기, 정치행위, 그리고 사회적 실천의 전 범위에서 발견되어 사회적으로 이용가능한 동일시의 흔적들을 통해 모든 정체성의 구성을 필요로 한다. 그리고 그 역도 마찬가지라고 생각한다. 주체의 분열을 메움으로써 완벽한 정체성을 형성할 수 없는 동일시 행위의 무능력은 주체의 급진적 탈중심성을 생산한다. 그리고 그것을 따라 부분적 고착의 총체적인 '부정 변증법'이 탄생하게 되는 것이다. 이때 라캉의 작업에서 주체성은 결여와 연계될 뿐 아니라 결코 재생을 멈추지 않는 이 결여를 제거하려는 우리의 시도와도 강력하게 연계되어 있다.[5]

여기서 제기되는 하나의 질문은 동일시와 정체성, 그리고 그것의 실패가 어떤 조건 하에서 어떤 맥락에서 중요한가라는 수준에 대한 간단한 개념화와 관련된다. 예를 들어, 사회정치적 분석은 의미와 의미작용의 수준에 남을 수 있는가? 그렇지 않다면 우리는 의미작용으로 돌려질 수 없는 '물질'을 어떻게 이론화해야 하는가? 이 대목에서 우리는 '기표의 주체'와 '향락의 주체' 사이 라캉적 차이가 가지는 생산성을 강조할 필요가 있다. 이 차이는 우리가 정동과 정치의 관계를 어떻게 사고할 것인가에 대해 설명해줄 수 있음과 동시에 우리를 직접적으로 환상 범주로 이끌어가는 차이이기도 하다.

5 이러한 맥락에서 다소 개괄적으로 말하면, 정체성의 재구성을 위해 결여된 주체에게 이용가능한 자원들이 바로 서로 다른 두 가지 유형임에 주목할 가치가 있다. 그 유형들은 라캉학파에서 흔히 거론되는 '상상계'(the Imaginary)와 '상징계'(the Symbolic)이다. 이러한 정체성과 동일시의 상상계적 형태와 상징계적 형태 사이의 차이에 대해서는 Fink 1995: 84-90; Stavrakakis 2006; Glynos 2000: 96-101 참조.

우리는 이미 사회정치적 분석에서 원용된 만족이나 쾌락과는 상이한 향락 개념에 주의를 기울임으로써 이를 확인할 수 있다. 라캉은 향락을 '이미 항상' 상실된 것으로 간주하고, 그 향락이 주체를 욕망의 '외심'(extimate) 주체로 지탱하는 방식을 이야기한다(Lacan 1966: 165, 171). 따라서 향락의 억제(외디푸스 드라마의 정박점)는 상실되고 불가능한 향락에 대한 끝없는 요청을 둘러싸고 구조화된 욕망의 발생을 의미한다. 주체성이 결여라는 용어로 인식될 때, 이 결여는 향락의 결여로 이해될 수 있다.

그러나 이러한 향락이 '이미 항상' 상실되었다는 사실은 그것이 동일시 과정에 영향을 줄 수 없다는 것을 의미하지 않는다. 반대로 이러한 존재론적 전제로부터 시작하여 향락과 사회정치적 동일시 사이의 상호작용 양식에 대한 복잡한 유형학을 도입하는 것이 가능할 수 있다.

1) 우선, 우리의 상실되고 불가능한 향락을 재점유하려는 상상적 약속은 수많은 정치적 기획, 사회적 역할, 그리고 정치행위자의 선택들에 환상의 지지물을 제공한다. 정치 담론의 많은 부분은 우리의 향락을 가로막는 현재의 제한들이 극복될 것이라는 미래 상태에 대한 허구(상상)라고 할 수 있는 '생활 안정' 또는 '정의 사회'에 초점 맞추어져 있다.[6] 일례로 유토피아 정치는 필자가 여기서 기술하고 있는 구조의 예증적 사례를 제공한다.[7]

2) 그러나 이것이 전부는 아니다. 우리의 욕망을 지탱하고 정동적 수준에서 우리의 동일시 행위를 동기화하는 것은 '완전함'에 대한 어떤 추상적이고 환상적인 약속으로 환원되지 않는다. 그러한 경험 없이는

6 이와 관련하여 특히 민족주의에 대한 분석은 Stavrakakis 2007, 그리고 노무현 참여정부의 담론의 이항대립적 문법을 분석한 대중영합주의에 대한 이해로는 Lee 2008 참조.

환상적으로 굴절된 정치적 기획—사람들에게 약속한 '완전함'을 결코 제공할 수 없는—에 대한 우리의 믿음은 점차 사라질 것이다. 국민경제의 성장 둔화 및 사회적 양극화의 해소와 연관된 '축제적' 정치행위는—심지어 월드컵에서 국가대표 축구팀의 성공 경험조차도—일종의 향락 경험의 본보기에 불과하다. 그럼에도 불구하고 이렇게 경험된 향락은 부분적일 수밖에 없다. "'그게 아니다'라는 것은 경험된 향락이 기대했던 향락과 구분되는 바로 그 울부짖음이다."(Lacan 1998: 111) 그 행위의 계기적 성격은 완전히 욕망을 만족시키거나 완벽하게 불만족을 부추길 수 없는 것이다. 그것은 주체의 경제에 결여를 다시금 새겨 넣은 것이고, 이러한 또 다른 향락의 결여로 인해 향락을 다시 경험하고자 하는 욕망의 환상적 약속을 재생산하게 된다.

3) 타자 또는 대상을 사로잡는 동일시 행위의 포획(捕獲)의 힘을 회피하고, 욕망의 추동인으로 기능하는 완전한 향락에 대한 약속은 라캉이 타대상(*objet petit a*)이라고 부른 욕망의 대상-원인과 관련이 있다. 이 대상은 주체가 가진 환상의 중핵(中核)을 형성한다. 라캉주의자들이 환상은 현실을 지탱한다고 말할 때(Žižek 1989, 1996), 그들은 어떤 동일시 대상의 신뢰도는 총체적 향락의 결여에 대한 믿을 만한 설명을 제공하는 환상적 서사 능력에 달려 있음을 의미하는 경향이 있다. 물론 존재론적으로 이러한 총체적 향락의 결여는 불가피하다. 하지만 주체의 욕

7 라캉 식으로 말하면, 유토피아는 권위가 결코 의심받지 않는 모든 것을 '알고 있다고 가정된 주체'의 관점에서 궁극적 해결을 제공하는 담론을 말한다. 그러나 현대 유토피아 연구는 이 유토피아 개념에 대한 엄격한 이해보다는 강력한 유토피아적 강령에 동의하는 의심스러운 정치적 함의를 회피하기 위해 오히려 대안을 모색하는 데 집중하고 있는 듯하다. 야코비(Jacoby)의 '도상(圖像) 유토피아'(iconoclastic utopia)와 유토피아의 '불가피한 실패'에 대한 인정 요구에 대한 레비타스의 논의를 참조(Levitas 2007: 127-32).

망 경제에서 이러한 '진리'는 적극적으로 망각된 것임에 틀림없고, 환상 논리를 형성시키는 것은 이러한 직면, 부인, 그리고 결여의 변증법이다. 사실상 향락의 결여 원인은 종종 그 향락을 '훔친' 사람의 속성으로 돌려진다. 예를 들어, 낭만주의적 민족주의자들의 이야기는 소위 '황금시대'[8]에 대한 가정에 근거하고 있다. 이렇게 상상된 '황금시대' 동안, 국가는 나중에 국가 자신으로부터 향락을 빼앗아간 사악한 '대타자'에 의해 파괴될 때까지 번영하였고 국민들은 행복했을 수도 있다. 유형적으로 볼 때 민족주의적 서사들은 이러한 은유적 거세를 시도하고 치료하는, 나아가 민족에게 그 상실된 완벽한 향락을 되돌려 주고자 하는 각각의 세대의 욕망에 뿌리박혀 있다. 사악한 '대타자'의 정체성은 국가가 향락을 보상하는 것을 방해하는데, 그것은 역사적 맥락에서 다양하게 상실된 변종(變種)을 가진다. 그것은 세상을 항상 통치하려고 하는 '낯선' 지배자, 우리의 '자랑스러운' 국가와 민족을 노예화하기를 원하는 어떤 암흑의 권력체와 그에 부속하는 동조자 집단들, 그리고 우리의 직장과 가정을 훔치는 '다문화' 이민자들일 수도 있다. 이러한 관점에서 완전한 향락의 장애물은 위기에 빠진 환상의 서사에 의존하면서 변화해 가지만 형식적인 논리는 동일하다. 중요한 것은 환상이 국가공동체의 연대성을 강화하고, 민족 정체성을 공고히 하며, 나아가 민족적 집단 욕망을 활성화한다는 것이다. 이러한 환상 작용은 집단적 실천을 통해 사회적 주체(집단구성원)의 '부분적' 향락을 구조화함으로써, 그리고 행

8 고대 그리스/로마 제국의 영광, 팍스 아메리카나의 위대함, 유대인의 선민사상, 대(大)고구려 제국의 영광, 박정희 정권에 대한 민족주의적 향수로서 개발 독재의 필요성(특히 '새마을 운동' 찬양) 등 어떻게 보면 '좋음'과 '정당함' 및 '강함'과 '필요함'이라는 매우 단순한 표지들로 상징화된 '황금시대'에 대한 가정이 낭만주의적 민족주의자들의 정치적 동일시 양식에 내재해 있기 마련이다.

복한 서사 또는 외상적 시나리오처럼 공식적/비공식적 담화의 형태로 표상의 수준에서 향락 그 자체를 재생산함으로써 이루어진다.

그때 우리는 환상이 욕망의 대상-원인(타대상)과 향락에 관계하여 어떻게 주체(국민)를 사회정치적 현실에 연결시키는가를 알 수 있다. 어떤 의미에서는 이러한 타대상은 라캉적 주체를 올바르게 정의하는 데 가장 근접한 것일 수 있다. 타대상은 그것이 표상하는 완벽한 향락을 포획하려는 모든 동일시적 시도를 회피하므로 주체의 환상적 욕망을 지탱한다. 그리고 주체의 부분적 향락을 조직화함으로써 주체의 동일시를 지지하고, 이러한 부분성을 궁극적인 만남의 불가능성을 감춤으로써 지역화된 집행자의 행위에 아주 편안하게 귀속시킨다. 한나 아렌트가 언급했던 고대 그리스 종교의 비문에 나타난 수호신(*daimon*)의 형상처럼(Arendt 1958), 타대상은 주체의 내재적 핵인 동시에 주체에 외재적이기도 하다. 이것은 라캉의 저작에서 주체성 개념이 흥미로운 이유이기도 하다. 주체성은 어떤 직접적 방식으로 객관성에 대립될 수 없는데, 결여로서의 그 자체와 결여를 메우기로 약속한 환상으로서의 그 자체 사이에 분열이 존재하기 때문이다. 이것은 지젝이 환상의 역설을 포착하면서 "객관적으로 주체적인"이란 범주에 주목하는 방식이기도 하다.

> 프로이트의 환상 개념의 기본적인 역설은 그것이 '주체적인'과 '객관적인'의 표준적인 대립을 전복한다는 사실에 있다. 물론 환상은 정의상 주체의 지각으로부터 독립하여 실존한다는 나이브한 의미에서 '객관적인' 것이 아니다. 그렇지만 주체의 의식적으로 경험된 직관으로 환원될 수 있다는 의미에서 '주체적인' 것도 아니다. 오히려 환상은 "객관적으로 주체적인"—당신들에게는 실제로 그렇게 보이지 않을지

라도 객관적으로 보이는—기괴한 범주에 속한다.(Žižek 2002: 316-7)

이때 환상 고유의 논리는 결여로서의 주체와 항상 사회상징적 포획을 회피하는 것으로서 대상 간의 관계를 드러내기 마련이다. 그렇게 함으로써 주체의 정동적 차원을 조직하게 된다. 물론 그러한 '드러냄'의 계열체적 형태는 공적 규범과 이상들에 대한 위반과 관련된다. 위반의 금지 또는 공적으로 확인된 이상에서 주체들은 사회상징적 지평을 넘어 놓여진 것, 그리고 완전한 향락의 약속을 품게 만든 것을 겨냥한다. 결국 환상은 '메마른' 사회상징적 장을 그 공적인 기호 및 지시대상을 통해 주체의 '축축한' 정동들에 연계시킨다. 이는 특히 환상적 서사로서 각종의 정치 담론을 정체화하는 것이 공적으로 확인된 이상에 대한 주체의 위반 관계뿐 아니라 하나 또는 그 이상의 요소들로 이루어진 정동적 투사를 추적하게 한다.

3. 사회정치연구에서 환상과 향락에 대한 라캉적 접근의 함의

우리는 환상과 향락의 논리를 통해 그것이 어떤 특수한 함의를 가지고 있다는 것을 알 수 있었다. 필자는 주체성과 직접적으로 연관된 세 가지 핵심 주제들을 중심으로 우리의 사고를 조직할 것이다. 첫 번째 주제는 정치적 주체성과 윤리적 주체성의 관계를 어떻게 생각할 것인가에 관계하는데, 이는 우리가 규범적 비판과 윤리적 비판 간의 차이를 가늠할 수 있는가의 여부에 대한 질문들을 제기한다. 두 번째 주제는 우리가 환상과 그와 결부된 개념들이 기표와 향락의 매트릭스를 통해 이성과 정동 간의 관계를 어떻게 재고하게 하는가와 관련되어 있다. 마지막 주제는 환상과 향락의 논리가 우리로 하여금 이른바 '자기위반의 문제'라고 불리는 것을 어떻게 탐구하게 만드는가를 다룬다.

Ⅲ. 환상과 향락의 논리, 주체성 형성에서의 환상과 향락의 기능화

1. 주체성의 다원화: 사회적, 정치적, 이데올로기적 및 윤리적 정체성

이 논문의 제목, '라캉 정신분석과 정치적 주체성'은 주체성을 정치적인 것으로 제한하는 것이 적합한지의 여부에 관한 질문을 제기하게 만든다. 정체성과 동일시에 대한 지금까지의 설명은 그 질문에 대한 해답으로 한 가지 방식을 암시한다. 우리가 정치적 주체성을 사회적 주체성이 방해받고 갈등에 빠지는 계기와 연계시킴으로써 주체들이 새로운 동일시의 정치행위에 개입하도록 만들기 때문이다. 이러한 관점에서 사회적 정체성은 규범들이 당연시되는 사회적 실천들과 연관될 수 있고, 정치적 주체성은 이러한 규범들이 적극적으로 경쟁하거나 방어되는 사회적 실천들과 연계될 수 있다.

이러한 방식으로 사회정치적 축을 따라 사고하는 것은 규범적 관점에서 비판적 질문들을 검토하게 만든다. 왜냐하면 여기서 중요한 것은 사회적 실천에 대한 정보를 제공하는 구체적인 규범들이기 때문이다. 이러한 규범들을 지키면서 사회적 주체는 우리가 행위조정을 특징화할 수 있는 어떤 특정 집단구성 논리를 드러내는 방식으로 그 실천에 개입한다. 앞에서 이야기한 노동현장에서의 환상에 대한 논의를 생각해보자. 이러한 논의가 집단구성 논리를 패권적으로 '심리화'하는 것에 대한 규범적 우려에 의해 부분적으로 동기화되어 있음은 분명하다(Salecl 2003). "집단구성 논리를 심리화"한다는 비판과 관련하여 보면, 그러한 담론 유형이 행위자들의 자기해석을 통해 상실된 집단적 의사결정 기회와 연계된 광범위한 사회경제적 특징에 의해서라기보다는 심리 또는 인성에 근거하여 근로활동의 성공과 실패를 설명한다는 것이다. 마찬가지로 페미니스트들이 비판하는 '가부장제 논리'도 여성의 개인적 또는 집단적 자율성을 증진시키기 위해 여성들이 가용할 수 있는 정치적 선택들을 축소하는 경향이 있다.

이때 정치적 주체성에 대한 호소는 지배적인 집단구성 논리에 전망적으로 또는 사후적으로 구현된 규범들에 대한 의심을 유발할 수밖에 없다. 전망적으로, 이 주체성에 대한 호소는 예들 들어 대안적 안녕 질서, 민주주의적 이상, 자율성의 가치 등의 이름으로 그러한 규범들을 시험한다. 사후적으로는, 지배적인 집단구성 논리가 우선 어떻게 제도화되었는가에 대해 질문한다. 다시 말해, 어떤 정치행위가 그 집단구성 논리의 도입을 유도했는가의 문제이다. 어떤 전쟁, 동맹, 그리고 동일시의 정치행위가 특수한 규범 또는 집단구성 논리의 성공적인 제도화를 가능케 하였는가?

앞서 우리는 어떻게 환상 범주가 동일시의 과정과 주체성의 연구와 결부되어 정치적 의미를 인정받는 방식으로 매우 유용하게 원용될 수 있는가를 지적하였다. 이제 우리는 그 환상의 원용 방식에 대해 알 수 있는데, 바로 환상이 정치적 경쟁과 군중동원의 지지물이나 방해물의 내용을 제공하는 것으로 기능하기 때문이다. 그러므로 환상의 기능 또는 역할에 대한 이해는 우리가 주체성을 다원화할 수 있는 또 다른 축을 도입한다. 여기서 중요한 것은 집단구성 논리에 구현된 규범들의 내용뿐 아니라 이 규범들에 대한 주체의 개입 양식이다. 그리고 환상은 사회적 실천 또는 정치행위를 관통하는 규범과 이상들에 대한 주체의 관계를 매개하는 것으로 이해될 수 있다.

여기서 매개의 문제는 중요한 것이고, 그 문제는 향락의 관점에서 접근될 수 있다. 예를 들어, 향락의 한 양식은 하나의 이상 또는 규범에 대한 주체의 과잉 투자—라캉의 '남근적 향락'(*phallic jouissance*)과 연관될 수 있는—에 근거하여 이해될 지도 모른다. 그렇다면 주체는 그/그녀의 환상에 속박되어 사회현실의 우발적 사건·사고에 무감각해질 수밖에 없다. 이는 정치지도자에 대한 국민들의 우연히 맞닥뜨린 반응(전체적 거부/전체적 포용)을 설명할 수 있다. 그러나 그것은 또한 어떤 종류의 실천이 라캉이 '여성적 향락(*jouissance feminine*) 또는 대타자의 향락(*Other jouissance*)'이라고 명명한 향락의 비남근적 형태에 조응하는가라는 문제를 제기한다. 향락의 비남근적 형태에서 주체는 사회관계의 우연성을 인정하고 확인하게 되며, "완벽하게 하고", "전체화하며", "충만하게 하는" 충동에 의해 이끌리는 것이 아닌, 오히려 "전부가 아닌 편"에 입각해 있는 향락을 추구하게 된다(Lacan 1998: 76, 84).

이러한 사고는 환상에 대한 다른 종류의 관계(즉 향락 또는 주체성의 양식)가 가능하다는 집단구성에 대한 경험적 연구의 길을 열어젖힌다(Byrne/Healy 2006). 번과 힐리의 사례분석은 향락의 남근적 양식에 대한 주체들의 혐오를 다루었을 뿐 아니라 주체들이 마치 사회관계의 우연성을 포용하는 듯한 주체성의 대안적인 비남근적 양식을 살펴보았다. 사회규범들에 대한 주체의 관계가 남근적 양식으로 매개되는 한, 우리는 이러한 주체를 이데올로기적 주체로 이해할 수 있다. 반면에 주체가 비남근적 향락에 관계하는 한, 우리는 라캉을 따라 그 주체를 윤리적 주체라고 할 수 있다.

이렇게 이중적으로 맞물린 주체성의 매트릭스(사회적-정치적 주체성/이데올로기적-윤리적 주체성)는 사회적 실천과 정치행위의 보다 복잡한 형상을 제공한다. 예를 들어, 사회적 약자들에 대한 착취를 위한 이성을 단순히 또는 직접적으로 이데올로기의 문제 또는 허위의식으로 간주하는 입장을 전복하는 데 특수한 의미를 부여하게 된다. 특히 환상의 논리는 이데올로기에 대한 우리의 설명을 보다 복잡하게 만든다. 그것은 변화에 대한 장애가 단지 사회적(문화적, 경제적 등 포함)일 뿐 아니라 이데올로기적이라는 정치적 변형의 조건을 보다 잘 이해하려는 자들에게 이데올로기 권력은 그 힘과 내용이 환상의 논리, 다시 말해 그 논리가 향락에 대한 주체의 관계를 구조화하는 방식에 기인한다는 것을 설명해준다.

2. 정동, 이성 그리고 정치행위

실증주의적 경험과학이 사회과학의 대세를 이룬 지난 세기에는 감정(emotion), 정동(affect), 정열(passion) 등이 인간생활의 비합리적인 주변부로 추방되었다. 예를 들어, 20세기 대부분의 사회학과 사회과학은 '감정의 축출'이라는 공통분모를 가지고 있다고 해도 과언이 아니다. 각종의 기능주의들이 공유하고 있었을 뿐 아니라 합리적 선택이론, 심지어 몇몇의 갈등이론에서 거론된 사회행위의 인지적 기초에 대한 남다른 강조 때문이었다(Ahmed 2004: 2-3; Barbalet 2001: 16).

이러한 상황은 다양한 탈현대 문화적 조류의 형성과 더불어 1970년대 후반부터 감정, 즉 이성의 '스캔들'이 "감정사회학"의 성립을 통해 기적적으로 귀환함으로써 변화하기 시작하였다(Kemper 1990; Williams 2001: 1). '열정의 정치'(Passionate Poitics) 또는 '감정의 정치'(politics of emotion)라는 이름으로 정치학과 사회정치연구에서 감정 또는 정동이 자신의 영역을 차지하기 시작하였다. 사실상 감정, 정동 및 열정에 주목함으로써 우리는 정치행위나 사회제도, 그리고 문화형태에 '무엇이 달라붙어 있는가', 즉 동일시 과정을 촉진시키는 것과 담론을 고정시키는 것에 대한 보다 철저한 이해에 도달할 수 있다.

실제로 필자는 가족관계를 구성하는 무의식적 환상에서 주체가 대상에 행하는 파괴적 정동의 투사를 둘러싼 가족관계의 동학을 탐구한 바 있다(이만우 2005). 무의식적 환상에서 가족관계를 해체 또는 재구성하는 파괴적 정동의 투사는 '조합된 가해자'(the combined persecutor)를 생산한다. 이것은 각 수준의 대상관계들(부모-아이 및 형제/자매)에서 가해자의 객관적인 형상이자, 희생자의 관점에서는 가해자에 대해 주관적으로 '조합된' 인상이다. 바로 이러한 주관적, 객관적 권력이미지의 통합체로서의 '조합된 가해자'가 파괴적 정동이 투사된 결과이고, 그것의 사회적 방어 책략이 '조증적 방어'(manic defence)임을 분석하였다(이만우 2005: 83-4).

환상 수준에서 정동의 투사에 대한 이러한 분석틀에서 보면, 이제 인지적 동의만이 정치행위로 유도되는 것은 아니고, 새로운 동일시 행위를 촉진하거나 저항 및 정치적 참여에 영양분을 공급하거나 또는 그 밖의 다른 정치행위의 유형들을 창출하는 것도 아니다. 더구나 감정이나 정동이 획득한 핵심 결과로서 "상상하는 것과 다른 것은 순수하게 인지적이지만 강하게 지탱되고 있는 정체성이다. 그 정체성의 '힘'이 심지어 인지적으로 모호할지라도 감정적 측면으로부터 유래함을 알 수 있다." (Goodwin et al 2001: 9)

주체성과 환상에 대한 라캉적 접근은 이러한 직관을 확인하고, 정동 또는 향락이 정체성의 '힘'을 설명하거나 동일시의 '진로'를 설명하는 데 중심적인 역할을 한다는 것을 받아들인다. 물론 라캉이 분석의 정동적 차원을 무시했다고—그의 지성주의적 경향을 드러내는—비판받아 온 것 또한 사실이다. 그러나 상징계(대타자)에 대한 라캉의 강조는 정동에 대한 그의 접근이 매우 복잡한 것이고, 분석은 정동과 지성 사이의 대립을 초월한 대타자에 민감해야 함을 암시하는 것이다. 다시 말해, 주체는 대타자에 의해 영향 받아 이미 '정동화'되어 있다는 것이다. 라캉이 "정동적 밀착"(affective smoochy-woochy)(Lacan 1998: 55)이라고 부른 것과 '과잉 지성화' 둘 다 분석에 대한 저항, 다시 말해 자아의 상상적인 유혹이 될 수 있다고 지적한 점이 중요하다. 라캉은 정동적인 영역을 최우선으로 간주하는 대상관계 분석가들에게 반대하는 입장인데, 정동적인 것이 지적인 것에 대항하는 분리된 영역이 아니기 때문이다. 다만 라캉은 정동이 분석치료에 영향을 미치는 한 그 정동을 다루고 있을 뿐이다. 그는 정동이 상징계와 관계를 맺고 있다고 주장하는데, 즉 정동이라는 것은 주체가 대타자의 관계에 의해 영향을 받고 있음을 의미한다.

여기서 문제가 되는 것이 무엇인가를 보다 정확하게 이해하기 위해 정동과 감정, 그리고 열정 간의 차이를 가늠해볼 필요가 있다. 이것들 간의 차이는 세 가지의 근본적인 열정으로서의 사랑, 증오 및 무지에 대한 논의보다는 기술적인 것이다. 그러나 개념적으로 명료화하려고 노력하면서 얻어질 수 있는 많은 것들이 있다. 일례로, 우리는 정동과 감정 간의 차이를 가늠함으로써 라캉의 기본적인 통찰을 파악할 수 있다. 정동이 리비도 에너지의 양(量)을 표상한다면, 감정은 정동이 기표들(프로이트의 용어로는 '관념들')의 네트워크 속에 포획된 방식으로부터 유래한다. 라캉에 따르면 이 때문에 우울과 분노와 같은 감정들은 기만적일 수 있다. 감정은 그 본연적 속성의 기능이 아니라 오히려 주체의 의미세계의 기능이자 환상이 이 기능을 구조화하는 방식과 연관되어 있다. 이러한 이유로 라캉은 감정의 유혹을 경계하고 말해진 것의 '문자'와 정동의 전치에 주의를 기울였다. 이것은 사회적 실천을 조직화하는 데 있어서 주체의 정동적 향락을 구조화하는 환상과 관련하여 그 감정들을 상세하게 드러내는 것이다.[9]

3. '자기위반적 향락'

어떻게 권력이 장기간의 동일시 대상으로 스스로를 구성하는가를, 그리고 사람들이 그 권력구조에 어떻게 밀착하는가를 이해하고자 하는 모든 이는 '자발적 복종' 또는 '복종의 동의'라는 이름으로 드러난 다양한 현상들로 이끌리게 되어 있다. 여기서의 핵심 문제는 간단하다. 우리는 지배에 의식적으로 반대할 때조차도 종속의 조건에 우리 자신을 내던지는 데 왜 그토록 자발적 또는 열광적일 수 있는가? 왜 우리는 종종 권위의 이중적인 내용과 상관없이 권력의 명령에 따르게 되는가? 빌헬름 라이히(Wilhelm Reich)가 『파시즘의 대중심리』(*The Mass Psychology of Fascism*)에서 말하듯이, "설명되어야 하는 것은 배고픈 사람들이 도둑질한다는 사실이거나 착취 받은 사람들이 파업을 벌인다는 사실이 아니라 배고픈 사람의 다수가 훔치지 않고 착취 받는 사람의 다수가 파업을 일으키지 않는 이유이다."(Reich 1996: 1) 이를 보면, 루소(Rousseau)가 『사

9 들뢰즈의 관점에서 브라이언 매서미(Brian Massumi)는 감정과 정동의 차이를 라캉과 동일하게 정교화했다. "감정과 정동은 각기 상이한 논리를 따르고 상이한 질서에 속한다." (Massumi 1996: 221) 여기서 정동은 동화될 수 없는 격렬함(intensity)으로 이해되는 반면, 감정은 "격렬함이 구문론적으로, 기호론적으로 진행되도록 강요하는 것이고, 서사화할 수 있는 행위반응의 순환을 조장하여 그 격렬함을 기능과 의미로 탈바꿈하게 만드는 것이다."(Massumi 1996: 221) 이러한 의미에서 감정은 일차적으로 상징적 구조 속에서 정동의 "포획과 봉쇄"를 표지하고(Massumi 1996: 228, 220), 라캉에게서 실재계와 상징계의 차이와 유사한 변증법을 개시하게 만든다.

회계약론』(*The Social Contract*) 제2장에서 말한 유명한 말이 라이히의 진술을 통해 반향되는 듯하다. "속박된 노예는 모든 것을 잃어버린다. 심지어 그 속박으로부터 벗어나는 것조차 잃어버린다. 그는 자신의 노예 상태를 사랑하면서 성장한다…."(Rousseau 1971: 172)

'자발적 복종'의 문제는 소위 '자기위반'(self-transgression)의 문제라고 말하는 것과 연계되어 있다. '자기위반'의 문제는 개인 또는 집단이 이상을 긍정하는 동시에 그것을 위반하는 것으로 등장하는 바로 그러한 종류의 상황에 대한 직관을 얻으려는 것이다(Glynos 2003: 5). 다시 말해, '자기위반'은 주체가 종종 이상(理想)을 위반하는 데 공조함에도 불구하고 그 이상을 긍정할 수밖에 없는 이유와 방법에 대한 비판적 설명을 요청한다. 환상적 향유는 이 문제를 이해하려고 하는 한 가지 방식이며, 또 다른 방식은 위선, 역할 갈등, 집합행위 장애, 허위의식 등과 같은 개념에 호소하는 것일 수 있다(Glynos 2003: 3-7). 이러한 접근들 모두는 '자기위반'과 관련된 상이한 개념들을 드러내는 것이다. 그러나 여기서 필자는 라캉적 개념이 어떤 것인가를 간략하게 기술하고자 한다.

이러한 '자기위반'의 정신분석적 개념화는 분열된 주체성, 욕망, 환상 및 향락 등을 원용하여 그 위반의 사례들이 어떻게 그리고 왜 가능한가를 설명하려는 것이다. 이상의 위반은 환상 속에서 구조화된 향락에 기초하여 설명될 수 있다고 본다. 이러한 접근의 사회정치적 함의는 어떻게 자기위반적 실천이 때때로 위반된 이상을 지지하거나 지탱하는 방향으로 기능하는가와 관계한다. 이것은 위반, 다시 말해 공적으로 긍정된 이상에 직면하지 못하는 실패가 향락의 근원으로 기능할 수 있기 때문이다. 예를 들어, 군대에서 제도의 공적 이상을 종종 위반하는 것이지만 신참들에 대한 '신고식'과 같이 비밀이 지켜져야만 하는 행동 규약이나 실천이 존재하기 마련이다.[10] 장교나 고참들은 신참들에게 고통스럽고 모욕적인 경험을 강요하는 것은 그들이 지켜야 하고 존중해야 할 군사제도의 이상을 위반하는 것임을 잘 알고 있다. 이러한 주장은 제도의 이상이 그러한 '신고식'과 같은 실천에 의해 전복될 뿐 아니라 거꾸로 그와 동일한 이상들을 지탱하는 위반의 향락을 가능케 한다는 것을 말한다. 근본적으로 환상으로 구조화된 향락은 우리에게 정치적으로 침묵해야 한다는 관념 또는 이데올로기를 경계하게 만들고, 그럼으로써 종종 구체적인 이상들이 위반에 의해 전복되기보다는 오히려 지탱되고 있음을 고려하게 한다. 바흐친(Bakhtin 1968)과 바타이유(Bataille 1987)가 주기적인 카니발리즘적 위반은 사회질서를 깨뜨리기는커녕 오히려 지탱하는 측면이 있다고 말할 때, 그것이 바로 동일한 주장이라고 할 수 있다. 심지어 바타이유는 "금기와 결합된 조직화된 위반은 사회생활을 이루어지게 만드는 이유이다"(Bataille 1987: 65)라고까지 말한다.

10 이와 관련하여 요즈음 우리 사회에서 해병대의 '기수 열외' 사건에 대한 논의가 분분하다. 이 '기수 열외'는 특정 병사에 대해 신참들은 선임 대우를, 고참들은 후임 취급을 해주지 않고 유령 인간처럼 대하는 것을 말하는 것인데, 이것은 동료병사들을 살해한 혐의로 피소된 두 명의 해군 병사에 대한 군법회의 드라마인 로브 라이너(Rob Reiner) 감독의 영화 〈어 퓨 굿 맨〉(*A Few Good Man*)의 주제이기도 하다. 군검찰관은 두 해군의 행위는 계획적인 살인이라고 주장한 반면, 피고 측은 피고인들이 동료들이나 상급 장교의 견해로 해군의 윤리적 규범을 깨뜨린 동료병사를 은밀히 야간에 구타하는 것을 인정하는 소위 '적색 규범'(code red)을 따랐을 뿐임을 증명하는 데 성공한다. 이러한 '적색 규범'의 기능은 일종의 '기수 열외'의 효과를 자아내기도 하는데 그것은 매우 흥미롭다. 그것은 위반행위—동료병사에 대한 불법적인 처벌—를 묵과하나, 동시에 집단의 단결을 다시 확인한다. 그것은 집단가치와의 최고의 동일시 행위를 요구한다. 그러한 규범은 인지되지도 않고, 말해지지도 않고 남겨져야 한다. 공적으로 모든 사람은 그 규범에 대해서 아무것도 모르는 척하고, 또는 심지어 그것의 실존을 적극적으로 부인한다. 그 규범은 집단 동일시의 명령에 따르도록 개인에게 강력한 압력을 행사하는 '공동체 정신'을 가장 순수한 형태로 표상한다. 그러나 동시에 그것은 공동체 생활의 명백한 규칙을 위반한다(Žižek 2002 [1994]: 113-4).

라캉의 관점에 따르면, 권력에 대한 복종의 수용은 단지 지식과 의식적 동의의 수준에서만이 아니라 환상의 수준에서 재생산되는 것이다. 그리고 이러한 권력구조의 재생산은 주체들을 상징적 종속의 조건에 묶어내는 환상을 통해 전달된 리비도적, 정동적 지지물에 의존한다. 이것은 사회정치적 변화가 탈투자(de-investment) 또는 재투자(re-investment)의 과정을 통해 이루어짐을 의미한다. 따라서 이 경우 정신분석적 개입, 나아가 정치적 개입이 영향력을 발휘한다면, 그 개입은 환상적으로 구조화된 향락의 장을, 그리고 환상이 욕망을 구성하고 다양한 사회정치적 질서를 지탱하는 방식을 겨냥하는 것이다. 다른 말로, 정치행위의 정신분석적 개입은 '환상 가로지르기', 즉 윤리를 정의하는 라캉의 공식 중의 하나인 정신분석의 종료를 겨냥해야 한다(Stavrakakis 1999, 2007; 이만우 2001). 사회정치적 용어로 이러한 '환상 가로지르기'는 대타자의 결여와 그것을 포괄하는 환상적 서사와 연관된 특수한 윤리를 의미하며, 이는 새로운 사회정치적 가능성을 약속한다.

Ⅳ. 결론

지금까지 명백하게 사회정치적 범주로 환상과 향락에 대한 논의가 이루어져 왔지만, 필자는 그 범주의 특성 자체가 아직까지는 이론적으로 또 방법론적으로 저발전되어 있다고 생각한다. 라캉의 관점에서 환상과 향락의 개념적, 방법론적 특성을 발전시키는 것은 그것의 이데올로기적, 정치적 의미를 보다 분명하게 확인하는 것이다. 라캉 정신분석과 사회정치연구에 대한 포스트구조주의적 접근 사이의 포괄적 연관성이 이를 뒷받침하기 때문이다(Žižek 1989; Glynos 2001; Stavrakakis 2005, 2007).

필자는 이러한 노선을 둘러싸고 향후 전개될 수 있는 연구방향을 지시하는 몇 가지 문제들을 제기하는 것으로 결론에 대신하고자 한다.

이론적 관점에서 환상 범주 그 자체의 특성이 저발전된 근거로 기표와 정동 간의 개념적 관계를 지적할 수 있다. 특히 사회정치이론의 관점에서 보면, 환상 범주의 계보를 추적하는 것이 그 개념적 관계를 규명하는 데 생산적인 것으로 드러난다. 이에 또 다른 방식은 우리가 사회정치적 현상과 관련하여 어떻게 정동을 생각하는가에 대한 차별적 함의를 끄집어내기 위해 라캉 정신분석이 환상 범주에 접근하는 방식으로 차이를 탐구하는 것이다.

이와 관련하여 환상적 서사의 특수성은 서사의 또 다른 형태, 즉 라캉이 말하는 '근본 환상'(fundamental fantasy) 개념에 대립하는데, 이는 사회정치연구와 관련하여 명백하다. 어쨌든 그러한 차이는 사회정치연구를 위해 어떤 함의를 가지는가? 궁극적으로 많은 라캉주의자들은 환상과 관련하여 주체의 개입양식이 문제시되는 윤리 개념에 주목할 만한 강조점을 부여하는 경향이 있다(Zupančič 2000). 그러나 많은 흥미로운 작업은 이러한 윤리 개념을 생산적이고 혁신적인 방식으로 보다—수많은 정치이론가와 분석가들을 매료시켰던—친근하고 규범적인 고려와 연계시키는 방법을 탐구하는 것이다.

물론 이론적, 방법론적 관심사가 아직 분명하지 않지만, 수많은 이론적 이슈들이 방법에 대한 직접적으로 중요한 질문들을 양산한다. 여기서 우리는 개인적, 집단적 수준에서 환상에 접근하고 환상을 이해하는 방법에 대한 근본적인 방법론적 질문에 초점을 맞추고자 한다. 결국 분석가가 실천을 특징화하고 탐구하면서 내린 판단에 근거하든, 또는 분석가의 환상이 그러한 연구에 어떻게 내재할 수 있는가에 근거하든 간에 분석가의 역할에 대해 주의 깊게 생각하는 것이 중요하지만, 핵심적인 문제는 개인적 환상과 집단적으로 공유된 환상 사이의 차이를 가늠하는 것이 어떤 이점이 있는가의 여부이다. 그렇다면 이와 같은 주장의 방법론적 함의는 무엇인가?

앞에서도 보았지만, 어떤 연구들은 집단적으로 공유되지 않는 작업장 맥락에서의 개인적 환상을 지시한다(Walkerdine 2005). 그것은 억압적 노동관계에 대한 주체의 복종이 부적합성에 대한 개인적 환상에 의해 지탱되고 있음을 드러낸다. 이러한 환상은 주체의 노력이 결코 충분하지 않는 주체의 아버지를 둘러싸고 구조화될 수 있다고 한다. 노동현장의 맥락에서 아무런 불평도 없이 과도한 업무 부담을 감당해내는 능력은 아버지를 기쁘게 해주려는 주체의 욕망에 의해 설명된다는 것이다.

또 다른 접근은 일차적으로 공유된 또는 집단적 환상과 작업장에서 그것의 역할에 초점 맞추어진다(이만우 1999; Contu/Willmott 2006). 여기서 우리는 공유되고 수많은 노동자들에 의해 집합적으로 실행된 환상을 고려할 수 있다. 이 경우 노동관리에 대한 사보타지를 무대화한 사회적 환상은 그 사보타지가 결코 물질화되지 않음으로써 관리자와 노동자 사이의 지배-종속관계를 영속화할지라도 관리자들 사이의 다양한 활동과 상호작용을 구조화할 수 있다.

이것은 사적으로 실행된 환상과 집단적으로 공유된 환상, 그리고 사회적 실천에 대한 그것들 각각의 결합된 영향 사이의 관계를 고려하는 방법의 문제를 제기한다. 예를 들어, 개인적 환상이 어떻게 집단적 환상을 강화하거나 또는 집단적으로 공유된 환상을 방해하는가? 어떤 조건하에서 개인적 환상은 동일한 수준에서 집단적으로 공유되고, 그 사회적 환상은 어떤 형태를 띠는가? 억압자의 환상과 피억압자의 환상 사이에는 어떤 종류의 관련이 가능한가? 그러한 환상 또는 환상들의 상호작용이 일상생활의 사회적 실천을 넘어 윤리적 또는 정치적 관계에 대한 이데올로기적 작용을 어느 정도 촉진시키는가?

앞으로 개인적 환상과 집단적 환상 사이의 차이를 가늠하는 '색출적' 이성이 존재할지라도, 이러한 방법론적 함의에 대한 사려 깊은 주의를 요구하여 보다 구체적인 사회정치연구가 수행되어야 할 것이다.

참고문헌

이만우 1999: 「사회과정(Social Processes)의 정신분석: '피해불안' 및 '우울불안'에 대한 방어로서의 사회제도」, 『정신문화연구』 22권 4호(통권 77호), 한국정신문화연구원, 227-250.

이만우 2000: 「급진적 집합행동의 심리적 구성에 관한 연구: 유토피아 정치의 '아포리아'와 민주주의의 윤리적 기초」, 권희영, 이만우 엮음, 『남북한 사회문화 변동과 21세기 한국인상(1): 인본주의의 참여문화전통과 21세기 한국사회』, 한국정신문화연구원, 203-242.

이만우 2001: 「욕망의 윤리학: 민주주의의 심적 원리에 관한 단상」, 『詩와 反詩』 10권 3호(통권 37호), 167-186.

이만우 2003: 「적의(敵意)의 일상생활과 정치: 현대 한국문화에서 '병리적 인성'의 탄생」, 『정신분석』 14권 1호, 한국정신분석학회, 72-90.

이만우 2005: 「가족관계의 무의식적 환상에 대한 정신분석적 사례기술: 파괴적 '정동'의 병리와 그 해소를 위한 사회복지실천의 문화정치」, 『라깡과현대정신분석』 7권 1호, 61-96.

이만우 2008: 「라깡과 클라인: 정신분석의 과학적 지위」, 김상환, 홍준기 엮음, 『라깡의 재탄생』, 창비, 253-303.

Ahmed, S. 2004: The Cultural Politics of Emotion, Edinburgh: Edinburgh University Press.

Arendt, H. 1958: The Human Condition, Chicago: University of Chicago Press.

Bakhtin, M. 1968: Rabelais and his World, Cambridge, MA: MIT Press.

Barbalet, J. M. 2001: Emotion, Social Theory and Social Structure, Cambridge: Cambridge University Press.

Bataille, G. 1987: Eroticism, London: Marion Boyars.

Byrne, K. and Healy, S. 2006: "Cooperative Subjects", Rethinking Marxism, Vol. 18, No. 2, 241-258.

Contu, A. and Willmott, H. 2006: "Studying Practice", Organization Studies, Vol. 27, No. 12, 1769-1782.

Evans, D. 1996: An Introductory Dictionary of Lacanian Psychoanalysis, London: Routledge. 『라깡 정신분석 사전』, 이만우 외 옮김, 인간사랑, 1998.

Fink, B. 1995: The Lacanian Subject: Between Language and Jouissance, Princeton: Princeton University Press.

Fleming, P. and Spicer, A. 2003: "Working at a Cynical Distance", Organization, Vol. 10, No. 1, 157-179.

Gabriel, Y. 1997: "Meeting God: When Organizational Members Come Face to Face with the Supreme Leader", Human Relations, Vol. 50, No. 4, 315-342.

Goodwin, J., Jasper, J. and Polletta, F. 2001: "Why Emotions Matter", Eds. J. Goodwin and J. Jasper and F. Polletta, Passionate Politics: Emotions and Social Movements, Chicago: University of Chicago Press.

Glynos, J. 2000: "Sexual Identity, Identification and Difference: A Psychoanalytic Contribution to Discourse Theory", Philosophy & Social Criticism, Vol. 26, No. 6, 85-108.

Glynos, J. 2001: "The Grip of Ideology: A Lacanian Approach to the Theory of Ideology", Journal of Political Ideologies, Vol. 6, No. 2, 191-214.

Glynos, J. 2002: "Psychoanalysis Operates Upon the Subject of Science: Lacan Between Science and Ethics", Eds. J. Glynos and Y. Stavrakakis, Lacan & Science, London: Karnac.

Glynos, J. 2003: "Self-Transgression and Freedom", Critical Review of International Social and Political Philosophy, Vol. 6, No. 2, 1-20.

Glynos, J. 2008: "Self-transgressive Enjoyment as a Freedom Fetter", Political Studies, available online; DOI: 10.1111/j.1467-9248.2007.00696.x.

Kemper, T. 1990: Research Agendas in the Sociology of Emotions, Albany: SUNY Press.

Lacan, J. 1966: Écrits, Paris: Seuil.

Lacan, J. 1977: Ecrits: A Selection, London: Routledge/Tavistock.

Lacan, J. 1988: The Seminar, Book I: Freud's Papers on Technique (1953-54), Cambridge: Cambridge University Press.

Lacan, J. 1989: "Science and Truth", Newsletter of the Freudian Field, Vol. 3, No. 1/2, 4-29.

Lacan, J. 1998: The Seminar of Jacques Lacan, Book XX: Encore, On Feminine Sexuality, The Limits of Love and Knowledge, 1972-73, New York: Norton.

Laclau, E. 1990: New Reflections on the Revolution of our Time, London: Verso.

Laclau, E. 2005: On Populist Reason, London: Verso.

Laclau, E. and Mouffe, Ch. 1985: Hegemony and Socialist Strategy, London: Verso.

Lee, M. 2008: "The Logic of Populist Discourse and its Cultural Frame in Korea: An Analysis of the Former President Roh Moo-hyun's Reformist Rhetoric", Journal of Social Sciences, Vol. 4, No. 3, 178-88.

Levitas, R. 2007: "Looking for the Blue: The Necessity of Utopia", Journal of Political Ideologies, Vol. 12, No. 3, 289-306.

Massumi, B. 1996: "The Autonomy of Affect", Ed. P. Paul, Deleuze: A Critical Reader, Oxford: Blackwell, 217-239.

Rousseau, J.-J. 1971 [1762]: "The Social Contract", Ed. E. Barker, Social Contract: Essays by Locke, Hume, Rousseau, Oxford: Oxford University Press.
Salecl, R. 2003: "Success in Failure, or How Hypercapitalism Relies on People's Feeling of Inadequacy", Parallax, Vol. 9, No. 2, 96-108.
Stavrakakis, Y. 1999: Lacan and the Political, London: Routledge.
Stavrakakis, Y..2005: "Passions of Identification: Discourse, Enjoyment, and European Identity", Eds. D. Howarth and J. Torfing, Discourse Theory in European Politics, London: Palgrave, 68-92.
Stavrakakis, Y. 2007: The Lacanian Left: Psychoanalysis, Theory, Politics. Edinburgh: Edinburgh University Press.
Stavrakakis, Y. and Chrysoloras, N. 2006: "(I can't get no) Enjoyment: Lacanian Theory and the Analysis of Nationalism", Psychoanalysis, Culture and Society, Vol. 11, No. 2, 144-163.
Walkerdine, V. 1986: "VIDEO REPLAY: Families, Films, and Fantasy", Eds. V. Burgin and J. Donald and C. Kaplan. Formations of Fantasy, London: Methuen.
Walkerdine, V. 2005: "Freedom, Psychology and the Neoliberal Worker", Soundings, No. 29, 47-61.
Walkerdine, V., Lucey, H. and Melody, J. 2002: "Subjectivity and Qualitative Method", Eds. T. May, Qualitative Research in Action, London: Sage.
Williams, S. 2001: Emotion and Social Theory, London: Sage.
Žižek, S. 1989: The Sublime Object of Ideology, London: Verso.
Žižek, S. 1994: The Metastases of Enjoyment: Six Essays on Woman and Causality. 『향락의 전이: 여성과 인과성에 대한 여섯 편의 에세이』, 이만우 옮김, 인간사랑, 2002.
Žižek, S. 1996: "Fantasy as a Political Category: A Lacanian Approach", Journal for the Psychoanalysis of Culture and Society, Vol. 1, No. 2, 77-85.
Žižek, S. 2002: "Lacan Between Cultural Studies and Cognitivism", Eds. J. Glynos and Y. Stavrakakis, Lacan & Science, London: Karnac.
Zupančič A. 2000: Ethics of the Real, London: Verso.

누가 우리의 이웃인가
도시공동체 이론의 기초로서의 이웃사랑 계명에 대한 정치신학적, 정신분석적 고찰

홍 준 기

I. '이웃사랑의 계명'에 대한 현대철학적 해석과 그 문제점, 그리고 도시 담론

최근 개봉한 〈이웃사람〉은 누가 진정한 이웃인가라는 문제를 다루고 있는 영화가 아닐까 한다. 이 영화는 물론 그 외에도 다른 많은 내용을 다루고 있겠지만 분명한 것은 이 영화는 도시적 삶의 맥락에서, 예수가 던진 '누가 우리의 이웃인가'[1]라는 질문에 대한 나름의 대답을 제시하고 있다는 사실이다. 이 영화에서 사마리아인에 해당하는 인물은 물론, 죽음의 위기에 처한 같은 동네의 가방가게 주인을 구출해내는 '불량한 사채업자'다. 아파트 부녀회장은 그 사람 때문에 집값이 떨어질까봐 항상 걱정하며 그 사람을 험담하고 범죄자 취급을 하며 무시하지만,

1 누가복음 10장 29절.

정작 그 사람은 급박한 위기의 순간에 이웃의 생명을 구출하는 진정한 우리의 이웃임이 드러난다. 이 영화는 이 논문의 주제인 도시에서의 윤리적 행위의 의미에 관해 진지하게 묻고 있다는 점에서 흥미롭다. 우리나라의 도시공동체가 추구하는—물론 아파트 소유자의 관점에서 본—'지고의 선(善)' 중 하나가 아파트 가격유지라는 것을 잘 보여주고 있다는 것 이외에도 이 영화는 앞으로 본문에서 본격적으로 논의하겠지만 윤리학이 도시공동체의 선과 행복에 관해 말하기 위해서는 반드시 악과 고통의 문제를 동시에 진지하게 다루어야 한다는 라캉의 '정신분석의 윤리'의 한 관점을 취하고 있다는 점에서 필자의 관심을 끈다.

오늘날 도시는 '뜨고 있는' 주제다. 우리는 여기저기에서 도시에 관한 많은 담론들을 읽고 들을 수 있으며, 이에 상응해 각 도시 지자체들도 자신의 도시에 관해 홍보하며 지역발전에 많은 노력을 쏟아 붓고 있지만 정작 도시민인 우리 자신들의 반응은 종종 냉담해지는 경우가 허다하다. 도시에 대한 관심의 고조와 더불어 심지어 최근에는 예컨대 많은 도시들이 앞을 다투어 '도시 인권조례'를 제정했지만 그 조례의 실효성에 대해서는 대부분의 사람들이 의심하고 있다.[2] 또한 우리는 많은 도시정책들이 행정적 편의와 통치적 목적을 위한 전시행정의 차원에 머물거나 혹은 대자본의 이익에 봉사하는 경우가 많다는 것을 경험해왔다. 게다가 현재 국내외적으로 도시에 관한 학문적 담론은 사회과학적 혹은 사회공학적 관점에서 쓰여진 글들이 대부분이어서 이 주제에 관해 인문학적 관점에서 접근한 논의는 쉽게 찾아보기 어렵다는 점도 문

2 홍성수, 「지역화된 인권은 가능한가?—한국형 인권도시운동의 과제와 전망」, 서울시립대학교 도시인문학연구소, 제8회 국내학술대회 자료집, 『토건도시에서 인문도시로』, 2012, 77쪽.

제적이라는 사실을 지적할 수 있다.[3] 물론 인문학이냐 사회과학이냐라는 구분 그 자체가 중요하다는 말이 아니다. 중요한 것은 여전히 도시화가 극단적으로 진행되고 있는 현재의 상황에서 도시공동체를 구성하는 기본원리, 즉 우리는 어떤 가치에 따라 도시공동체를 구성해야 하는가라는 근본적인 질문에 대한 학문적 논의가 **여전히 충분히** 이루어지지 않고 있다는 것이다.[4]

행정적, 통치적 목표에 따라 계획되는 도시가 아니라 인간적 가치를 중시하는 도시에 관한 인문적 담론을 제시하려는 한 시도로서 이 글은 오늘날 세속화의 시대에 그다지 주목받지 못하는, 혹은 무의미한 신

3 필자는 오늘날 좌파를 표방하는 많은 논의와 이론들이 개인과 주체의 문제를 도외시하며 객관적인 구조적 혹은 사회적/집합적 변수만을 중시하는 경향이 많다는 사실을 종종 지적해왔으며, 이러한 맥락에서 오늘날 사회과학은 물론 인문학에서도 마치 유일한 학문적 방법으로 간주되는 '사회학주의적', '정치주의적' 접근방식의 문제점에 대해 비판한 바 있다(홍준기, 「맑시즘과 정신분석: 알튀세르 맑시즘에 관한 새로운 정치윤리적 독해의 시도」, 라깡과현대정신분석학회, 『라깡과 현대정신분석』 8집 2호, 2006; 「'주체 없는 과정'인가 '과정으로서의 주체'인가: 정신분석학과 알튀세르」, 서울대학교 철학사상연구소, 『철학사상』 제16호, 2003). 이러한 맥락에서 오늘날 도시정책을 비롯한 여러 분야에서 구조와 정책, 경제, 정치 등 '집합적 요소'에만 초점을 맞추는 비인간주의(Antihumanismus)가 마치 유일하게 적법한 학문적 방법론인 것처럼 간주되고 있다는 점을 지적할 수 있다. 그러한 과정에서 '인간'에 대한 유의미한 논의가 사라지고 심지어 진보적이라고 스스로 주장하는 맑스-레닌주의적 관점을 취하는 사람들도 실천적, 이론적으로 비인간주의적 관점을 취하는 것을 당연한 것으로 여겨지는 경향이 강하게 존재해왔다. 하지만 필자는 이러한 경향을 당연한 것으로 받아들이는 것은 학문적, 실천적으로 커다란 문제라고 생각한다. 학문적 논의에서 '인간'을 배제한 채 구조나 권력, 정책 등만을 쟁점으로 삼는 '비인간주의'(Anti-humanism)가 학문적 주류를 이루었으므로 이제는 인간과 인간적 가치에 관심을 갖는 '인간주의'(humanism)적 접근이 필요하다. 바로 이것이 이 논문이 '이웃사랑' 계명에 관심을 갖는 이유이다.

4 물론 이러한 연구가 전혀 없다는 것은 아니다. 예를 들어, 마르쿠스 슈뢰르, 『공간, 장소, 경계』, 배정희, 정인모 옮김, 에코리브르, 2010; 테오도르 폴 김, 『도시 클리닉』, 시대의창, 2011; 루이스 멈포드, 『역사 속의 도시』, 김영기 옮김, 명보문화사, 1990; 서울시립대 도시인문학연구소 편, 『현대철학과 사회이론의 공간적 선회』, 라움, 2011; 홍준기 엮음, 『발터 벤야민: 도시와 모더니티』, 라움, 2010 등 인문학적 도시 및 공간 연구를 다수 찾아볼 수 있다.

앙고백 혹은 감상적, 비과학적 주장에 지나지 않는다고 종종 간주되는 '이웃사랑 계명'의 현대적 의미—정치신학적, 정신분석적 의미—를 살펴보고자 한다. 무신론의 시대이며 동시에 신자유주의 시대인 현금의 상황은 자유주의적 공리주의가 지배하고 있으며 이에 따른 폐해가 많이 발생하고 있다는 것에 대해서는 많은 이들이 지적하고 있다. 그렇다면 이러한 자유주의적 공리주의를 극복할 수 있는 사상적 대안 중 하나는 무엇인가?

이 논문은 유대-기독교 전통의 핵심사상인 이웃사랑의 계명이 현대 도시 및 국가공동체의 이론적, 실천적 근거로 기능할 수 있는 매우 중요한 사상적 유산이며, 특히 이웃사랑 계명을 낡은 종교적 잔재로만 간주하는 현대의 무신론 이념에 근거해 있는 도시공동체에서 그것이 여전히 필요하다는 것을 천명하는 것을 목표로 삼는다. 물론 현대사회와 도시가 전통적인 유신론 혹은 종교적 체제로 돌아가야 한다고 주장하는 것은 아니며 그럴 이유도 없다. 다만 자본주의적인 공리주의적 이익 추구와 개인화된 현대 도시공동체에 새로운 전환을 가져다줄 하나의 대안적 사상을 추적하고 이의 현대적 적용 가능성을 타진해본다는 의미를 갖는다. 현재 우리나라의 학문적 상황에서 이러한 논의는 필요하다고 사료된다. 신학 분야[5]를 제외한 국내의 인문학계에서 유대-기독교 전통에 대한 논의는 최근까지 사실상 전무했기 때문이다.[6]

다행스럽게도 최근까지의 침묵을 깨고 유대-기독교 전통에 대한 인

5 하지만 현재 우리나라의 신학 토론에서 이웃사랑 계명에 대한 해석은 극단적으로 이분화되어 있는 상황이다. 사회문제에 무관심한 정통적인 신자와, 기독교 신학을 맑스적 혁명이론의 구실로 삼는 '혁명적' 신학으로 해석론이 나뉘어져 있어, 이웃사랑 계명을 사회적으로 유의미하면서도 이데올로기적으로 독단적이지 않은 방식으로 적용하는 사례를 발견하기는 쉽지 않다.

문학적, 철학적 수용이 서서히 국내에서도 본격화된 듯하다. 특히 슬라보예 지젝과 알랭 바디우를 통해 유대-기독교 사상에 대한 유물론적 해석이 알려지게 되었으며[7] 또 이에 상응해 『이웃』이라는 책도 출간되었다. 또한 얼핏 보면 '이웃사랑'이라는 주제와는 별 상관없어 보이지만 오래전부터 국내에서는 벤야민의 저작들이 상당수 번역되었고 『호모 사케르』 『예외상태』 등 아감벤의 여러 책들, 그리고 심지어 칼 슈미트의 『정치신학』과 같은 중요한 저서들이 국내에 번역 소개되었다.

하지만 이러한 저작들이 개별적으로 수용되고 논의되기는 하지만 필자의 관점에서 볼 때 이들 저작들의 사상사적 상관관계에 대한 비판적인 논의가 부재하다는 문제가 있다. 우선, 맑스-레닌주의의 관점에서 논의를 진행하는 지젝과 바디우에게 유대-기독교의 토양에서 생겨난 이웃사랑이란 한마디로 무용한 감상주의요 프티부르주아적 동정심의 발로에 지나지 않는다. **유대-기독교 전통을 수용한다고 그들은 말하지만 사실상 그들은 인간의 권리와 정의에 관한 유대-기독교적 성찰을 맑스-레닌주의의 '혁명' 이데올로기에 종속시킬 뿐이다.** 지젝은 자신의 '폭력' 옹

6 물론 이에 대한 예외로서 키에르케고르의 저서가 상당수 번역되었다는 사실을 지적할 수 있다. 특히 필자의 이 글과 관련해 『사랑의 역사(役事)』라는 저서는 중요하다. 키에르케고르는 자신이 기독교인이었고 이러한 신앙을 바탕으로 철학적 작업을 수행한 '유신론적 실존주의자'로 알려져 있다. 하지만 그럼에도 필자는 키에르케고르의 '전통적인' 유신론적 입장을 문자 그대로 받아들일 필요는 없다고 본다. 전통적인 유신론의 입장을 받아들이지 않으면서도 그의 이웃사랑의 철학/신학을 현대사회 및 도시의 맥락에 적용할 수 있다는 것이다. 앞으로 다시 언급하겠지만 키에르케고르의 이 저서는 지젝의 '유물론적 기독교 해석'이 의도적, 비의도적으로 폐기처분한 가치 있는 내용을 담고 있다는 점에서 매우 중요하다. 이에 대해서는 지젝 혹은 그에 영향 받은 논자들에 대해 비판적으로 고찰할 때 다시 언급하기로 하겠다.

7 예컨대 지젝의 저서로는 『죽은 신을 위하여』 『무너지기 쉬운 절대성』 『믿음에 대하여』 등이 있으며 바디우의 저서로는 『사도 바울』이 있다.

호론을 뒷받침하기 위해 라캉의 행위 개념[8]과 벤야민과 관련해서는 특히 '신의 폭력' 개념을 원용한다. 하지만 과연 라캉과 벤야민은 지젝이 말하듯 맑스-레닌주의적 혁명과 폭력을 옹호한 공산주의자였는가? 물론 벤야민은 '세속화된 각성'을 이야기한다. 하지만 유대인 정치신학자로서 벤야민은 **세속화된 철학과 맑스주의의 한계**를 극복하기 위해 메시아의 개입을 통한 구원을 희망하지 않았는가? 여기에서 우리는 벤야민의 정치신학적 입장에 대한 정확한 논의가 필요함을 알 수 있다. 많은 논자들이 주장하듯이 벤야민이 후기로 갈수록 유대주의로부터 맑스주의에 가까이 접근해간 것은 분명한 사실이지만[9] 그렇다고 해서 그가 '구원'을 가져다줄 '메시아의 개입'이라는 유대적 사상을 결코 포기한 것은 아니라는 사실은 그다지 강조하지 않는다. 물론 많은 벤야민 연구자들은 벤야민이 유대적 전통을 결코 포기하지 않았다는 것을 잘 알고 있다. 하지만 그럼에도 그들은 벤야민의 맑스주의를 과도하게 확대해 그의 유대적 전통을 맑스주의에 종속시키는 경향을 보이고 있다. 이러한 경향의 극단에 다름 아닌 지젝이 서 있다. 지젝은 벤야민을 맑스-레닌주의적 폭력을 옹호한 사상가로 아전인수 격으로 해석할 뿐 아니라 이와 더불어 키에르케고르나 레비나스와 같은 사상가는 완전히 평가절하하는데,[10] 지젝(그리고 바디우[11])이 그들의 이웃사랑 혹은 타자존중 개념을 폄하하는 것도 결국은 유대-기독교 전통을 맑스-레닌주의로 환원시키려고 하는 독단적 태도에서 연원한다고 필자는 생각한다.

8 이에 대한 상세한 논의로는 홍준기, 「이데올로기의 공간, 행위의 공간」, 『마르크스주의 연구』 제5권 3호, 2008, 14쪽 이하 참조.

9 예컨대 국내에 번역 소개된 대표적인 벤야민 연구서인 수잔 벅 모스의 『발터 벤야민과 아케이드 프로젝트』(문학동네, 2004)도 이러한 입장을 취한다.

또한 여기에서 칼 슈미트를 언급하지 않을 수 없다. "현대 국가론의 중요 개념은 모두 세속화한 신학 개념이다."[12]라는 슈미트의 말에서 볼 수 있듯이 공동체의 최종 근거는 궁극적으로 신 혹은 신적 지위를 갖는

10 **키에르케고르**의 이웃사랑 계명에 대한 해석에서 지젝은 키에르케고르의 텍스트를 왜곡한다. 『지젝이 만난 레닌』(교양인, 2008)에서 지젝은 키에르케고르가 『사랑의 역사』에서 "우리가 사랑해야 할 이상적인 이웃은 죽은 이웃이라는 주장을 펼친다"고 말한다(361쪽). 즉 지젝의 키에르케고르 해석에 따르면 "좋은 이웃이란 죽은 이웃밖에 없다"는 것이다. 지젝은 키에르케고르가 이웃사랑을 말할 때 그것이 가능할 수 있는 조건으로 "모든 구별을 버리[는 것]"을 제시했고, 따라서 그것이 가능한 유일한 이웃은 '죽은 이웃'이라는 것이다. 하지만 실제로 키에르케고르는 이상적인 이웃사랑의 대상이 '죽은 이웃'이라는 주장을 한 적이 없다는 점을 염두에 두어야 할 것이다. 키에르케고르가 『사랑의 역사』에서 제시하고자 했던 논제는, 에로스적 사랑과 진정한 사랑의 차이는 전자가 사랑하는 자의 이기심을 충족시켜 줄 수 있는 어떤 뛰어난 특징이 있어야 가능하지만, 진정한 (이웃)사랑은 그러한 특징이 존재하지 않을 때에도 가능한 사랑이라는 것이다. 지젝은 이러한 키에르케고르 논의의 맥락을 완전히 왜곡하고 키에르케고르의 주장을 '죽은 이웃'의 사랑으로 폄하한다. 케네스 레이너드도 이러한 지젝의 입장을 무비판적으로 따르고 있다(『이웃』, 도서출판 b, 2010, 42쪽).
또한 지젝은 **레비나스**에 대해 이렇게 말한다. "그러므로 '네 이웃을 사랑하라'라는 기독교의 계명은 타자란 불가해한 이웃이라는 레비나스의 원리와는 철저하게 구분돼야 한다. 궁극적인 타자가 신 자신인 한에서, 타자의 타자성을 동일성으로 환원시킨 것은 기독교의 획기적 업적이다."(『죽은 신을 위하여』, 길, 2007, 222쪽) 여기에서 지젝의 기독교에 대한 설명은 매우 자의적이다. 그에 따르면 신의 죽음을 체현한 예수는 신이라는 "근본적인 타자성의 유보"(같은 곳)를 의미한다. 이로써 지젝은 기독교가 제시하는 초월과 내재의 변증법을 철저히 세속화하고 그것을 내재성의 도그마, 즉 동일성의 원리로 환원시키는 오류를 범하고 있다. 레비나스 철학을 왜곡하는 이러한 맥락에서 '훌륭한 공산주의자'로서 지젝은 이웃에 대해 이렇게 말한다. "기독교의 궁극적 지평은 이웃을 존중하는 것이 아니요, 이웃의 불가해한 타자성의 심연을 존중하는 것도 아니다."(같은 책, 224쪽)

11 지젝과 달리 바디우는 그래도 솔직하다는 장점이 있다. 『사도 바울』에서 바디우는 자신이 바울에 관심을 갖는 것은 오직 정치적 이유뿐이라는 것, 즉 바울 그 자체에는 아무 관심이 없다는 것을 명백히 밝히고 있으며, 바울 신학과 바울의 행위를 레닌주의와 동일한 것으로 해석하고 있다는 것을 숨기지 않기 때문이다. 그러므로 바디우 역시 이웃사랑 계명에 대해서는 완전히 무관심하며, 그에게 바울이 말하는 사랑의 행위란 레닌주의적 혁명의 다른 이름에 지나지 않는다. "솔직히 말해 나에게 바울은 사도나 성인이 아니다. (…) 오늘 내가 바울에게서 찾아볼 수 있는 그러한 결합의 독특성을 몇 쪽 안 되는 이 책에서 다시 추적하려는 것은 지금 사방에서 20세기 초 **레닌과 볼셰비키들**에 의해 확립된 투사의 모습(…)을 뒤 이을 새로운 투사의 모습을 찾으려고 하는 노력이 전개되고 있기 때문이다."(『사도 바울』, 새물결, 2008, 11-13쪽, 강조는 필자)

주권자에 놓여 있다. 바로 이것이 슈미트가 자신의 법이론을 정치신학이라고 불렀던 이유다. 그렇다면 벤야민과 슈미트의 이론적 관계는 어떠한가? 잘 알려져 있듯이 벤야민은 이미 『독일 비애극의 원천』에서 슈미트를 언급한 바 있으며, 아감벤이 지적했듯이 더 나아가 「폭력비판에 관하여」에서 슈미트의 독재론적 정치신학을 비판하고자 했다. 슈미트와 차별되는, 아니 슈미트 이론의 맹점을 비판하면서 그것을 넘어서는 벤야민의 정치신학의 핵심적 내용은 무엇인가? 벤야민의 정치신학은 슈미트의 법 정립적, 법 보존적 폭력, 즉 신화적 폭력을 비판하면서 유대주의 전통과 관련해 신의 폭력이라는 개념에서 그 탈출구를 발견한다. 벤야민은 이러한 논의를 통해 신화적 폭력과 억압적 권력의 이면인 법 '너머의 영역'을 사유하고자 한다. 어떻게 이것이 가능한가? 이러한 질문은 자연스럽게 정신분석적 논의, 특히 라캉의 성찰로 우리를 이끈다. 초기부터 후기에 이르기까지 라캉의 중요한 관심사 중의 하나도 법의 너머, 달리 말하면 억압적, 도착적 법의 너머를 어떻게 이론적으로 근거 짓는가라는 것이었다. 이러한 논의를 진행하는 가운데 라캉은 프로이트처럼 스스로를 무신론자로 공언하지만 벤야민과 유사하게 유대-기독교의 전통에서 법의 한계를 넘어설 수 있는 최종 근거를 발견한다. 벤야민에게 그것은 신의 폭력이었고, 라캉은 이를 사랑이라고 명명했다. 문자적으로는 상반되는 것처럼 보이는 두 개념이 서로 일맥상통한다는 것을 보이는 것도 본 논문의 목표 중 하나이다.

이 논문은 지금까지 설명한 바 있는 현대철학에서의 이론적 맥락을 재구성하면서 국가 혹은 도시 공동체의 진정한 근거는 법 보존적, 혹은

12 칼 슈미트, 『정치신학』, 김항 옮김, 그린비, 2010, 54쪽.

법 제정적 권력이나 주권에 있는 것이 아니라, 달리 말하면 사디즘적인 폭력에 근거한 것이 아니라, "피를 흘리지 않는 희생"을 통한 신의 개입(벤야민) 혹은 사랑(라캉)에 있다는 것을 보이고자 한다. 그것이 다름 아닌 구약과 신약 성서에서 가장 중요한 계명으로 간주되는 이웃사랑의 정치신학적 의미다. 즉 여기에서 이웃사랑 계명을 좁은 기독교 교리에 근거한 편협한 종교적 계율로 이해할 것이 아니라 도시 및 국가 공동체의 건설이라는 넓은 맥락에서 이해해야 할 필요가 있으며, 이러한 공동체의 구성 원리는 다름 아닌 이웃사랑이라는 것이다. 이웃사랑 계명은 권력과 통치를 위해서라면 사회적 약자를 희생시키는 것을 마다하지 않는 정치 원리와는 반대로 "고아와 과부"를 위한 구체적이고 실질적인 정치(레비나스)를 행하는 것에 있다.

본 논문에서는 정치신학과 관련된 문제를 모두 철저히 다룰 수 없으므로 위에서 제시한 문제의식에 대해 답하는 정도로 논의를 제한시키고자 한다. 이러한 과정에서 본 논문은 특히 라캉의 이웃사랑 계명에 대한 해석을 현대의 정치신학적 논의(특히 지젝과 벤야민)와 접목시키고자 한다. 이를 통해 라캉의 논의는 현대적 의미의 정치신학적 논의에 대한 하나의 탁월한 대답임이 드러날 것이다. 이를 위해 이 논문은 특히 라캉의 「안티고네」 해석에 대해서 언급할 것이다. 라캉은 정신분석의 윤리, 그리고 이웃사랑 계명에 관해 논하면서 이를 안티고네와 관련해 도시공동체의 정치 문제와 인간의 욕망과 향유 문제로 확대해 재해석한다. 그리스 도시공동체에서의 크레온의 압제에 맞서는 안티고네의 **개인적** 행위를 **윤리적, 정치적** 행위로 해석하면서 라캉은 간접적으로 무신론의 시대에 이웃사랑 계명이 실천될 수 있는 이론적 근거가 무엇인지 탐구하는 것이다. 공리주의와 선의 윤리를 넘어서는 라캉의 욕망과 향유의 윤리학에 대해 서술한 후, 이어서 바디우와 지젝에서 정점에 달하고 있는 맑스-레닌주의적 공동체 이론에 대한 반비판을 제시하고자 한다.

II. 이웃사랑에 대한 프로이트와 라캉의 견해: 쾌락에서 향유로 혹은 선에서 악으로

유대인이었으나 무신론적 입장을 끝까지 견지했던 프로이트에게 "네 이웃을 네 몸과 같이 사랑하라"라는 성서의 계명은 실현 불가능한 계명이다. 종교 비판적인 자신의 기본 정서가 강하게 드러난 한 구절에서 프로이트는 이렇게 말한다. "이 요구를 난생 처음 듣는 것처럼 순진한 태도로 생각해보자. 그러면 우리는 놀라움과 당혹감을 억누를 수 없을 것이다. 왜 이웃을 내 몸처럼 사랑해야 하는가?" 어떤 사람이 누군가를 사랑한다면 "그 사람은 어떤 식으로든 내 사랑을 받을 자격이 있어야 한다." 프로이트에 따르면 사랑이 가능하기 위해서는 타자가 자신과 유사하거나 혹은 타자가 자신보다 완전해야 한다는 전제가 충족되어야 한다. "내 사랑을 받을 자격이 있어야 한다"는 것이다. 또는 그 타인이 자신이 아는 사람, 예컨대 친구의 아들이라면 나는 그를 사랑해야 한다고 프로이트는 말한다. "자기 아들이 재난을 당하면 내 친구는 고통을 느낄 테고, 친구의 고통은 곧 나의 고통이기도 하기 때문이다."[13] 그러나 "그 사람이 내가 전혀 모르는 사람이거나 그 자신의 가치로 나를 매혹하지 못한다면 (…) 내가 그 사람을 사랑하기는 어려울 것이다." 뿐만

13 지그문트 프로이트, 『문명 속의 불만』, 김석희 옮김, 열린책들, 1997, 297쪽.

아니라 프로이트는 더 나아가 "낯선 사람은 내 사랑을 받을 가치가 없을 뿐 아니라 내 적개심과 증오까지 받아 마땅하다"고 말한다. 그 낯선 사람은 "자기 욕망을 만족시킬 수 있다면 그 사람은 나를 비웃고 모욕하고 중상하고 자신의 우월한 힘을 과시하는 것을 아무렇지도 않게 생각할 것이다." 그러므로 프로이트는 이웃사랑이라는 "젠체하는 명령은 기껏해야 '네 이웃이 너를 사랑하는 만큼 네 이웃을 사랑하라'"[14]라는 정도 이상을 의미해서는 안 된다고 단호하게 결론짓는다. 자신을 합리적인 무신론자이며 우상파괴주의자로 생각하는 프로이트가 유대-기독교 전통에서 파생된 '위선적인' 계명에 대해 공격하는 것은 사실 당연한 일일 것이다. 세계가 탈종교화한 이후 현대인은 성서의 계명과 메시지를 진지하게 받아들이지 않게 되었기 때문이다.

프로이트의 이러한 '공리주의적' 입장에 대해 라캉은 어떻게 논평하는가? 라캉 역시 가톨릭적 배경에서 성장했지만 초월적인 계시와 인격적 신의 존재를 믿지 않는 무신론자이다. 프로이트의 견해에 대한 라캉의 논평은 항상 그렇듯이 프로이트와 더불어 프로이트를 넘어서는 방식을 통해서 이루어진다. 라캉에 따르면 프로이트가 이웃사랑 계명에 대해 혐오감을 갖고 있는 것은 단적으로 말하면, 그가 **공리주의적** 전통 혹은 **아리스토텔레스의 선**(bien)**의 윤리학**의 전통 속에서 이웃사랑의 계명을 사고했기 때문이다. "그[프로이트]는, 친구가 아들을 잃는다면 그 고통은 참을 수 없을 것이기 때문에 어떻게 우리가 친구의 아들을 사랑해야 하는지를 보여준다. 선에 관한 모든 아리스토텔레스적 개념이 진정으로 이 사람[프로이트] 속에 살아 있다. 그는 우리가 힘들여 공유해

14 같은 책, 298쪽.

야 할 것, 즉 우리의 사랑인 선에 관해 가장 예민하고 가장 적절한 것들을 우리에게 이야기한다. 하지만 그가 알지 못하는 것은, 정확히 그 길을 택하기 때문에 우리가 **향유**(jouissance)로 향한 입구를 놓치고 만다는 사실을 그는 놓치고 있다는 것이다."[15]

라캉은 이러한 논평을 통해 이웃사랑의 문제에서 향유가 핵심적 쟁점임을 지적하고자 한다. 라캉에 따르면 공리주의는 아리스토텔레스의 선의 윤리학의 전통 속에서 생겨난 윤리이론이며, 그것은 선을 행복 혹은 유용성의 관점에서 정의하는 윤리학이다. 따라서 인간이 타인에게 선을 베푸는 것은 그것이 자신에게 유용하거나 도움이 되고, 고통(예를 들면 친구의 아들을 돕는 경우에서 볼 수 있듯이 친구의 고통 때문에 유발되는 나의 고통)을 덜어주기 때문이다. 이렇게 본다면 공리주의적 관점에서 볼 때 윤리적 행위, 즉 이타적 행위란 이기적 동기에 의해 발생하며 그러한 점에서 이웃사랑은 나르시시즘적 행위에 다름 아닌 것이 된다. 그러므로 프로이트는 이웃사랑의 계명을 "네 이웃이 너를 사랑하는 만큼 네 이웃을 사랑하라"[16]는 것으로 바꾸어야 한다고 말했던 것이다.

사실 이것이 다름 아닌 프로이트가 말하는 쾌락원리이며 이러한 쾌락원리가 곧 선의 윤리학 혹은 공리주의의 원칙에 정확히 부합한다고 라캉은 해석하는 것이다. 이제 라캉은 여기에서 한 걸음 더 나아가 공리주의 원리에 충실해 보이는 프로이트 자신이 사실은 「쾌락원리를 넘어서」라는 논문을 저술함으로써 공리주의 원칙을 사실상 이미 넘어섰음을 지적한다. 잘 알려져 있듯이 쾌락원리를 넘어서는 원리란 죽음충

15 Jacques Lacan, *Le Séminaire VII, L'éthique de la psychanalyse*, Seuil, 1986, 219쪽. 강조 표시는 원문.

16 지그문트 프로이트, 『문명 속의 불만』, 298쪽.

동이다. 마조히즘, 부정적 치료반응, 반복강박과 같은 임상적 사실의 관찰을 통해 프로이트는 인간은 불쾌를 회피하고 쾌락을 얻기 위해 움직이는 존재가 아니라 '고통과 결합된 쾌락'을 추구한다는 사실을 발견했으며, 이를 '쾌락원리의 너머'라고 명명했다. 그 후 프로이트는 「마조히즘의 경제적 제문제」라는 논문에서 마조히스트가 추구하는 쾌락을 "고통 속의 쾌락"(Lust im Schmerz)이라고 불렀다. 라캉이 위 인용문에서 제시한 향유(jouissance)라는 용어는 "고통 속의 쾌락"에 정확히 상응하는 용어로서 그는 프로이트의 후기 이론인 죽음충동에서 공리주의 윤리학을 넘어설 수 있는 단서를 발견한다.[17]

요컨대 라캉은 프로이트가 비록 「문화 속의 불안」(Das Unbehagen in der Kultur)에서 여전히 '선의 윤리학'을 따르는 듯이 논의를 진행했지만, 그럼에도 쾌락원리의 너머, 즉 향유 개념을 활용하고 있다고 프로이트를 해석하는 것이다.

그리하여 '이웃사랑의 불가능성'이라는 프로이트의 논제에 대해 라캉은 이렇게 말한다. "이타적이라는 것은 선의 본질에 속한다. 하지만 그것은 이웃사랑이 아니다. 프로이트는 그것을 완전히 서술함 없이 그것을 우리로 하여금 느끼도록 만든다. 이제 우리는 아무것도 강요함 없이 그[프로이트] 대신에 그것을 하려고 시도할 것이다."[18]

이것이 의미하는 바는 무엇인가? 공리주의 윤리학 혹은 선의 윤리학에 따르면 사람은 이기적인 만족을 얻을 수 있는 한에서 이타적일 수

17 공리주의와 선의 윤리학을 넘어서는 라캉의 (정신분석의) 윤리학에 대한 전반적인 개요를 보려면 Hans-Dieter Gondek/Peter Widmer (ed.), *Ethik und Psychoanalyse*, Frankfurt am Main: Fischer, 1994 참조.

18 Jacques Lacan, Le Séminaire VII, 219쪽.

있으므로 그러한 행위는 결코 이웃사랑이 **아니라는** 것이다. 사람들이 이웃사랑이라는 계명 그 자체를 불가능한 것으로 여기는 이유는 이웃사랑이라는 말의 의미를 공리주의적, 혹은 선의 윤리학적 측면에서 잘못 받아들이기 때문이다. 여기에서 라캉은 프로이트가 「문화 속의 불안」에서 이웃 속에 도사리고 있는 악의 문제를 거론했음에 주목한다.[19] 그리고 공리주의자 혹은 (공리주의적) 도덕론자와 프로이트의 차이점은 프로이트는 선의 문제를 제기함에 있어 동시에 **악**의 문제, 달리 말하면 향유의 문제를 던졌다는 것에 있다. "(…) 악 속에서 그리고 악을 통하지 않고는 선의 법도 존재하지 않는다 (…) 이러한 법(Loi)이 내 이웃의 향유를 핵심적 쟁점으로 만든다. 즉 그것을 중심으로 (…) 나의 의무감이 동요하는 핵심적 쟁점 말이다."[20]

문제를 더 명확하게 하기 위해 라캉은 성자 마르탱(Saint Martin)의 예를 든다. 라캉에 따르면 그 성자가 가난한 이웃, 예컨대 거지에게 그의 외투를 벗어주었다는 것이 이웃사랑의 핵심적 내용은 아니다(물론 라캉은 그렇게 할 수 있는 사람이 있다는 것이 바람직하다는 사실을 부정하는 것은 아니다). 진정한 문제는 다른 곳에 있다. 만일 벌거벗은 거지가 그 성자에게 외투가 아닌 무언가 다른 것을 요구한다면, 예컨대 "자기를 죽여주거나 아니면 자기와 성행위를 해달라고" 간청한다면? 거지가 이러한 것을 요구했을 때 성자가 어떻게 행동하느냐는 완전히 다른 문제이다. 단순한 "선행"(bienfaisance)과 (이웃)"사랑"[21]은 다르다는 것이다. 옷을 주는 것은 선행임에 틀림없지만 반드시 그것이 이웃사랑인 것은 아니다. 그

19 같은 곳 참조.
20 같은 책, 222쪽.
21 같은 책, 219쪽.

거지가 옷을 원하는 것이 아니라 죽음 혹은 그 성자와의 성행위를 원한다면? 여기에서 라캉이 말하고자 하는 것은 이웃사랑의 행위란 고통을 동반하는 쾌락의 문제로서 단순한 선이 아니라 악의 문제를 제기한다는 것, 그리고 이웃사랑은 이웃 속에 존재하는 악을 받아들일 때 가능해질 수 있다는 것이다.

향유와 관련된 이웃사랑의 문제를 더 설명하기 위해 라캉은 칸트가 『실천이성비판』에서 제시한 예에 대해 언급한다. 거기에서 도덕법의 절대성을 예증하기 위해 칸트는, 여인과 밤을 보내고 나면 교수형이 아침에 자신을 기다리고 있다는 것을 알고 있는 사람은 결코 그 여인과 밤을 보내지 않을 것이라고 설명한다. 이에 대해 라캉은 그 여자와 밤을 보내고 사형을 당할지라도 그렇게 할 수 있는 사람이 있다고 반론한다. 윤리학에서 핵심적인 문제는 선 혹은 쾌락이 아니라 향유 혹은 그와 결합되어 있는 악의 문제를 어떻게 다룰 것인가의 문제라는 것이다. "개념적 전환을 해서, 그 여자와 보낸 밤의 문제를 쾌락이라는 범주가 아니라 향유라는 범주로 이동시켜야 한다는 것에 주목하는 것이 중요하다."[22] 물론 라캉은 이웃사랑에 정확히 상응하는 예가 무엇인지 명확하게 제시하지 않는다. 이웃사랑은 자신과 타인 속의 악을 용납하는 문제와 관련되어 있으므로 이에 대한 명확한 예를 제시하는 것은 원리적으로 쉽지 않기 때문일 것이다. 라캉은 손쉬운 예를 들기보다는 이웃사랑과 관련한 프로이트의 논의가 어떤 식으로 발전할 수 있을 것인가의 방향을 제시하면서 다양한 관점에서 논의를 진행한다. 이제 이하에서 보다 구체적으로 라캉이 공리주의를 넘어서는 윤리학을 발전시키기 위해

22 같은 책, 222쪽.

제시하는 「안티고네」에 대한 해석을 살펴보자.

Ⅲ. 「안티고네」에 대한 라캉의 해석을 통해 본 도시공동체의 윤리와 정치

언급했듯이 라캉은 『세미나 7권: 정신분석의 윤리』에서 프로이트의 관점에서 윤리적 행위가 무엇인지를 탐구하면서 이웃사랑 계명에 대한 프로이트의 해석에 대해 논평했다. 여기에서 라캉은 '프로이트와 더불어 프로이트를 넘어서면서' 오늘날 무용하고 낡은 것으로 간주되는 이웃사랑 계명에 대한 새로운 '무신론적 해석'을 제시하고자 했다. 이러한 논의의 연장선상에서 라캉은 안티고네와 크레온의 대결을 윤리와 정치라는 넓은 틀 속에서 새롭게 해석하고자 노력한다. 많은 논자들이 라캉 이론에서 이웃사랑 계명의 의미를 강하게 부각하지 않거나 라캉 정신분석과 그 계명과의 관계를 부정하는 경우가 많지만 필자의 관점에 따르면 라캉 이론에서 유대-기독교적 전통은 보다 강조될 필요가 있다. 『세미나 7권: 정신분석의 윤리』의 흐름을 보면, 13장의 제목이 「신의 죽음」이며, 14장은 「이웃사랑」이다. 이 주제를 다룬 후 라캉은 15장에서 「위반의 향유」에 관해 논의한다. 위반의 **향유**에 관해 논의하면서 라캉은 본격적으로 안티고네에 대한 자신의 해석을 제시하기 시작하는데 무엇보다도 15장의 제목이 말하듯이 라캉은 안티고네의 윤리적 행위를 향유의 관점에서 다루고 있으며, 이를 또한 승화의 윤리로 설명하고자 한다.

라캉보다 훨씬 명시적으로 타자존중, 즉 이웃사랑의 윤리에 대한 해명을 자신의 철학 작업에 중심에 놓은 사람은 레비나스이다. 잘 알려져 있듯이 레비나스는 그리스 전통에 근거해 발달해온 서양의 철학을 존재론으로 규정하며 이러한 존재론을 또한 동일성 철학이라고 부른다. 레비나스에 따르면 존재론 혹은 동일성 철학은 타자를 억압 혹은 배제함으로써만 가능한 나르시시즘적 동일성의 확보에만 관심을 갖는 철학이며, 타자에 대해 관심을 갖는 경우에도 그것은 추상적이고 논리적인 차원에서만 타자성을 참조할 뿐이라는 근본적인 한계가 있다. 레비나스는 보다 적극적으로 '타자의 얼굴'이라는 개념을 부각시킴으로써 구체적인, 즉 고통받는 타자를 철학의 원리로 정립함으로써 전통적 존재론의 추상성과 자기중심성을 극복한 윤리학으로서의 진정한 철학, 즉 형이상학을 제시하고자 했다. 레비나스의 철학이 어느 정도 철학적, 윤리적 타당성을 갖는가라는 문제는 이 논문의 범위를 넘어서는 문제이므로 이에 대한 구체적인 논의는 다음 기회로 미루고자 한다.[23] 다만 여기에서는 라캉이 이웃사랑이라는 주제를 레비나스만큼 전면에 부각시키지는 않았으나, 『세미나 7권: 정신분석의 윤리』의 내용과 그 흐름으로부터 라캉 역시 직접적이든 간접적이든 궁극적으로 '(이웃)사랑'을 정신분석의 목표 중 하나로 제시했다는 것만은 분명하다는 사실을 언급하고 지나가고자 한다.[24]

23 레비나스 철학에 대한 좋은 개요로는 베른하르트 타우렉, 『레비나스』, 변순용 옮김, 인간사랑, 2004. 베른하르트는 '타자의 얼굴' 개념에 대한 레비나스의 언어적 설명의 타당성 여부가 그의 철학의 핵심 쟁점이라고 해설한다. 이러한 논의가 철학적 관점에서 볼 때 유의미한 논의인 것은 분명하지만 레비나스 철학의 유대주의적 뿌리가 갖는 현대철학적 의미에 대해서는 비교적 유보적 관점을 취한다는 점에서 필자의 레비나스 이해와는 일정 정도 차이가 있다.

24 몇몇 라캉 연구자들은 이를 라캉에 의한 '정신분석의 기독교화'라고 명명하기도 하는데 (H.-D. Gondek, "Cogito and Séparation: Lacan/Levinas", Sarah Harasym (ed.), *Levinas and Lacan*, State University of New York Press, 1998, 26쪽), 이는 본 논문의 취지와는 오히려 반대로 사실상 라캉에 대한 비판의 의미로 종종 사용된다. 또한 방금 인용한 곤덱은 라캉과 레비나스의 윤리학적 접점을 부정하는 방향으로 논지를 전개하는 경향이 있는데 이는 라캉의 텍스트 전체를 고려하지 않는 일면적 고찰이다.

안티고네는 테베에서 반란을 일으킨 오빠 폴리네이케스를 매장하지 말고 새들의 밥이 되도록 내버려 두라는 크레온의 명령을 거역함으로써 동굴 감옥에 갇히고 결국은 자살하고 마는 비극의 주인공이다. 크레온은 정치가로서 도시공동체의 행복과 선을 위해 자신의 도시국가에서 반란을 일으킨 폴리네이케스를 반역자로 규정하고 그의 매장을 거부하였다.

정치적 논리에 따라 크레온은 반역자 오빠를 매장한 안티고네를 단죄하지만 라캉은 안티고네의 행위를 정치적 공리주의를 넘어선 윤리적 행위로 평가한다. 크레온은 누군가가 공동체의 법률을 위반한다면 그것은 벌 받아야 마땅한 악이라는 전제하에서 행위한다. 하지만 안티고네는 이러한 크레온의 정치지상주의적 공리주의에 반대한다. 안티고네는 자신이 크레온의 명령을 어긴 결정적인 이유를 다음과 같이 설명한다. "제가 오빠를 존경한 것은 옳았습니다. 내가 만약 어린애들 어머니였다면, 아니면 남편이 죽었다면 나는 결코 나라의 모욕을 받아가면서까지 이런 일을 하지는 않았겠죠. (…) 남편이 죽으면 또 다른 사람을 찾을 수도 있습니다. 먼저 태어난 애를 잃으면 다른 사람에게서 날 수도 있습니다. 그러나 아버지도 어머니도 하데스가 감추어 놓고 있으니 형제의 생명은 다시는 나를 위해서 살아나지 못합니다. 그러한 까닭에 저는 오빠를 소중하게 생각했습니다."[25]

여기에서 볼 수 있듯이 안티고네는 자신의 저항의 근거를 오빠의 "유일성"[26]에서 찾는다. **무의미**해 보이는 이러한 주장에서 중요한 점은 라

25 소포클레스, 「안티고네」, 『그리스 비극』, 조우현 외 옮김, 현암사, 1994, 342-343쪽.

26 Philippe Van Haute, "Death and Sublimation in Lacan's Reading of *Antigone*", Sarah Harasym (ed.), *Levinas and Lacan*, State University of New York Press, 1998, 112쪽.

캉이 안티고네의 이러한 말에서 '법(기표)의 너머'라는 위상학적 사유를 수행하고 있다는 점이다. 라캉에 따르면 폴리네이케스를 독특하고 필적할 수 없는 것으로 만든 것은 기표를 통해 표현될 수 없는 것, 즉 기표 사이의 빈곳이며, 이러한 무의미에 근거한 욕망의 발현이 다름 아닌 공리주의적, 억압적 법의 극복의 출발이자 귀결점이 된다는 것이다. 어떠한 위험을 무릅쓰고라도 안티고네로 하여금 크레온에 저항하도록 만든 것은 오빠를 통해 얻을 수 있는 어떤 효용이나 쾌락이 아니라 순수한 무의미에 대한 욕망이며 이 욕망 속에서 얻게 되는 향유다. 라캉은 오빠를 향한 이러한 안티고네의 욕망을 (도시공동체의 법률에 대한) 위반의 향유[27], 그리고 순수한 욕망[28]이라고 부른다. 그리고 라캉은 정신분석에서 가능한 최고의 윤리적 명제를 '너의 욕망을 포기하지 말라'(Ne céde pas sur ton désir)라고 정식화한다.

안티고네가 욕망하는 오빠의 유일성은 언어적 기표를 통해 명료화될 수 있는 오빠의 속성이 아니라 구체적인 오빠라는 대상이 '사물의 순수한 빈곳'으로 승화되었다는 사실 속에 존재한다. 그러므로 라캉은 승화를 '대상을 사물의 위엄으로 높이는 것'이라고 정의한다. "내가 승화에

27 Jacques Lacan, *Le Séminaire VII*, 225쪽.

28 같은 책, 282쪽. 순수한 욕망과 관련해 라캉은 이렇게 말한다. "하지만 그녀[안티고네]는 순수하고 단순한 죽음의 욕망 그 자체라고 불릴 수 있는 어떤 것의 실현을 극단까지 밀고 나간다. 그녀는 그러한 욕망을 체현한다."(같은 책, 332쪽) 이렇게 본다면 안티고네의 위반의 향유는 곧 순수한 욕망과 사실상 동의어인 셈이다. 하지만 라캉은 순수한 욕망이라는 개념이 상상적 함의를 가질 수 있기 때문에, 후에 『세미나 11권』에서 이를 "절대적 차이를 얻고자 하는 욕망"(Jacques Lacan, *Le Séminaire XI, Les Quatre concepts fondamentaux de la psychanalyse*, Paris: Seuil, 1973, 248쪽)으로 다시 정의한다. '순수한 욕망'은 어떤 이물질도 포함되지 않는 100% 순도를 갖는 욕망을 의미할 수 있고 따라서 이러한 의미의 욕망은 오히려 상상적이라고 생각될 수 있다. 라캉이 말하는 쾌락원리 너머에 존재하는 위반의 향유 역시 충동의 만족이라는 계기—칸트적으로 말하면 '병리적' 계기—를 가지므로 모든 충동으로부터 격리된 순수한 욕망이라는 정의는 향유 개념과 모순될 수 있다는 것이다.

대해 여러분들에게 줄 수 있는 가장 일반적인 공식은 이것입니다. 그것[승화]은 한 대상(objet)을 (…) 사물의 위엄(la dignité de la Chose)으로 높이는 것입니다."[29]

여기에서 라캉은 프로이트의 승화 개념을 넘어서는 개념을 제시한다. 프로이트에게 승화는 성적 대상으로부터 학문, 예술 활동과 같은 탈성화된 대상으로 충동의 활동을 옮겨가는 것, 즉 "억압 없는 충동만족"[30]을 의미한다. 라캉에게 승화는 주체가 욕망하는 대상이 성적 대상인가 아닌가라는 문제에 초점이 맞추어져 있다기보다는 공리주의적 질서, 법과 상징계의 규율을 받는 폐쇄된 영역을 넘어서는 것을 의미한다. 언급했듯이 이러한 맥락에서 라캉은 빈곳으로서의 사물(Ding, Chose), 즉 "절대적 타자로서의 사물"이라는 개념을 제시한다.[31] 빈곳이란 공동체의 법이 '최대다수의 최대행복'을 위해 배제한 영역이다. "사물은 그것이 배제되었다는 의미에서 (…) 중심부에 존재한다."[32] 공리주의를 넘어서고자 하는 라캉에게 따라서 윤리적 행위란 이러한 빈곳에 자신을 위치시키는 행위다. 정신분석적 관점에서 사물이란 완벽한 만족, 쾌락을 제공하는 대상(모성적 대상)이 상실됨으로써 드러나는 빈곳을 의미하며, 따라서 라캉에게 승화란 폭력적인 혹은 의존적인 대상관계를 극복하고 빈곳으로서의 사물을 취하는 것, 즉 "절대적 타자"인 사물의 자리에 자신을 위치시키는 것이다. 또 달리 말하면 승화는 한 대상에서 다른 대상으로 환유적으로 대상을 바꾸는 것이라기보다는 "대상의 변화

29 Jacques Lacan, *Le Séminaire VII*, 133쪽.

30 같은 책, 339쪽.

31 같은 책, 65쪽.

32 같은 책, 87쪽.

그 자체"[33]다. 주체는 이러한 빈곳에 자신을 위치시킴으로써 쾌락을 일정 정도 혹은 상당 부분 포기하게 되는데 이때 만족되는 충동이 다름 아닌 향유이다. 향유란 죽음충동이 충족될 때 주체가 느끼는 만족이다. 라캉에게 죽음충동이란 공격성이나 파괴적 충동을 의미하는 것이 아니라 순수한 쾌락원리를 포기함으로써, 달리 표현하면 쾌락원리를 넘어 빈곳에 자신을 위치시키고자 하는 주체의 욕망—언급했듯이 『세미나 7권』에서 라캉은 이를 순수한 욕망이라고 불렀다—을 의미한다. 그러므로 라캉에게 승화란 타자 혹은 사물 혹은 대상과의 **비폭력적, 비파괴적** 관계의 가능성 그 자체를 의미한다.

또한 판 호트가 말하듯이 승화에서 우리는 우리에게 고유한 친숙한 세계로부터 해방된다. 선과 악을 포함한 모든 범주들이 적어도 한순간만이라도 그 의미를 상실하며 균열 속에 위치한다. "안티고네의 행위가 바르고 정당한가? 그녀는 우리의 칭송과 숭배를 받았는가 혹은 그녀의 완고한 저항은 비난받을 만한가? 라캉에 의하면 그러한 숙고는 안티고네와 관련해서 타당성을 잃는다. 그녀는 그러한 숙고가 의미 있게 사용될 수 있는 '적절한' 세상 너머의 지점으로 자신을 데리고 간다."[34]

안티고네는 이렇듯 사물의 빈곳의 자리를 취함으로써 아버지 오이디푸스의 삶을 지배했던 랍다코스 가문의 운명(*Atè*)을 극단으로 밀고 가 그것을 넘어선다. 안티고네는 행복이 아니라 욕망—위반의 향유—을 추구했으며, 이를 통해 그녀를 종속시킨 가문의 운명을 넘어선다. 그러한 위반의 향유와 욕망의 추구가 다름 아닌 "안티고네의 선"[35]이며 그

33 같은 책, 339쪽.

34 Philippe Van Haute, "Death and Sublimation in Lacan's Reading of *Antigone*", *Levinas and Lacan*, 116쪽.

것이 안티고네를 윤리적 영웅으로 만든다.

반면 라캉은 크레온은 죄, 즉 "판단의 실수"를 범했다고 말한다. 그는 "반영웅"(contre-heros), 또는 "부차적 영웅"이다. "정신분석의 윤리이기도 한 비극의 윤리 구조와 관련해 우리가 보여준 바 있는 한 역할을 예시하기 위해 크레온은 등장한다. 크레온은 선을 추구한다. 무엇보다도 그것이 그의 역할이다. 지도자는 공동체를 이끄는 사람이다. 그는 모든 사람의 선을 위해 존재한다."[36] 공동체, 즉 모든 사람의 선과 행복을 위해 안티고네를 동굴에 가두는 처벌을 내렸지만 극의 마지막 부분에서 결국 아들과 부인이 자살함으로써 크레온은 파멸한다. '행복이 정치적 문제'가 된 공리적 도시국가에서 "크레온이 그의 완고함과 미친 명령을 통해 수확한 것은 (…) 그의 죽은 아들."[37]뿐이라고 라캉은 말한다.

라캉은 산 채로 동굴에 갇혀 죽음과 대면하고 있는 안티고네의 위치를 "두 개의 죽음 사이"[38]라고 명명한다. 도시공동체의 법질서로부터 파문당함으로써 이미 상징적으로 죽었으나 육체적으로는 아직 죽음에 이르지 못한 쇠퇴하고 부패한 안티고네의 이러한 이미지를 우리는 아감벤을 따라 "유령"의 이미지와 비교할 수 있을 것이다. "산 자와 죽은 자 사이의 대립"[39]으로서의 유령 이미지에 대해 아감벤은 이렇게 말한다. "(…) 우리는 수백 년을 거슬러 올라가면서도 끊이지 않고 계속 발견되는 유령의 흔적을 목도하는데, 이 형상과 이미지들은 (…) 본래의 기의

35 Jacques Lacan, *Le Séminaire VII*, 315쪽.

36 같은 책, 300쪽.

37 같은 책, 323쪽.

38 같은 책, 315쪽.

39 조르조 아감벤, 『유아기와 역사』, 조효원 옮김, 새물결, 2010, 159쪽.

로부터 해방되어 위협적이고 불편한 상징으로 표상된다."[40] 이러한 "유령은 극한의 불안정성을 가진 기표 그 자체인데 이것은 살아 있는 자의 세계를 위협하면서 등장한다. 또한 이것은 끝없이 방황하는 통시적 기의 (…), 그리고 고정성의 상태에 도달 하는 것이 불가능하다는 것을 의미한다."[41]

아감벤이 말하는 호모 사케르, 그리고 라캉의 안티고네는 이렇듯 "두 개의 죽음" 사이 속에 있는 "유령"의 이미지를 통해 서로 만난다. 호모 사케르가 도시의 존립을 위해 도시로부터 배제된 도시 내부의 인물이라면, 안티고네는 호모 사케르이면서 동시에 호모 사케르를 위해 그들의 위치를 스스로 취한 윤리적 영웅이기도 하다. "이처럼 '아무 전제 없는 텅 빈' 공동체에 도달한 **폴리스**와 가정을 추구하는 것, 이것이 도래할 인류의 유아기적 과제이다."[42]

통시태와 공시태의 일치 불가능성(아감벤) 혹은 기표적 질서를 창립하며 동시에 이를 넘어서는 빈곳, 즉 기표 내재적이면서 초월적인 빈곳으로서의 사물(라캉)이라는 논의는 "무로부터의 창조"[43]라는 라캉의 언급과 더불어 폴리스의 기초로서의 주권이라는 정치신학적 논의와 연결된다.

40 같은 책, 162쪽.

41 같은 책, 157쪽(번역은 필자에 의해 수정).

42 같은 책, 26쪽(작은따옴표 강조는 필자).

43 Jacques Lacan, *Le Séminaire VII*, 139쪽 이하.

IV. 정치신학적 고찰

정치신학이라는 용어는 다양한 의미를 갖는다. 그것은 정치를 신학에 종속시키는 것을 의미할 수도 있고 반대로 신학을 정치적 개념으로 설명하는 것, 혹은 정치와 종교의 일치 등 여러 의미를 지닌다. 역사적으로 정치신학이라는 개념은 스토아학파에서 등장했고 아우구스티누스에 의해 로마제국에 수용되었다. 정치와 종교가 통일체를 이루었던 고대사회에서와 달리 근현대 사회에서는 정치와 종교의 통일이라는 것은 자명하지 않기 때문에 부세, 홉스, 스피노자의 저작에서 정치신학이라는 용어는 등장하지 않는다. 그러나 비코에 의해서 고대의 시민의 종교(theologia civilis)라는 용어가 수용되고 복권되었으며, 계몽주의자, 예를 들면 루소는 국가의 존립을 위해서 종교가 있어야 한다고 주장하며 고대 폴리스에서의 시민의 종교보다 더 좋은 종교는 없다고 말했다. 같은 맥락에서 볼테르는 "신이 존재하지 않는다면 그를 발명해야 한다!"고 말한 바 있다.[44]

잘 알려져 있듯이 종교와 정치(법)의 근접성이라는 주제는 칼 슈미트를 통해 현대의 맥락에서 새롭게 논의되기 시작했다. 그의 정치신학의 핵심 논제는 다음과 같은 그의 유명한 명제에서 잘 표현되고 있다. "현대 국가론의 중요 개념은 모두 세속화한 신학 개념이다."[45] 슈미트에 따르면 "예외상태를 결정하는 자"는 곧 "주권자"[46]로서 주권자의 인격성

44 R. Hepp, "Politsche Theologie", J. Ritter/K. Gründer (ed.), *Historisches Wörterbuch der Philosophie*, Schwabe & Co. AG Verlag, Basel, 1106쪽.

45 칼 슈미트, 『정치신학: 주권론에 관한 네 개의 장』, 김항 옮김, 그린비, 2010, 54쪽.

46 같은 책, 16쪽.

은 신의 인격성과의 유비 속에서 설명될 수 있으며[47] "법학에서의 예외상태는 신학에서의 기적과 유사한 의미를 갖는다."[48]

아감벤이 정확히 지적하고 있듯이 법제정적 권력은 궁극적으로 법률외적 권력인 신 혹은 군주에게 놓여 있으며, 더 나아가 이러한 법률 외부적 존재가 법 창립의 근거가 된다는 의미에서 신 혹은 주권자는 법률외부에 있으며 동시에 법률 내부적인 존재로 파악된다.[49]

그렇다면 슈미트의 이론과 라캉의 이론이 달라지는 지점은 어디인가? 슈미트는 법을 제정하는 최종 권력은 법을 초월해 있는 존재(신 혹은 신적 존재)에게 귀속된다는 점을 강조한다는 점에서 라캉과 유사한 것 같지만, 오히려 라캉은 이러한 '신적 존재'가 크레온이 아니라 안티고네라는 점을 부각시킨다는 점에서 결정적으로 달라진다. 슈미트의 정치신학에서 주권자는 도시공동체의 선을 유지하기 위해 "적과 동지"[50]를 구분하는 역할을 한다면, 라캉에서 안티고네는 적, 즉 억눌린 자의 편을 듦으로써, 달리 말하면 악의 관점을 취함으로써 새로운 형태의 선을 제시한다. 그녀는 신적 위치에 서서 전체를 지배하고자 하는 환상을 갖고 이를 실행에 옮기는 지배자의 위치가 아니라 오히려 정반대의 편, 즉 호모 사케르의 자리에 자신을 위치시키는 행위를 수행한다. 여기에서 상세히 논의할 여유는 없으나 라캉은 이를 훗날 남성적 위치와 여성적 위치라는 개념으로 더 명확히 설명하고자 했다. 라캉에게 남자란 법적 질서 내부에 속한다고 스스로 생각하면서도 자신만은 예외

47 같은 책, 55쪽.
48 같은 책, 54쪽.
49 조르조 아감벤, 『호모 사케르』, 박진우 옮김, 새물결, 2008, 55쪽.
50 칼 슈미트, 「정치적인 것의 개념」, 『파르티잔 이론』, 정용화 옮김, 인간사랑, 1990, 114쪽.

적으로 전체를 지배하고자 하는 환상을 가진 인물이다. 여자란 이러한 환상을 갖고 있지 않는 존재다.[51] 라캉이 『세미나 7권: 정신분석의 윤리』에서 안티고네를 통해 윤리적 행위를 설명하고자 한 것은 결코 우연이 아니다. 무의미한 기표, 순수한 사물 혹은 빈곳의 위치란 법 위에 서서 전체를 지배하고자 하는 '지배자'—크레온 혹은 슈미트의 주권자—의 위치가 아니라 법에 의해 배제되고 법 속에서 어떤 권리도 갖지 못하는 '사회적 약자'의 위치를 의미한다.

크레온도 스스로 법의 지배를 받는다고 공언하지만 그는 법이 자신의 이익과 쾌락에 도움을 주는 한에서만 법의 질서에 속하며(∀x), 또 그러한 법의 창시자라는 의미에서 사실상 법질서에서 예외의 위치(∃x)를 차지한다. 슈미트가 주권자는 법의 외부에 있으며 내부에 있다고 말했을 때, 이 말은 라캉적 해석에 따르면 법 속에 존재하는 억압적 요소를 넘어선 외부에 있다는 것이 아니라 법이 제공하는 이익을 완전히 지배할 수 있는 위치에 있다는 점에서 외부에 있다는 것을 의미하며, 그러한 의미에서 슈미트의 주권자에게는 **진정한 법의 외부란 존재하지 않는다**고 말할 수 있다. 라캉은 이러한 위치를 차지하는 주체를 '남자'라고 부른다. 안티고네는 법이 제공하는 공리주의적 이익과 쾌락을 벗어난 곳, 달리 말하면 억압받은 사람들의 자리에 자신을 위치시키므로 그녀는 '억압적인' 법에 대해 **진정한 외부의 자리**를 차지한다. 바로 이것이 라캉이 안티고네가 욕망하는 대상으로 설명한 사물로서의 빈곳의 의미이다. 라캉은 이러한 안티고네의 욕망을 순수한 욕망—훗날 『세미나 11권: 정신분석의 네 가지 근본개념』에 따르면 절대적 차이에 대한 욕

51 물론 여기에서 남자, 여자란 생물학적 개념이 아니다.

망—이라고 불렀고, 동일성의 부재, 혹은 총체성의 부재, 즉 절대적 차이라는 의미에서 여자를 '-∀x'라는 기호로 제시했다. 또한 여자는 법의 지배자가 되려는, 즉 법의 예외자가 되려는 환상이 없으므로 라캉은 이러한 의미에서 동시에 여자를 '-∃x'로 기호화한다.[52]

지금까지 우리는 슈미트의 정치신학이 '독재자'를 위한 이데올로기 역할을 한 것은 정치신학의 논리 그 자체가 잘못되었다기보다는 정치신학이 상정하는 '신의 위치'에 '약자'가 아니라 '강자'를 위치시켰기 때문이라는 점을 살펴보았다. 또한 우리는 라캉이 안티고네를 논의의 전면에 부각시키고 사물이라는 빈곳, 즉 기표(법) 너머라는 위상학적 문제를 제기함으로써 정치신학적 논의에 대해 매우 직접적으로 개입하고 있다는 점을 또한 알 수 있었다.

이제 여기에서 다시 지젝에 대해 언급할 필요가 있다. 지젝은 스스로 라캉주의자로 자처하고 정치신학적 논의에 개입하지만 지젝이 말하는 정신분석적 윤리는 맑스-레닌주의적 혁명에 대한 다른 이름일 뿐이다. 정신분석의 윤리를 말하지만 지젝이 말하는 윤리적, 정치적 행위는 슈미트적인 '남성적 행위'와 위상학적으로 유사한 위치를 갖는다. 언급했듯이 지젝에게 '이웃사랑' 계명은 '죽은 이웃'에게만 가능한 사회적으로 무의미한 행위일 뿐이다. 그러므로 지젝의 안티고네 해석 역시 라캉의 해석과 달라지게 되는데 이는 결코 우연이 아닌 것이다. 『이데올로기라는 숭고한 대상』에서 지젝은 안티고네를 윤리적 영웅으로 칭송하고 있는데 그 이유는 안티고네가 자신의 충동과 열정, 즉 실재에 충실한 인물이었기 때문이다. 이러한 맥락에서 지젝은 안티고네와 사드의

52 라캉의 성구분 공식과 그것의 의미에 대해서는 홍준기, 『오이디푸스 콤플렉스, 남자의 성, 여자의 성』, 아난케, 2005, 8장, 그리고 「보론」 참조.

근접성을 지적할 뿐 아니라, 사드적 영웅으로서 안티고네는 정치적 목적을 위해 테러를 감행하는 적군파 요원과 유사한 인물로 비유되기도 한다.[53] '범죄적 열정' 때문에 안티고네를 높이 평가한 지젝과 정반대로 그의 제자인 주판치치에게 안티고네는 윤리적 행위에 도달하지 못하고 오빠(폴리네이케스)의 욕망에 의해 소외된 인물, 그리고 '결여의 영웅주의'를 체현한 인물에 지나지 않는다.[54]

같은 학파에 속하는 두 저자의 안티고네 평가가 달라지는 이유는 무엇인가? 겉보기와 반대로 이 둘의 상반된 평가는 사실상 동일한 이론적 전제하에서 이루어지고 있다는 점이 증상적이다. 주판치치가 안티고네를 소외된 인물로 간주한 것은 오빠의 욕망에 종속되었다는 점, 달리 말하면 오빠의 욕망에 종속됨으로써 안티고네에게 만족되지 못한 상태인 결여가 생겨났다는 점을 강조하기 때문인데, 이럼으로써 주판치치는 안티고네가 추구한 욕망이 오빠의 속성 혹은 어떤 구체적인 내용을 가진 대상의 기표가 아니라 무의미한 순수한 빈곳, 즉 사물이라는 빈곳으로 높여진 대상으로서의 오빠 기표라는 사실이라는 것을 강조하는 라캉 이론의 의미를 놓치고 있다.

주판치치와 반대로 지젝은 안티고네를 사드적 열정에 충실한 인물로 간주하므로 그녀를 윤리적 인물로 높이 평가한다. 안티고네는 소외된 욕망이 남긴 빈곳 없이 철저한 (사드적) 열정의 발현 혹은 충동만족을 통해 '향유'에 도달한 인물이라는 것이다.[55] 안티고네에 대한 평가는 이

53 슬라보예 지젝, 『이데올로기라는 숭고한 대상』, 이수련 옮김, 인간사랑, 2002, 205-206쪽.

54 알렌카 주판치치, 『실재의 윤리』, 이성민 옮김, 도서출판 b, 2004, 317쪽.

55 향유와 욕망에 관한 라캉의 견해와 슬로베니아 학파의 견해의 차이점에 대해서는 홍준기, 「욕망과 충동, 안티고네와 시뉴에 관한 라깡의 견해: 슬로베니아 학파의 라깡 해석에 대한 비판적 고찰」, 한국철학사상연구회 편, 『시대와 철학』 제20권 2호, 2009, 45쪽 이하 참조.

렇듯 정반대이지만 지젝과 주판치치는 윤리적 행위란 상징계 속에 존재하는 인간 주체에게 존재하는 빈곳을 '향유로 채운다'는 것, 즉 향유의 획득, 혹은 충동만족이라는 것만을 일방적으로 강조하고 사물로서의 빈곳이라는 라캉적 의미의 승화 개념을 진지하게 고려하지 않는다는 **공통점**을 갖는다. 그렇다면 안티고네의 해석과 관련해 지젝과 주판치치의 차이점은 다음과 같이 서술할 수 있을 것이다. 전자는 안티고네가 **사디즘적 충동**을 충족시킴으로써 빈곳을 채웠다는 것에 윤리성이 있다고 본다는 것이며, 후자는 안티고네가 오빠의 욕망에 종속됨으로써, 그리고 그뿐만 아니라 가문의 운명 혹은 아버지의 저주라는 욕망에 종속됨으로써 자신 속에 '충족되지 못한' 빈곳—승화의 근거로서의 빈곳이 아니라—을 남겼다는 것, 즉 **마조히즘적 만족**에 머물렀다고 본다는 것이다.

지젝의 슈미트적 입장은 벤야민 해석에서 절정에 달한다. 슈미트의 주권자의 권력에 대한 비판을 위해 벤야민이 쓴 「폭력비판을 위하여」[56]에 대한 지젝의 논평은 이 점을 극명하게 보여준다. 그는 이렇게 말한다. "벤야민이 '신학적' 차원 없이 혁명이 성공할 수 없다고 했을 때, 그 '신학적' 차원이란 바로 충동의 과잉이라는 차원, 충동이 '과도하다'는 차원을 말한다."[57] "바로 이것이 [벤야민이 말하는] 신적 폭력이다. 십 수년 전 브라질 리우데자네이루에서 일어난 사태를 상기해보자. 빈민가의 군중들이 도심의 부유층의 거리로 가서 슈퍼마켓을 마구 약탈하고 방화하기 시작했다. 이런 것이 바로 신적 폭력이다. (…) 그들은 인간의

56 발터 벤야민, 「폭력비판을 위하여」, 『역사의 개념에 대하여, 폭력비판을 위하여, 초현실주의 외』, 최성만 옮김, 길, 2008.

57 슬라보예 지젝, 『폭력이란 무엇인가』, 김희진 외 옮김, 난장이, 2011, 274쪽.

죄를 신의 이름으로 벌주기 위해 성경에 나오는 메뚜기 떼 같았다."[58]

지젝의 벤야민 해석과 정반대의 윤리적, 정치적 입장을 취하는 아감벤의 논평을 살펴보자. 『예외상태』에서 우리는 슈미트의 주권이론에 대한 아감벤의 명확한 비판을 발견할 수 있다. 아감벤에 따르면 벤야민은 이미 『독일 비애극의 원천』에서 "바로크적 주권 개념은 '예외상태를 둘러싼 논의로부터 발전한 것이며, 예외상태를 '배제하는 것'을 군주의 가장 중요한 기능으로 삼고 있다'"[59]고 어구를 변화시킴으로써 슈미트의 주권이론에 대한 미세하지만 결정적인 수정을 가했다고 말한다. 주권자의 기능은 예외상태를 '결정하는 것'이 아니라 '배제하는 것'에 있다는 것이다. 달리 말하면 벤야민은 "주권자의 권력을 그것의 집행에서 분리시킨다. 주권과 예외상태를 결합시키는 슈미트와 달리 벤야민은 주권자는 예외상태를 결정할 능력이 없음을 역설한다."[60] 아감벤에 따르면 벤야민의 슈미트 비판의 핵심은 "슈미트가 정치적, 신학적인 것으로 정의하고 있는 주권과 초월, 군주와 신 사이의 일치를 분쇄해버리는 것"[61]에 있다. 주권자는 "피조물의 지배자라고 하더라도 그 자신은 하나의 피조물에 지나지 않[는다]"는 것이다.

벤야민은 예외상태를 결정하고 법을 정립함으로써 궁극적으로 "적과 동지를 구분"[62]하는 정치적 행위를 수행하는 주권자의 권력을 **신화적 폭력**으로 규정하며, 이에 대해 **신적 폭력**을 대립시킨다. "신화적 폭력이 법

58 같은 책, 277-278쪽.

59 조르조 아감벤, 『예외상태』, 김항 옮김, 새물결, 2009, 109쪽.

60 같은 곳.

61 같은 책, 111쪽.

62 칼 슈미트, 「정치적인 것의 개념」, 『파르티잔 이론』, 114쪽.

정립적이라면 신적 폭력은 법 파괴적이고, 신화적 폭력이 경계를 설정한다면 신적 폭력은 경계가 없으며, 신화적 폭력이 죄를 부과하면서 동시에 속죄를 시킨다면 신적 폭력은 죄를 면해주고, 신화적 폭력이 위협적이라면 신적 폭력은 내리치는 폭력이고, 신화적 폭력이 피를 흘리게 한다면 신적 폭력은 피를 흘리지 않은 채 죽음을 가져온다."[63] 벤야민에 따르면 물론 신화적 폭력에는 '법 보존적 폭력'도 포함된다. 벤야민은 신화적 폭력과 신적 폭력의 대립을 권력과 정의의 대립으로 설명하기도 한다. "법 정립은 권력의 설정이며 그 점에서 폭력을 직접 발현하는 행위이다. 정의는 모든 신적인 목적 설정의 원리이고, 권력은 모든 신화적 법 정립의 원리이다."[64] 바로 이 점에서 벤야민의 유대주의는 희생의 원리에 기반한 '혁명'을 정치적, 윤리적 행위의 핵심으로 간주하며 이 점에서 그의 유대주의는 기독교의 자기희생의 원리와 일맥상통한다. 이와 같은 맥락에서 벤야민은 「역사의 개념에 대하여」 테제 12번에서 노동자 계급의 "희생정신"[65]을 강조한다는 것을 덧붙여두고자 한다.

V. 맺음말

지금까지 필자는 도시공동체의 구성 원리로서의 '이웃사랑' 계명이 갖는 현대철학적 의미에 대해 살펴보았다. 계몽주의의 영향을 강하게 받은 현대인 중 많은 사람들이 유대-기독교 전통을 진지하게 받아들이

63 발터 벤야민, 「폭력비판을 위하여」, 『역사의 개념에 대하여, 폭력비판을 위하여, 초현실주의 외』, 111쪽.

64 같은 책, 108-109쪽.

65 발터 벤야민, 「역사의 개념에 대하여」, 같은 책, 344쪽.

지 않는 것을 당연한 것으로 여기고 있는 현실이지만, '이웃사랑 계명'에서 정점에 달하는 이 종교적 전통은 인간다운 삶을 보장하는 도시공동체 구성 원리로서 오늘날에도 여전히 의미가 있다는 것이다. 바로 이 (이웃)사랑의 도시적, 정책적 실천이야말로 나르시시즘적 자기중심성, 익명적 쾌락과 공리주의적 윤리가 지배하는 도시의 삶 속에서 억압된 주체의 복원과 타자의 삶에 대한 존중, 주체와 타자 간의 비폭력적 결합을 가능케 하는 핵심적 원리 중 하나가 아닌가 한다. 바로 여기에 '재화/선(goods)에 봉사'(라캉)하는 공리주의적 도시 운영의 한계를 극복할 수 있는 출발점이 놓여 있는 것이 아닐까.

참고문헌

레이너드, 케네스/샌트너, 에릭 L./지젝, 슬라보예 2010: 『이웃』, 정혁현 옮김, 도서출판 b.

모스, 수잔 벅 2004: 『발터 벤야민과 아케이드 프로젝트』, 김정아 옮김, 문학동네.

바디우, 알랭 2008: 『사도 바울』, 현성환 옮김, 새물결.

벤야민, 발터 2008: 「폭력비판을 위하여」, 『역사의 개념에 대하여, 폭력비판을 위하여, 초현실주의 외』, 최성만 옮김, 도서출판 길.

벤야민, 발터 2008: 「역사의 개념에 대하여」, 『역사의 개념에 대하여, 폭력비판을 위하여, 초현실주의 외』, 최성만 옮김, 도서출판 길.

슈미트, 칼 1990: 「정치적인 것의 개념」, 『파르티잔 이론』, 정용화 옮김, 인간사랑.

슈미트, 칼 2010: 『정치신학: 주권론에 관한 네 개의 장』, 김항 옮김, 그린비.

아감벤, 조르조 2008: 『호모 사케르』, 박진우 옮김, 새물결.

아감벤, 조르조 2009: 『예외상태』, 김항 옮김, 새물결,

아감벤, 조르조 2010: 『유아기와 역사』, 조효원 옮김, 새물결.

주판치치, 알렌카 2004: 『실재의 윤리』, 이성민 옮김, 도서출판 b.

지젝, 슬라보예 2001: 『이데올로기라는 숭고한 대상』, 이수련 옮김, 인간사랑.

지젝, 슬라보예 2003: 『믿음에 대하여』, 최생열 옮김, 동문선.

지젝, 슬라보예 2004: 『무너지기 쉬운 절대성』, 김재영 옮김, 인간사랑.

지젝, 슬라보예 2007: 『죽은 신을 위하여』, 김정아 옮김, 도서출판 길.

지젝, 슬라보예 2011: 『폭력이란 무엇인가』, 이현우, 김희진, 정일권 옮김, 난장이.

키르케고르, 쇠얀 2005: 『사랑의 역사(役事)』, 임춘갑 옮김, 다산글방.

프로이트, 지그문트 1997: 『문명 속의 불만』, 김석희 옮김, 열린책들.

홍성수 2012: 「지역화된 인권은 가능한가?—한국형 인권도시운동의 과제와 전망」, 성루시립대학교 도시인문학연구소, 제8회 국내학술대회 자료집, 『토건도시에서 인문도시로』.

홍준기 2003: 「'주체 없는 과정'인가 '과정으로서의 주체'인가: 정신분석학과 알튀세르」, 서울대학교 철학사상연구소, 『철학사상』 제16호, 2003.

홍준기 2005: 『오이디푸스 콤플렉스, 남자의 성, 여자의 성』, 아난케.

홍준기 2006: 「맑시즘과 정신분석: 알튀세르 맑시즘에 관한 새로운 정치윤리적 독해의 시도」, 라깡과현대정신분석학회, 『라깡과 현대정신분석』 8집 2호.

홍준기 2008: 「이데올로기의 공간, 행위의 공간」, 『마르크스주의 연구』 제5권 3호.

홍준기 2009: 「욕망과 충동, 안티고네와 시뉴에 관한 라깡의 견해: 슬로베니아 학파의 라깡 해석에 대한 비판적 고찰」, 한국철학사상연구회 편, 『시대와 철학』 제20권 2호.

〈이웃사람〉 2012: 김휘 감독, 김윤진, 마동석, 천호진, 김성균 출연, 메이킹필름.

Hepp, R.: "Politsche Theologie", J. Ritter/K. Gründer (ed.), Historisches Wörterbuch der Philosophie, Schwabe & Co. AG Verlag, Basel.

Gondek, Hans-Dieter/Widmer, Peter (ed.) 1994: Ethik und Psychoanalyse, Frankfurt am Main: Fischer.

Gondek, Hans-Dierter 1998: "Cogito and Séparation: Lacan/Levinas", Sarah Harasym (ed.), Levinas and Lacan, State University of New York Press.

Hollerich, M. 2006: "Carl Schmitt", in: Peter Scott/William T. Cavanaugh (ed.), The Blackwell Companion to Political Theology, Oxford: Blackwell Publishing.

Lacan, Jacques 1973: Le Séminaire XI, Les Quatre concepts fondamentaux de la psychanalyse (1964), Paris: Seuil.

Lacan, Jacques 1986: Le Séminaire VII, L'éthique de la psychanalyse (1969-70), Paris: Seuil.

Van Haute, Philippe 1998: "Death and Sublimation in Lacan's Reading of Antigone", Sarah Harasym (ed.), Levinas and Lacan, State University of New York Press.

Inhalt

Eingriffe

Mitteilungen

:: 악셀 호네트 Axel Honneth

1949년 독일 에센에서 태어나 본 대학, 보훔 대학, 베를린 자유대학 등에서 철학, 사회학, 독문학을 수학했다. 콘스탄츠 대학과 베를린 자유대학을 거쳐 1996년부터 프랑크푸르트 대학 철학교수로 재직 중이다. 2001년부터 프랑크푸르트학파의 산실인 사회연구소 소장직을 맡고 있으며, 1세대인 호르크하이머와 아도르노, 2세대인 하버마스의 뒤를 잇는 3세대 프랑크푸르트학파 철학자로 평가받는다. 주요 저서로 『권력 비판』 『인정투쟁』 『정의의 타자』 『분배냐, 인정이냐?』(공저) 『물화』 『우리 안의 나』 『자유의 권리』 등이 있다.

:: 페르디난트 주터뤼티 Ferdinand Sutterlüty

1962년 오스트리아에서 태어나 인스브루크 대학, 콘스탄츠 대학, 베를린 자유대학 등에서 신학과 사회학을 공부하고 베를린 자유대학에서 사회학 박사학위를, 빈 대학에서 교수자격을 취득했다. 여러 해 동안 사회연구소의 연구원으로 활동했으며, 현재 프랑크푸르트 대학 사회학 교수로 재직 중이다. 가족 및 청소년, 폭력 문제에 관한 독창적인 연구로 널리 알려져 있다. 주요 저서로 『폭력의 이력—폭력과 무시의 순환 속의 청년들』 『인종 연대 책임—인종 갈등의 부정적 분류』 등이 있다.

:: 카이-올라프 마이발트 Kai-Olaf Maiwald

1963년 독일에서 태어나 빌레펠트 대학, 하이델베르크 대학, 프랑크푸르트 대학에서 사회학을 공부하고 프랑크푸르트 대학에서 박사학위를, 튀빙겐 대학에서 교수자격을 취득했다. 오스나브뤼크 대학 사회학 교수로 재직 중이다. 법, 직업, 젠더, 가족 등 다양한 분야를 넘나드는 사회학 연구로 유명하다. 주요 저서로 『합리화 과정으로서 경제사』 『법의 성립』 『평등성의 지평에서 본 젠더 차별』(공저) 『현대 직업체계의 전문화』 등이 있다.

:: 슈테판 포스빙켈 Stephan Voswinkel

1952년 독일에서 태어나 마르부르크 대학과 괴팅겐 대학에서 사회과학을 공부하고 괴팅겐 대학에서 사회과학 박사학위를, 뒤스부르크 대학에서 사회학 교수자격을 취득했다. 2001년부터 사회연구소 연구원으로 활동 중이다. 노동사회학, 경제사회학, 인정의 사회학에 중점을 두고 현대 사회에서 노동의 규범에 관한 폭넓은 연구를 전개하고 있다. 주요 저서로 『인정과 평판』 『어떤 고객지향인가?—서비스 노동에서의 인정』(공저) 『비정상적 정상성?』(공저) 등이 있다.

:: 칼 슐뢰겔 Karl Schlögel

1948년 독일에서 태어나 베를린 자유대학, 모스크바 대학, 상트페테르부르크 대학에서 철학, 역사, 사회학을 공부하고 스탈린 이후 소련에 관한 연구로 베를린 자유대학에서 역사학 박사학위를 받았다. 독일을 대표하는 역사학자로서 현대 유럽사에 깊은 관심을 갖고 각종 매체에 글을 기고해왔으며, 유럽 도시들의 역사에 관한 저작들을 지속적으로 발표하고 있다. 지그문트 프로이트 상을 비롯하여 여러 상을 수상했으며, 그의 저작들은 세계 각국의 언어로 번역되어 읽히고 있다. 현재 비아드리나 유럽대학에서 동유럽사 명예교수로 재직 중이다. 주요 저서로 『모스크바 읽기』『베를린 연대기』『공포와 꿈—모스크바 1937』『유럽의 국경지대』 등이 있다.

:: 윌리엄 로이 William G. Roy

미국 미시간 대학에서 사회학을 공부하고 에모리 대학에서 사회학 박사학위를 받았다. 1976년부터 캘리포니아 대학(UCLA) 사회학 교수로 재직 중이다. 사회의 사회적 구성, 비교역사 방법론, 음악사회학, 사회운동 등에 관한 사회학 연구를 지속적으로 수행하며 관련 저작들을 집필하고 있다. 주요 저서로 『자본의 사회화—미국에서 대기업의 부상』『사회 만들기—우리 세계의 역사적 구성』『빨갱이, 백인, 블루스—미국의 사회운동, 포크 뮤직, 인종』 등이 있다.

:: 티모시 다우드 Timothy J. Dowd

미국 프린스턴 대학에서 사회학을 공부하고 같은 학교 대학원에서 주류적 시장의 성립에 관한 연구로 사회학 박사학위를 받았다. 음악, 미디어, 문화, 조직화에 관한 문화사회학 연구를 지속적으로 수행하며 여러 논문을 집필하고 있다. 1994년부터 에모리 대학 사회학 교수로 재직 중이다. 공저서로 『음악이 왜 사회학적으로 문제가 되는가?』『음악, 문화, 사회』 등이 있다.

:: 고지현
독일 브레멘 대학 철학과에서 박사학위를 받았다. 가천대 아시아문화연구소 학술연구교수로 재직 중이다. 저서로 『꿈과 깨어나기—발터 벤야민 파사주 프로젝트의 역사이론』 『프랑크푸르트학파의 테제들』(공저) 『포스트모던의 테제들』(공저) 등이 있으며, 공역서로 『베스텐트 2012』 『베스텐트 2013/1』 등이 있다.

:: 김원식
연세대 철학과를 졸업하고 같은 학교 대학원에서 하버마스의 의사소통 이성에 관한 연구로 박사학위를 받았다. 국가안보전략연구원 연구위원으로 재직 중이다. 공저서로 『프랑크푸르트학파의 테제들』 『포스트모던의 테제들』 『현대 정치철학의 테제들』 등이 있으며, 역서로 『이성의 힘』 『하버마스와 현대사회』 『지구화 시대의 정의』 『분배냐, 인정이냐?』(공역) 등이 있다.

:: 맹정현
프랑스 파리7대학에서 정신분석학 박사학위를 받았다. Forums du champ lacanien-france, Internationale des Forums 회원이다. 서울정신분석포럼(SFP)에서 정신분석을 가르치고 있으며, 계간 '인문예술잡지 F'의 편집위원으로 활동하고 있다. 저서로 『리비돌로지』 『멜랑꼴리의 검은 마술』 등이 있으며, 역서로 『라캉과 정신의학』 『세미나 11—정신분석의 네 가지 근본개념』(공역) 등이 있다.

:: 문성훈
연세대 철학과를 졸업하고 독일 프랑크푸르트 대학 철학과에서 악셀 호네트 교수의 지도로 박사학위를 받았다. 서울여대 교양학부 현대철학 담당 교수로 재직 중이다. 『베스텐트』 한국판 책임편집자를 맡고 있으며, 『교수신문』 편집기획위원으로 활동하고 있다. 저서로 『미셸 푸코의 비판적 존재론』 『인정의 시대』 등이 있으며, 공역서로 『정의의 타자』 『인정투쟁』 『분배냐, 인정이냐?』 등이 있다.

:: 박선영
이화여대 소비자·인간발달학과를 졸업하고 같은 학교 대학원에서 멜라니 클라인 정신분석 연구로 박사학위를 받았다. 충청대 아동보육과 교수로 재직 중이다. 공저서로 『라깡, 사유의 모험』 등이 있으며, 역서로 『정신병, 모친살해, 그리고 창조성—멜라니 클라인』 『라깡과 아동정신분석』 『여자는 무엇을 원하는가?』(공역) 등이 있다.

:: 이만우

서울대 독어독문학과를 졸업하고 한국정신문화연구원(현 한국학중앙연구원)에서 사회학 박사학위를 받았다. 국회입법조사처 사회문화조사실 보건복지여성팀장이자 고려대학교 사회복지학과 겸임교수로 재직 중이다. 공저서로 『라깡의 재탄생』 『라깡, 사유의 모험』 등이 있으며, 역서로 『라깡 정신분석 사전』(공역) 『향락의 전이』 『아동 정신분석』 등이 있다.

:: 이유선

고려대 철학과를 졸업하고 같은 학교 대학원에서 박사학위를 받았다. 서울대 기초교육원 전임대우 강의교수로 재직 중이다. 저서로 『리처드 로티』 『실용주의』 『아이러니스트의 사적인 진리』 『사회 철학』 『현대 정치철학의 테제들』(공저) 『로티의 철학과 아이러니』(공저) 등이 있으며, 역서로 『우연성, 아이러니, 연대성』(공역) 『철학의 재구성』 『공공성과 그 문제들』(공역) 등이 있다.

:: 이창남

연세대 독어독문학과를 졸업하고 독일 베를린 자유대학 비교문학과에서 낭만주의와 벤야민의 언어이론과 문화이론 연구로 박사학위를 받았다. 한양대 비교역사문화연구소 교수로 재직 중이다. 저서로 『아테네움 시대의 문학』 『예술의 시대』(공저) 등이 있으며, 역서로 『폴 드 만과 탈구성적 텍스트』 『독서의 알레고리』 등이 있다.

:: 정대성

연세대 철학과를 졸업하고 독일 보훔 대학에서 독일 관념론과 사회정치철학 전공으로 박사학위를 받았다. 연세대 언어정보연구원 HK 연구교수로 재직 중이다. 공저서로 『이성의 다양한 목소리』 등이 있으며, 역서로 『청년 헤겔의 신학론집』 『세계의 밀착』(공역) 『비판, 규범, 유토피아』 『헤겔』 등이 있다.

:: 홍준기

서울대 법대, 총신대 신학대학원을 졸업한 후 독일 브레멘 대학과 프랑스 파리10대학에서 박사과정을 이수하고 브레멘 대학에서 정신분석학 전공으로 박사학위를 받았다. 프로이트 라깡 정신분석연구소 소장으로 재직 중이다. 저서로 『라캉과 현대철학』 『라깡의 재탄생』(공저) 『오이디푸스 콤플렉스, 남자의 성, 여자의 성』 『현대철학과 사회이론의 공간적 선회』(공저) 등이 있으며, 역서로 『노아의 외투』 『라깡과 정신분석 임상』 등이 있다.

베스텐트 2014

1판 1쇄 발행 2015년 2월 25일

편저자 연구모임 사회 비판과 대안
지은이 악셀 호네트 외
옮긴이 김원식 외
펴낸이 안희곤
펴낸곳 사월의책

편집 박동수
디자인 김현진

등록번호 2009년 8월 20일 제396-2009-126호
주소 경기도 고양시 일산동구 무궁화로 7-45 451호
전화 031)912-9491 | **팩스** 031)913-9491
이메일 aprilbooks@aprilbooks.net
홈페이지 www.aprilbooks.net
블로그 blog.naver.com/aprilbooks

ISBN 978-89-97186-13-6 94100
ISBN 978-89-97186-10-5 (세트)

* 책값은 뒤표지에 있습니다.
* 이 도서의 국립중앙도서관 출판예정도서목록(CIP)은 서지정보유통지원시스템 홈페이지(http://seoji.nl.go.kr)와 국가자료공동목록시스템(http://www.nl.go.kr/kolisnet)에서 이용하실 수 있습니다.
(CIP제어번호: CIP2015003002)